文化觀光

臺灣文化資產

陳正茂

五南圖書出版公司 印行

推薦序

　　據世界觀光組織（WTO）預估，至2020年，全球觀光收益將達到二兆美元，此數字委實驚人，也見證觀光產業的無限美好願景。觀光產業是內需型的外貿產業，為21世紀臺灣經濟發展的領航性服務產業。由於政府指示將「觀光旅遊」、「醫療照護」、「生物科技」、「綠色能源」、「文化創意」、「精緻農業」定位為六大關鍵新興產業，其中「觀光旅遊」更列為政府的推動重點，因此如何配合政府經建發展主軸，全面提昇觀光產業人才的質與量，發揚本土觀光產業特色，培養獨立思考與人文素養；這些舉措均有賴於全面提昇觀光產業人才的素質，以及改善觀光產業服務的品質。

　　2004年起，由於兩岸互動交流熱絡，加上國際觀光宣傳的努力，2012年來臺旅客一年超過700萬人次，並持續創新高。透過兩岸大三通的新契機，航線增班及延遠權之拓展，發揮臺灣樞紐地緣優勢以及特殊自然、人文與社經資源，使臺灣成為「東亞觀光交流轉運中心」及「國際觀光重要旅遊目的地」。近年來觀光局積極推動「旅行臺灣　感動一百」行動計畫，以及「催生與推廣百大感動旅遊路線」、「體驗臺灣原味的感動」和「貼心加值服務」為主軸，以形塑臺灣觀光感動元素，爭取國際旅客來臺觀光，並以「旅行臺灣　就是現在」為行銷主軸，訴求全球旅客體驗臺灣的美食、美景與美德。是以，臺灣「文化觀光」的力量，實佔舉足輕重的地位。

　　而臺灣，就是這麼一個神奇的國度！在臺灣可感受到亞洲

文化的深度，它擁有最多中華及亞洲文化典藏的故宮博物院、有運用臺灣在地材料創作的手工藝研究中心、有收集宗教文物為主的佛陀紀念館；更不用説散佈於臺灣各地，規模不大但別具特色的各種主題博物館與觀光工廠。我們還有一年一度的媽祖遶境、元宵燈會、原住民豐年祭、音樂會及演奏會……等節慶活動。這些都是我們祖先傳承豐富的文化資產，讓臺灣的美演繹得盪氣迴腸，回味無窮！

　　陳教授正茂先生是我所認識學術界最優秀的歷史專家學者之一，教學認真且精研文化史多年。陳教授從事教育工作已超過20年以上，目前在本校觀光事業系教授臺灣文化資產相關課程。課餘之暇，廣泛搜集臺灣文化資產相關史料、資訊，編撰成《文化觀光：臺灣文化資產》一書，從編著中可瞭解其努力，與將所學落實於研究教學實務的特點；精闢詳實匯整臺灣文化資產的多元面向，完整介紹臺灣文化資產的豐厚內涵，對於有志投入觀光導遊導覽解說之人，可充實學識涵養，加強職場競爭力。此書不但可供社會人士進修與旅行界同仁參考研閱，對整個旅遊界與文化界人才的培育與人員素質的提升亦大有裨益，故在陳教授新書付梓之際，特贅數語予以推薦，是為序。

謹識

臺北城市科技大學觀光事業系主任

2013年12月

自序

　　自1989年執教大學講壇迄今，歲月如梭、光陰似箭，從意氣風發的青年，到鬢角微霜的中年，倏忽已過20幾個年頭。期間為教學授課所需，曾陸續撰寫10餘本大專教科書，雖是編著，但也耗盡著者甚多心血，可喜的是，學生反應尚佳，聊堪慰藉。近10餘年來，國內大學教育生態丕變，為配合教育部政策，及迎合學生需求，學院科系課程，皆以實用、多元為原則，其目的在使學生除習得專業知識外，更能以其所學與未來職場結合，使學生不至於有「學非所用」之感。

　　近十幾年來，觀光旅遊已是國人最常之休閒活動，隨著觀光旅遊品質的提升，遊客所欲觀賞者，已非僅是表象的風景名勝，而是更具底蘊的文化內涵，所以文化資產觀光，逐漸成為觀光旅遊的必備行程。而相對的，具備豐富文化資產之專業知識，亦成為就讀觀光系同學與旅行業導覽解說的訓練重點。依此原則，國內設有觀光系之大專院校，皆有「臺灣文化資產」或「文化資產觀光」等課程之安排。

　　臺灣風景秀麗，歷史雖短，但文化資產豐富，每每以此吸引外國觀光客來臺一遊。其中尤以兩岸三通後，為數眾多的大陸觀光客湧入，他們除對臺灣有股特殊的情懷外，更多的也想深入了解臺灣的歷史與文化。是以有可能成為導遊解說員的觀光系學生，對臺灣自身的文化資產，宜有相當程度的專業素養，如此才能稱職的擔任解說之職。

　　本書之編撰，即基此動機而為。在內容安排上，因臺灣文化資產的多元豐厚，僅先從古道、城垣、砲臺、老街、書院、建築、寺廟、園邸等方面論述，而傳統工藝與民俗節慶及民間信

仰，戲劇等之常民文化，更是介紹之重點。另外，古蹟係見證先人篳路藍縷的艱辛歷程，也是先人智慧保存的象徵，這當中不僅包含眾多文化形式與內涵，更是傳遞古人生活價值觀之展現，不啻是人類生活之縮影，與今人生活實際仍息息相關。所以，古蹟或文化資產，它不只是歷史或靜態的史料，它其實是有生命的，應該有其延續性的。

一棟歷盡滄桑的古厝或園邸，必然會有毀損破敗，因此必須修護，讓古蹟能夠保存，進而活化、再生與再利用，古蹟經再生、再利用，就能豐富社區的營造內容，增強我們瞭解自己的歷史根源與尊嚴，提升我們的文化素養。針對古蹟維護之不易，國人應該要尊重文化資產，發揮民間力量，與政府配合做好古蹟維護之工作，尤其要教育全民，古蹟維護人人有責，千萬不要認為那是政府部門之事。

臺灣歷史並不長，在無情歲月的淘洗衝刷下，僅存的文化資產已不多，今日，在全力發展觀光產業前提下，培養國人基本文化資產知識，和對古蹟的尊重與愛護，是為至關重要之事。千里之行，始於足下，就先從同學實踐做起吧！最後，筆者要感謝本系（觀光系）陳善珮主任的幫忙與鼓勵，善珮主任為筆者開此課程（臺灣文化資產、文化資產觀光），讓筆者史學專長背景能符合觀光系專業之所需，免去筆者重新進修之困擾；而積極建議筆者嘗試撰寫相關教科書，希望達到授課與產出結合之目標，亦是催生本書面世最大之動機。適值出版前夕，謹贅數語，聊表筆者對其之謝意。

陳正茂

謹序於士林

2013. 12. 1日

CONTENTS
目　錄

第一章

緒論——文化資產與古蹟

一、文化資產的定義和類別

所謂文化資產，係指具有歷史、文化、藝術價值之古物、古蹟、民族藝術、民俗及有關文物、自然文化景觀等。文化資產的價值在於它是一個國家民族歷史的軌跡，也是文化的象徵；亦為人類社會生活演進的實證。文化資產可說是一個國家民族無窮無盡的寶藏，它可激發國人思古之幽情，感受到自我文化博大精深的驕傲，呈現族群豐富多元的文化內涵。此外，文化資產也可提升國人文化水準和生活品質，發揮自己的文化特性，促進地方發展，養成良好的民情風俗，凡此種種都是文化資產的價值。

至於文化資產的類別，一般可分為幾個大項：1.古物：指可供鑑賞、研究、發展、宣揚而具有歷史及藝術價值或經教育部指定之器物。2.古蹟：指古建築物、傳統聚落、古市街、考古遺址及其他歷史文化遺跡。3.民族藝術：指不同族群或地方特有的藝術。4.民俗及有關文物：指與國民生活有關之食、衣、住、行、敬祖、信仰、年節、遊樂及其他風俗習慣之文物。5.自然文化景觀：指人類為保存歷史文化及保育自然之需要，而指定具有保存價值之自然區域、動物、植物及礦物。6.歷史建築：指未被指定為古蹟，但具有歷史、文化價值之古建築物、傳統聚落、古市街及其他歷史文化遺跡。

二、古蹟及其標準

基本上，國人對何謂文化資產，可能不是很了解，但對於古蹟，概念就較清楚了。古蹟的定義與標準，根據文化部〈文化資產保護法施行細則〉解釋，古蹟應該包括歷史、建築及聚落，是指人類為生活需要所營建之具有歷史、文化價值之建造物及附屬設施群。其標準為具有歷史、文化、藝術價值、時代遠近、重要歷史事件或人物之關係；能表現各時代之特色、技術、流派或地方特色。至於數量之多寡與保存情況之

好壞、規模之大小和附近環境的優劣，亦為評定標準選項之考量。

　　國內現在將古蹟的重要性和珍稀程度，分為1、2、3級古蹟。1級古蹟亦稱為國定古蹟，主管機關為內政部，代表最重要及稀有之古蹟。2級古蹟即市定古蹟，主管單位是各直轄市政府。3級古蹟係縣定古蹟，由地方各縣、市政府負責。古蹟之種類包括有祠堂、寺廟、宅第、城郭、關塞、衙署、車站、書院、碑碣、教堂、牌坊、墓葬、堤閘、橋樑、古道等設施。

三、臺灣重要之古蹟

　　臺灣目前著名古蹟甚多，較著者經整理列表如下：

名　　稱	年　　代	類　別	備　　註
澎湖天后宮	1604年（明萬曆32年）	寺廟	全臺最早媽祖廟。
臺南大天后宮	1664年（康熙3年）	寺廟	寧靖王（朱術桂）府邸，鄭經所建。
臺南孔廟	1665年（康熙4年）	寺廟	陳永華建議而建。
臺灣府城隍廟	1669年（康熙8年）	寺廟	臺灣最早的官建城隍廟。
臺南開元寺	1680年（康熙19年）	佛寺	鄭經所建。
北港朝天宮	1700年（康熙39年）	寺廟	
新莊慈祐宮	1729年（雍正7年）	寺廟	
艋舺龍山寺	1740年（乾隆5年）	寺廟	泉州三邑移民所建。
芝山巖惠濟宮	1752年（乾隆17年）	寺廟	漳州移民所建。

名　稱	年　代	類　別	備　註
鹿港天后宮	1753年（乾隆18年）	寺廟	富紳施士榜等建。
草屯登瀛書院	1848年（道光28年）	書院	目前為臺灣全島保存最完整的書院。
淡水理學堂大書院	1882年（光緒8年）	書院	又名牛津學堂（Oxford College）馬偕所建，為臺灣西式教育的啓蒙地。
馬興陳宅	1846年（道光26年）	宅第	又名益源大厝。
摘星山莊	1877年（光緒3年）	宅第	又稱潭子林宅。
蕭家古宅	1860－1880年（咸豐10年─光緒6年）	宅第	客家風格建築。
金廣福公館	1835年（道光15年）	宅第	閩客墾荒大本營。
大溪李騰芳古宅	1860－1862年（咸豐10年─同治元年）	宅第	舉人宅第。
蘆洲李宅	1857年、1895年（咸豐7年、光緒21年）	宅第	傳統民宅代表。
林安泰古厝	1783年（乾隆48年）	宅第	臺北市目前保存最完整的閩南式古厝。
板橋林家花園	1870年（同治9年）	園邸	目前臺灣全島保存最完整的園林建築（林本源園邸）。
嘉義縣王得祿墓	1844年（道光24年）	古墓	目前臺灣地區規模最大、保存最完整的古墓。
苗栗鄭崇和墓	1827年（道光7年）	古墓	最經典的古墓。
臺南赤崁樓贔屭碑	1788年（乾隆53年）	碑碣	陝甘總督福康安平定林爽文之亂後，乾隆以滿、漢文御賜詩文以表彰戰功刻製的石碑。

名　稱	年　代	類　別	備　註
草嶺古道虎字碑	1867年（同治6年）	碑碣	臺灣鎮總兵劉明燈以狂草體書刻於貢寮「虎」字碑。
熱蘭遮城	1624年（明天啓4年）	城垣	荷蘭所建，今安平古堡，為臺灣歷史最悠久的城垣。
普羅民遮城	1653年（南明永曆7年）	城垣	荷蘭所建，今赤崁樓。
臺北城	1884年（光緒10年）	城垣	
白米甕砲臺	17世紀	砲臺	荷蘭人所建。
大武崙砲臺	道光初年（約1820年代）	砲臺	
二砂灣砲臺	1840年（道光20年）	砲臺	中英鴉片戰爭時，臺灣道姚瑩所建，砲臺城門上刻有「海門天險」。
億載金城	1876年（光緒2年）	砲臺	牡丹社事件後，欽差大臣沈葆楨所建，又名「二鯤鯓砲臺」。
迪化街	咸豐年間（約1850年代）	老街	南北貨集散地。
三峽老街	清乾隆時期（約1760年代）	老街	大漢溪航運發展出來的老街。

名　稱	年　代	類　別	備　註
大溪老街	清嘉慶時期（約1820年代）	老街	大溪因淡水河上游重要的內陸河港而發達，桃竹苗地區的茶葉、樟腦、木材、日用品均經由大溪轉運。
鹿港老街	清乾隆時期（約1780年代）	老街	一府二鹿三艋舺。
淡蘭古道	1807年（嘉慶12年）	古道	淡水－噶瑪蘭。
草嶺古道	清同治時期（約1860年代）	古道	貢寮－宜蘭，古道途中有古蹟「雄鎮蠻煙」及「虎」字碑，全長約8.5公里。
八通關古道	1875年（光緒元年）	古道	南投－花蓮玉里，是全臺灣第一條橫貫東西的古道，全程約150公里。
蘇花古道	1916年（日本大正5年）	古道	
西嶼燈塔	1778年（乾隆43年）	燈塔	臺灣第一座燈塔。
鵝鑾鼻燈塔	1883年（光緒9年）	燈塔	有防衛功能，是目前臺灣光力最強的燈塔。
富貴角燈塔	1896年（光緒22年）	燈塔	
淡水港燈塔	1887年（光緒13年）	燈塔	
花蓮港燈塔	1913年（日本大正2年）	燈塔	
三義龍騰斷橋	1950年	古橋	為目前最有名的紅磚橋古蹟。

名　　稱	年　　代	類　別	備　　註
國姓糯米橋	1931年（日本昭和6年）	古橋	糯米橋以方形石塊為建材，再用糯米、紅糖、泥土混合當作接合黏劑，建成拱形的橋樑。
澎湖四眼井	1592年（明萬曆20年）	古井	超過4百年，臺灣最古老的水井。
嘉義紅毛井	1636年（明崇禎9年）	古井	為荷蘭人所建，是古諸羅八景之一。
臺南烏鬼井	1653年（南明永曆7年）	古井	是明末荷蘭人用黑奴開鑿的井，故稱烏鬼井。

四、古蹟參訪和維護

　　近年來因國人對古蹟的逐漸重視，所以參訪古蹟也是假日休憩旅遊的好去處，民眾參訪古蹟，應注意幾點事項：1.古蹟的歷史沿革，其發生、創建、演變與興衰等。2.附近之周圍環境，此古蹟為何在該地、其環境的時空變化如何等。3.古蹟的空間結構，如面積大小、結構佈局、結構變化及意義等。4.古蹟之等級，及其意義、價值和重要性。5.古蹟之內涵和藝術價值，也是參觀的另一重點，如寺廟、祠堂、園林或城郭、砲臺、陵墓、牌坊等生活性古蹟或紀念性古蹟，其建築、雕刻、彩繪、剪黏、書法等，都有其不朽的藝術價值存在，值得好好瀏覽品味一番。

　　在現代化社會急遽變遷的過程中，古蹟常遭受破壞，其中一項最重要主因，在於土地價格的飛漲，古老建築物常因其主人為求取土地利益而遭拆除，如過去麻豆林家古屋之破壞即為一例。因此都市發展與古蹟保存常成為地方政府兩難的抉擇，目前臺灣古蹟維護之最大困難也在於此。政府雖有保存古建造物之計劃並予以適當補償，但即令給予補償，

也抵擋不住土地高所得的天價利潤，所以甚難獲得土地所有者之支持。

　　所幸過去一、二十年來，國人對古蹟文化資產的認識與尊重大幅提高，也知道古蹟如傳統建造物群之設置，可吸引國內外觀光客之造訪，對該地區之經濟發展有所裨益，對地方收入亦不無補助，故逐漸支持古蹟之設置與保存。如彰化鹿港、澎湖馬公天后宮及中央里、新竹六家林氏聚落等，均有設置傳統建造物群之議，發起尊重文化認識鄉土運動，這些舉措，對古蹟之認識與維護，均有相當大之助益。

　　總而言之，古蹟是先人留下之珍貴文化遺產，身為後人的我們，應該要責無旁貸做好維護的工作。首先政府要正視古蹟的重要性，詳加鑑定確認，提撥充裕經費，作專業人才之培育；和教育民眾對古蹟維護的正確認識。如此，古蹟維護的工作，才能落實至基層，由全民一起來推動、來維護，這才是治本之道。

第二章

史前文化遺址與原住民的社會和文化

一、臺灣史前文化遺址

　　臺灣史前文化的挖掘和出土，是近代人類學認知下，新領域之知識產物，而非自然被呈現和被論述的原始文化史之遺物和遺址。根據近代人類學的認知，臺灣位於中國東南沿海的大陸棚，早在3萬年前「更新世」的冰河時期，曾與中國華南陸地連成一體，正由於與華南陸地接壤，使華南的哺乳類動物與舊石器時代的人類與文化，有可能到臺灣來。近年來，在臺灣地區出土了很多犀牛、劍齒象、野牛、象、劍虎、野豬、古鹿等大型哺乳類動物的化石，即可能由華南地區動物群遷移到臺灣的證明。

　　1971年11月，在臺南縣左鎮鄉荣寮溪，發現一具人類右頂骨殘片化石。1974年元月，又於同一地點發現人類左頂骨化石，該古人類被命名為「左鎮人」。據人類學家推測，左鎮人屬於晚期智人，其年代距今約2-3萬年，他是迄今為止，在臺灣發現最早的先住民；至於他從何而來，學界眾說紛紜尚無定論。唯左鎮人的出土，至少代表臺灣在舊石器時代晚期，即有狩獵、採集的先住民棲息，因為尚無挖到左鎮人的生產工具和相關器物，因此，我們現在對左鎮人的了解仍甚有限。

　　1968年3月，臺大考古隊在宋文薰教授與地質系教授林朝棨的帶領下，於臺東縣長濱鄉八仙洞遺址之海蝕洞穴內，發現含有新石器時代的文化層，年代可能屬於古老的紅色土層，此一重大的考古發現，掀起了臺灣先史時期「長濱文化」的神秘面紗。臺大考古隊在八仙洞的潮音洞、海雷洞及乾元洞底層，發現很豐富的舊石器時代之先陶文化及其遺物，其中有石質標本數千件、骨角器數百件和諸多魚骨、獸骨等。這些石器大多由礫石製成，是直接敲打礫石面加以片解的，加工的並不多見。另有一些石器則用石英、燧石、鐵石英等質地較緻密的石料製成，加工痕跡明顯，常見的為刮削器、尖器、刀形器等。

　　在長濱文化遺址中，還發現有骨角器，有長條體器和骨針兩種，

反映了長濱文化人，已有較高的骨器製作技術。他們利用骨針，縫製獸皮，作防寒保暖之用。另外，在長濱文化的先陶文化層，也發現到木炭粉末的遺跡，此亦說明長濱文化人，已進化到知道用火照明取暖、防禦猛獸及燒烤食物的「熟食」階段了。長濱文化距今約1萬5－5千年間，早先以爲僅存於臺灣東海岸，1979年在臺北士林芝山巖背後的水田中，也發現一些礫石砍器，與八仙洞出土類似，亦屬於長濱文化層，這代表臺灣北部，亦存在過這種文化。

臺灣的舊石器時代，在距今約6－7千年結束，接著，臺灣先史進入了農耕的新石器時代。基本上，臺灣全島幾乎均有新石器時代的文化遺址，較著名的有大坌坑文化、鳳鼻頭文化、圓山文化和麒麟文化。大坌坑文化位於新北市八里鄉埤頭村觀音山北麓，是屬於繩紋陶器文化層，它是目前臺灣最古老的文化層。繩紋陶文化層石器，一般以打製石器爲主，另外也有以扁平偏鋒的石斧，此特色可謂構成大坌坑文化的主要文化內涵。繩紋粗陶文化層，在臺灣分布很廣，其年代約屬於新石器時代早期的文化，距今約5000－3700年前，大坌坑文化屬繩紋粗陶晚期的文化。此外，在大坌坑文化遺址中，還出土大量的赤褐色的粗砂陶片，它們質地鬆軟，灰胎壁厚而粗重，器形有甕、罐、碗等，器表最大特色是頸部以下印有粗而深的繩紋，器具種類有形似網墜的礫石、小型打製石斧、小型磨製石錛、石箭頭等。由此類器具可知，使用這些器物的大坌坑人，是以狩獵、漁撈和採集水生動物爲生，他們尚處於原始生活的初民時代。

繼大坌坑文化之後，臺灣又陸續出現數種文化層，如北部的芝山巖文化、圓山文化、植物園文化；中部的營埔文化、大馬璘文化；以及南部的大湖文化、鳳鼻頭文化和東部之卑南、麒麟、花崗山文化等。這說明此期的臺灣先住民，其足跡已遍佈全臺，但因受制於地理空間的阻隔，遂產生出各地區不同的文化特色，每個區域皆有其獨特的文化元素，今日臺灣原住民呈現出的文化多元風貌，或許奠基於此一時期也說

不定。

在大坌坑文化之後，臺灣西部沿海地帶同時出現了兩種新的原始文化，一為北部的圓山文化；另一是分布於中南部的鳳鼻頭文化。圓山文化的代表遺址是圓山貝丘，該遺物分兩層，其下層屬於繩紋陶器文化層的大坌坑文化，上層則為有段石斧文化層，此才是圓山文化的代表。圓山文化距今約4000－3500年，出土遺物有石器、陶器、骨角器、玉器和少許的青銅器。石器屬有段石斧文化層，此文化層之石器為扁平、柱狀兩類型之有段石斧及石鏃等。圓山文化的石器類型很多，有肩鏟形器、平凸面大鋤、肩平石鑿、有段石錛、有肩石斧、石槍頭、石箭頭及石匕首等，為圓山文化主要之文化特質。

另外，圓山文化層尚有陶器，陶器多為手製，含細砂，以棕灰色為主，器形主要為飲食器的碗，器表多素面，無紋飾簡單大方。而有紋飾的圓山素面陶，表面多塗紅褐色顏料，外觀鮮艷；或出現彩繪點紋和條紋，也有一些是施印網紋，更能突顯圓山文化與其他文化不同的特點。還有一種陶器是淺棕色素面的罐形器，且大多帶有豎行把手雙耳圈足，也頗具特色。此外，圓山文化還出現許多魚骨和獸骨，出土的石骨箭頭、骨魚叉、石網墜等，都和漁獵活動有關，而為數眾多的石斧、石鋤和陶器可能是用於農業生產的，可以想見當時臺灣北部的早期住民，大概是過著以漁獵撈貝為主、以農耕為輔的生活型態。

與圓山文化同時存在的，還有分布於臺灣中南部的鳳鼻頭文化，該遺址可分為三種類型：

1. 紅陶文化類型：其分布地點北起大肚山，南至鵝鑾鼻的中南部沿海和澎湖群島等地。重要遺址有臺中縣（今合併臺中市）牛罵頭、南投縣草鞋墩、高雄縣（今合併高雄市）鳳鼻頭、屏東縣的墾丁鵝鑾鼻等處。代表性遺物是泥質磨光紅陶，該陶質地細緻，不含大粒砂土，顏色多橙紅或深粉紅，多手製，器表印上繩紋或席紋，有些繪有深紅色的彩畫，器形有碗、盆、壺、瓶、豆、鼎等。鳳鼻頭文化出土石器多

為磨製，以玄武岩和頁岩為主要原料，器物種類繁多，有石鋤、石斧、石錛、石鑿、石刀等多種，代表當時社會型態已進步到農耕為主，兼營漁獵的階段。

2. 素面和刻紋黑陶文化類型：臺灣的黑陶文化有可能是大陸黑陶文化沿著東南海岸傳入，在臺灣黑陶文化似乎僅見於西海岸，尤以中南部為甚，重要遺址有臺中營埔、南投大馬璘、臺南牛稠子貝丘、高雄大湖、鳳鼻頭等處。鳳鼻頭遺址的第三、四文化層以橙紅陶為代表，次為黑陶和彩陶，黑陶為手製，色澤光鮮亮麗，製陶技巧進步，紋飾為刻劃的線條紋、波狀紋，有的紋飾用貝殼壓印，器形有杯、豆、甕和圓底罐等。彩陶都是用深棕、深紅色畫在紅色細陶或砂陶上，有填充三角形、平行直線紋、人字紋、雲紋等，有的在碗口外緣加上一道黑彩，器形有碗、杯、罐、豆等。

3. 印紋和刻劃紋灰黑陶文化類型：此類黑陶遺址並不多，已發現的有臺北八里鄉的十三行、臺中大甲的番仔園文化、彰化八卦山貝丘等處。該遺址出土遺物以印紋灰、黑陶片為主，陶器在手製後拍印紋飾，主要有方格紋，印紋還有許多刺劃紋和刻劃紋。遺址還普遍出現鐵器和玻璃珠，在十三行遺址，還看見採礦鑄鐵的遺跡，這些遺址所代表的文化，顯然是古代平埔族的文化，且有受漢移民傳入大陸文化之影響。

此外，在臺灣東部沿海一帶，除舊石器時代晚期的長濱文化，和同屬大坌坑文化的繩紋陶文化外，尚有與臺灣其他地區完全不同的巨石文化，以臺東縣成功鎮的麒麟文化遺址為代表。巨石文化最大特色，是由岩棺、石壁、巨石柱、單石、石象、有孔石盤為主，它們的來源，及與其他各原始文化的關係，因相關證物不足，還有待進一步研究。

二、臺灣先住民的社會生活圖像

無論舊石器時代或新石器時代，臺灣先住民的社會生活型態，都有

了進一步的發展，活動範圍亦擴大許多。他們利用較進步的工具，在原野山林裡奔馳，獵取動物果腹；他們也懂得製造石箭、網墜從事水產捕撈，圓山文化遺址中帶有倒刺的骨角器即為明證，這也說明當時的漁獵技術已相當進步。此外，農業種植也開始出現，此從圓山文化出土大量的石斧、石鋤及鳳鼻頭文化遺址中大批的石刀來看，這些工具顯然是用於種植和收割農作物的。值得一提的是，在營埔文化遺址中，還發現稻殼遺痕；牛稠子文化遺址的紅陶文化層，亦發現有粟粒遺跡，凡此均足以說明，臺灣在新石器時代，農耕文明已經起步。

隨著社會和生產力的發展，石器製造技術也進步神速，當時的石器已發展到磨製階段。大坌坑文化時代，石器仍停留在打製與磨製並存時期，即便是磨製，技術仍甚粗糙。但到了晚期的圓山、鳳鼻頭文化時，所使用的石器，幾乎都是磨製，技術水平已相當高，且種類也相當多，例如石鋤、石斧、石刀的刃口已甚鋒利，其中長方形和半月形帶一孔或雙孔石刀，更是為了裝上木柄便於使用。鳳鼻頭黑陶文化層中的石鋤、石斧、石錛、箭頭、石刀等器具，製作更是精美。

陶器製作亦始於新石器時代，在大坌坑文化及圓山文化遺址的底層，都發現用草拌泥搭蓋的半圓形的低屏壁，據考古學家推測，其用途可能是，擋風燒陶的窯址。而製陶技術也不斷提升，早期手製陶器，體積較厚，厚薄也不均勻，缺乏美觀和美感，但到了晚期鳳鼻頭黑陶文化時，其所製黑陶，已經慢輪修整，體輕質薄，色澤光亮，所製陶器亦呈現多樣化的現象。且陶器種類繁多，有盛儲器如罐、盆；飲食器如碗、盤；炊具如釜、甑等等，有些陶器還安上腳架，美觀實用。而在陶器的裝飾上，佈滿各式花紋，有刻劃或壓印上去的繩紋、席紋，外觀再塗上顏色彩畫，色彩鮮艷，形象生動，古樸大方，製作精美。此外，尚有陶紡綞、陶網墜等生產工具，使陶器的功用發揮的更大。

總之，生產工具的進步，帶動農業、手工業的發展，也為臺灣早期住民改善生活環境，提供了基本條件。他們已逐漸脫離穴居生活，走出

外面建屋築房，如鳳鼻頭紅陶文化遺址，即有房屋遺址的發現，屋內設計齊全結構完整，其中有洞柱隔間，有門，洞口甚至覆蓋一層土瀝青當防潮之用，土瀝青的使用，至少反映了當時臺灣的先住民，對木結構的建築，已有一定的技術水平。

三、臺灣最早的主人──原住民

在地球史的「更新世」晚期，約3萬年前，臺灣與中國尚連在一起，直到1萬多年前，因地球氣候暖化，冰河融解，海平面上升，臺灣海峽形成，臺灣始與大陸分離而為一海島。臺灣島分離後，因海洋交通便利，吸納了許多不同的族群前來，他們利用順風潮流來到臺灣，而這些飄洋過海來臺的各族群，即是臺灣人最早的祖先。

據傳最早進入臺灣的是矮黑人，他們身軀矮小皮膚黯黑毛髮捲縮，用弓矢、善游泳、行巫術，有疤痕紋身之俗，其原鄉為菲律賓，他們曾分布在臺灣各山地，今已消失，但原住民中的布農族、泰雅族至今尚有矮靈祭的活動，據說即以他們為祈禳對象。另外，尚有屬於琉球人種的琅璃人，其族身材短小皮膚美麗，服飾風俗與琉球人相近。此外，還有知本人，人數不多，至今亦已消失殆盡。

現存臺灣的原住民，據體質人類學的調查，他們是屬於南亞蒙古人種的原馬來人（Proto--Malay）的「南島民族」。就語言學論，其所操語言是屬於馬來‧玻里尼西亞語族（Malayo--Polynessians）中的印度尼西亞語系（Indonesians），亦即所謂的「南島語系」（Austronesian Language Family），與南太平洋區域住民，如菲律賓、印尼、馬來西亞、玻里尼西亞等的語言同屬一系，他們有可能是直接或間接從大陸移居臺灣的，南亞蒙古種人源於中國北方，其中一支南下東南沿海一帶定居，古稱「百越族」。

百越族又有許多旁支，有東甌、閩越、南越等。其中，閩越族主要居住於今浙江南部和福建東部沿海，為一擅長航海的民族。因此，早

期臺灣住民，有一部分是閩越族渡海來臺，直接進入臺灣，他們與臺灣先住民矮黑人結合，成為今天泰雅、賽夏、布農等族的祖先。這些先住民當時大部分都定居於臺灣北部，所以現在北部地區原住民的習俗如缺齒、去毛、紋身、黥面、獵首、吹口琴、著貫頭衣、行崖葬及室內葬、腰機紡織以及父子連名制等，都仍保有古代百越族的文化特徵。

臺灣早期先住民，另外一支的來源，是從南洋群島移居來的南島語族。據人類學家研究，他們經由菲律賓群島進入臺灣，成為現在魯凱族、排灣族、達悟族、阿美族、卑南族的祖先。現今臺灣南部和東部的排灣、魯凱、達悟、阿美、卑南等族，無論就體質、語言或風俗習慣，都與南洋群島的原馬來人有諸多相似之處。例如蘭嶼的達悟族，其體型、體質皆與呂宋島北端巴丹群島的菲律賓土著十分相近。而在語言聲調上，也與菲律賓的馬來語相同。更確切的是文化特質，如燒墾輪休、鹿獵、魚筌捕魚、弓箭腰刀、矮牆茅屋、腰機紡織、貝飾、拔毛、缺齒、鼻笛、獵首、男子會所、骷髏崇拜、親族外婚、老人政治、年齡階級、多靈魂觀、鳥占與夢卜、室內蹲葬、紋身、父子連名等等，都還保有馬來半島，古印度尼西亞文化系統的諸多原始文化特質。

臺灣的土著族，包括平埔族，從入臺時間看，北部泰雅、賽夏、布農、鄒族的祖先，應該是最早到達臺灣的，由這些族群的語言中，沒有「船」、「艇」之類語彙，有的甚至不知「海」為何物？可以想見其祖先來臺，是多麼遙遠以前的事了。他們因來臺已久，長期以山林為伍，進而把中央山脈的某些山區，視為自己族群的發祥地。在南部，排灣族到達最早，他們以大武山為發祥地，其居室有一特色，即屋內都有一根很粗的石柱，據推測可能與東部的巨石文化有關。至於平埔族，他們大約於1500－1600年前遷徙臺灣，佔據平坦肥沃的西部平原，後來與來臺的漢移民通婚融合，逐漸漢化，現幾乎因漢化而絕跡了。

卑南族和阿美族來臺較晚，因西部平原已飽和，他們只能以花東縱谷為活動定居區域。最晚來臺者為達悟族，他們在600－800年前，才從

菲律賓北方的巴丹群島，飄流至臺東外海的紅頭嶼（蘭嶼）定居，其語言與巴丹語基本相通。臺灣東南部土著族，與北部諸族最大不同點是，他們相信其祖先是從海外飄移來臺的，除達悟族外，像平埔族中的西拉雅族，相傳來自小琉球，噶瑪蘭人和凱達格蘭人，都說他們祖先是從火燒島（綠島）來的。基本上，臺灣南部土著族的語言，都與馬來語相近，卑南族的語彙，更與爪哇語同，他們住土臺屋，不黥面、不紋身、不拔齒、不獵首（排灣族例外），生產和生活方式遠比北方土著族先進的多。

綜上所述可知，臺灣的主人土著族，其源流有二：一為從大陸東南沿海直接渡海來臺，他們成了今日泰雅、賽夏、布農諸族的祖先。另一支源自海外，即從菲律賓群島、印度尼西亞各島嶼、和中南半島飄移來臺，他們文化有濃厚東南亞南島語族的古文化特質，他們飄移來臺後，成了今日魯凱、達悟、阿美、卑南等族的祖先。無怪乎，日本學者鹿野忠雄和金關丈夫要說，臺灣史前文化中，不但有濃厚的大陸北方文化元素，也有所謂的「南方要素」，即為此證之說明。

四、臺灣原住民及其文化

長久以來，臺灣島因考古的發現，確實證明有不同時期人類活動的足跡，遍布於臺灣各地，先史時期出土的新、舊石器時代的文化證據，更印證了臺灣原住民在島上活動的遺跡。距今約5、6千年前，臺灣原住民的祖先，陸續從華南、馬來半島及東南亞一帶移居到臺灣。臺灣原住民在人類學上稱為「南島語族」（Austronesian），這些南島語族的原住民大多棲息在亞洲大陸南方之島嶼上，屬於同一語系，他們活動力極強，在地理分布上，臺灣島正位於南島語族分布的最北方。

在臺灣島上，這些原本是島上唯一主人的南島語族，如今卻已淪為歷史變遷下的弱勢族群，幾百年來，他們雖屢遭外來政治、經濟、文化的挑戰，但仍勇敢的在激烈變遷的夾縫中求生存。臺灣目前的原住民族

計有：阿美族、泰雅族、布農族、排灣族、魯凱族、卑南族、賽夏族、邵族、鄒族、達悟族（雅美族）、噶瑪蘭族、太魯閣族、撒奇萊雅族和賽德克族等十餘族。至於已漢化的平埔族，亦歸為原住民族之一，他們人口大約50萬人，約占臺灣總人口的2％，分布於臺灣各地。茲簡介臺灣各原住民族其生活、文化如下：

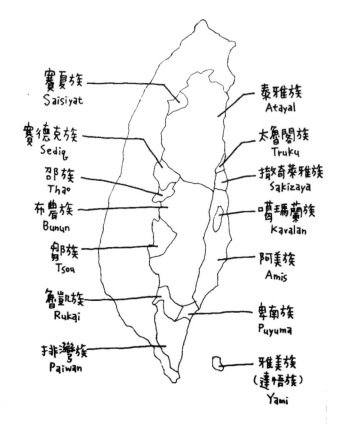

圖2-1　臺灣原住民分佈圖。

1.泰雅族（Atayal）：分布地區為南投埔里與花蓮一線以北地區，人口約5萬餘人，是原住民中僅次於阿美族者。因其住地在臺灣北部，故習慣上稱之為「北番」，又因其有黥面的習俗，故亦稱為「黥面番」或「王字番」。泰雅族為一農耕社會，農耕方式為山田燒墾，其次狩獵亦為主要生產來源之一，狩獵通常採取全族團體圍獵的方法捕殺，大多在秋冬乾季施行，且其圍獵方式亦含有宗教意義在裡頭。

　　泰雅族有一特殊宗教信仰，即基於祖靈的嘎嘎（gaga）信仰，泰雅族人的共同祭祀祖靈嘎嘎，是整合社會組織的重要基礎，也是泰雅族維持社會秩序的支配性規範與價值。總之，泰雅族部落的經濟型態是自給自足的，既無職業分工，也沒有專業化的現象，每一個泰雅族

人所擁有的資源都差不多，他們可說是平權社會中，經濟資源均等的最佳寫照。

2. 賽夏族（Saisiyat）：分布地區為新竹、苗栗一帶，棲息於新竹縣尖石鄉者為北賽夏群；定居於苗栗南庄、泰安鄉者為南賽夏群。賽夏族原本分布區域遼闊，北自大料崁溪，南迄大安溪，東至大霸尖山，均有其族群蹤跡，唯因受泰雅族壓迫，乃退縮到今日的山腰地帶，且因與漢族接觸頻繁，早已失去其固有習俗，在臺灣現存的土著族中，為人口僅有2,500多人的小族。

賽夏族的社會型態為一父系社會，父系氏族為部落組織的基本單位，賽夏族人行從夫居制，繼承人以長子、次子逐漸向外分，而由幼子來繼承家產。賽夏族家中陳設，以具有神聖意義的祖靈袋為特色，祖靈袋並非人人都有，只有氏族宗家才有，由宗家家長當司祭，若干重要祭儀的司祭權，也都經由世襲而分屬於各主要氏族。賽夏族最重要的祭典為矮靈祭，矮靈祭是全族性的祭儀活動，舉行的時間通常在稻粟收穫後、稻已成熟而尚未收成之間舉辦，且每隔一年舉行一次。賽夏族的統治威權是由個人逐漸轉向特定的世系群，它是在宗教信仰的基礎上，結合地緣關係來運作的，而權力來源則已出現世襲的現象。

3. 布農族（Bunun）：分布於南投仁愛、信義二鄉、花蓮瑞穗、卓溪、玉里三鄉、高雄三民、桃源二鄉、臺東海端、延平二鄉及關山等地，為一典型的山地民族，也是臺灣居地最高的原住民族。布農族的社會結構為複雜的父系氏族所組成，由小氏族到中氏族，再由中氏族擴及至大氏族，大氏族再統一成一部族群。布農族人口約2萬5千餘人，因與排灣族及鄒族雜處，已失其獨特之風俗習慣與語言。

布農族為一典型父系社會，經濟來源完全依賴山田燒墾的生產方式和狩獵而來，其生產勞力並不被社會群體所控制，而是藉由家族姻親所組成，且在開墾過程中，又以地緣為基礎，組成換工團體以獲得

勞力。基本上，布農族的經濟型態，已初步具有土地私有之概念，開闢成之土地，爲家族及其後代所共有，爲一自給自足的經濟體系。

此外，布農族的社會形態爲一公平競爭的開放社會，布農族非常強調個人在團體中的表現來認定其能力，因此造成社會成員，平等取得社會資源的權利，即使身爲領導者亦無多少特權。另外，布農族的社會呈現多樣性、組織團體小及易於趨向分裂的結構，形成此因尚有一關鍵，即布農族缺乏強有力的宗教信仰，他們在宗教上沒有「神」的觀念，而是以不具特定形態的「精靈」（hanito）爲主要信仰，這是頗爲奇特之處。

4. 鄒族（Tsou）：亦稱曹族，分布於玉山山麓，人口只有3千多人，和布農族相似，也是個高地民族。鄒族爲一父系社會，農耕行山田燒墾方式爲之，以甘薯、小米爲主食，土地公有歸部落氏族所有，生產全賴人力，目的在於自用。鄒族的社會單位與經濟單位爲世系群，部落組織分大社、小社，整個社會由上層結構的頭目、軍事領袖與巫師所掌控。傳統的鄒族社會由一主要上層結構爲核心，核心周遭圍繞眾多小旁支，此中心與旁支係由明顯的高低階序所決定，其中父系氏族的親屬聯結與男子會所的年齡組織爲此一結構的基本原則。

5. 魯凱族（RuKai）：分布在高雄茂林、屏東霧臺和臺東卑南等處，人口約7、8千人。魯凱族的生產方式也是以農業的山田墾燒方式爲主，輔以狩獵、採集和捕撈。部落土地幾乎爲地主貴族擁有，集中在上層少數人手中，生產者爲無土地權的平民，且生產所得尚須繳交一部分給貴族，另外還要付租稅，生計壓力十分沉重。魯凱族人以家氏爲親族關係發展的基礎，家庭結構稍偏父系，繼嗣上爲雙系法則，即每一家屋以長子優先承居，無男嗣時則以長女承之，餘嗣則分出，但與其宗家仍維持系統的階序關係。魯凱族部落中的大權由頭人階級所掌控，其家屋和服飾與平民不同，以凸顯其貴族地位。總之，魯凱族的社會階級性是十分嚴明的，而經濟上的專業分工，使得魯凱族在工

藝、石刻、木雕等技藝方面均成就非凡。

6. 排灣族（Paiwan）：為原住民三大族之一，人口約4萬2千餘人，主要分布在屏東三地、泰武、馬家、來義、春日、獅子、牡丹、滿洲等八鄉；此外臺東金峰、達仁、大武、太麻里等四鄉，也有排灣族定居，為原住民中勢力甚大者。排灣族的生產方式亦是以山田燒墾的農業為主，另雜以狩獵、捕撈畜養為輔。其生產除自用外，還須上繳一部分給貴族及付稅，捕魚打獵的收穫亦須分貴族一杯羹。當然，貴族也可以部分報酬賜予平民，以支使平民去從事公共事務或貴族私人間的事。排灣族之繼承，是以長嗣繼承為優先，餘嗣分出，與魯凱族類似。家是排灣族最重要的社會單位，家族成員地位、權力全出自家庭叢結。基本上，排灣族之宗支系統，是由家屋系統發展而出，並以直系為中心，愈接近直系，其家族地位越高，因此形成階級化的貴族宗支組織，其情形與魯凱族大同小異。

7. 卑南族（Puyuma）：卑南族人口約3千餘人，居地狹窄，主要散佈在臺東的卑南、太麻里等鄉；及屏東的滿洲、牡丹及恆春等地。唯因受排灣族人同化的關係，所以屏東的卑南族可謂為「排灣化」的卑南族，通稱「八社番」或「卑南番」。在臺東的卑南族，由於開化較早，富尚武精神，曾以「卑南王」的稱號，縱橫臺東縱谷。卑南族的社會組織及制度亦較其他原住民族完整，在風俗上漢化頗深，其世襲頭目制與排灣族同，年齡別社會及母系制度則與阿美族同。

　　卑南族的經濟生產方式以農業為主，狩獵飼養為輔。農業型態同時並存著水田與旱田兩種耕作模式，作物以小米、玉米、甘藷、高粱為主。這種定耕的經濟型態，配合強有力的部落組織與會所制度、年齡階級制，使卑南族曾一度稱霸於東海岸。社會型態為母系社會，家庭中一家之主由女嗣繼承，但氏族之首長和祭司仍由男性擔任，即便男子出贅也不影響其資格與機會。另外，部落內的公共事務之運作，則是透過會所制度和年齡組織來集體推動。

圖2-2　卑南族勇士狩獵圖。

8. 阿美族（Ami）：阿美族定居於花東縱谷，以花蓮縣最密集，人數居目前原住民之冠。阿美族為母系社會，但在政治體系上，領袖制度和年齡級制為阿美族政治架構的兩大支柱，其中呈現出非常明顯的社會結構之階序原則、組織也相當專門化。阿美族的聚落形態以定居集中為主，生產形態為刀耕火種與水田稻作。社會形態則從母居，財產及家系的傳承均為母女相承，親屬體系中有嚴密的階層組織，此階層關係亦展現於其宗教信仰和神祇系統方面。

9. 達悟族（Tau）：過去稱為「雅美族」（Yami），分布於臺灣東部太平洋上的蘭嶼，人口未足兩千人，是臺灣所有原住民族人口最少者。因與臺灣本島隔著海洋，故能保存其固有的民俗習慣。日人淺井惠倫從語言上證實，達悟族係與菲律賓北方巴丹群島的居民有密切關係；這也是土著族漂流北上的一個重要證據。即由菲律賓群島－巴丹－巴布雅－蘭嶼－臺灣本島這條路線，藉由颱風或西南季風以及黑潮等地理因素而流動，若大膽的推測，這或許是古代此一區域民族的移動路線。

圖2-3　阿美族的豐年祭。

　　達悟族其生活方式為地下式定居，各家毗鄰而形成幾個村落，村落大權掌握在父系群手中，具體表現在漁團組織上。達悟族的經濟生產方式：一是水田定耕與山田鋤耕；二為海上漁團捕撈。由於達悟族孤懸海上，為一典型島民，其宗教信仰與社會整合有密切關係，兼亦與其漁業生產有關。至於政治權力，則分散於各聚落間，尚未有集中化的現象。

10.邵族（Thao）：為原住民中人口相當少的族群，目前僅有600餘人，自清領時期始，邵族人一直以南投日月潭一帶為主要棲息地，故該族亦有「水沙連族」之稱。邵族是個擅長歌舞的民族，「杵音」是邵族歌舞的特色。另外，舞蹈也是邵族的強項，傳統的舞蹈有竹竿舞、迎賓舞和小米慶豐收舞，其中最有名的是小米慶豐收舞，它是邵族以傳統的生活方式，配合現代舞步及編曲手法所創作的歌舞，在外來文化不斷衝擊下，邵族的歌舞文化仍擁有源源不絕的生命力。

　　在宗教信仰方面，邵族人信仰「泛靈崇拜」，邵族人堅信，在宇宙大自然中，泛靈主宰著個人，甚至全族人的命運。因此，只有對大自然的泛靈，懷抱虔誠敬畏的心理，才能永保平安，此泛靈崇拜可謂

邵族人宗教信仰的核心。此外，邵族人也有「公媽籃」（祖靈籃）信仰的習俗，它是臺灣原住民族，原始宗教的特殊現象，即將祖先遺物，如衣物等視爲崇拜的對象。此種「公媽籃」信仰，是邵族主要的文化特質之一，也是其他原住民族所沒有的。

豐年祭是邵族的重大慶典，是他們過年的大日子，傳統邵族的過年，既原始又富人情味，原先並無固定的日子，後以農曆8月15日的豐年祭爲其過年日子。豐年祭也是邵族人感念祖靈庇佑，藉著祭儀舉行，感謝祖靈賜予各項豐收。

11. 太魯閣族（Taroko）：原本被視爲泰雅族的亞族，現脫離泰雅族爲獨立一族，人口約2萬3千餘人，算是原住民中人數較多者，主要定居於花蓮太魯閣地區。太魯閣族的音樂，有別於其他原住民族，它是直接教唱整首歌曲，而無所謂的先譜後曲之一般情況。至於舞蹈也是以即興方式爲之，男女都非常喜歡跳舞，因此在歲時各種祭典及婚宴，常見其載歌載舞。基本上，歌謠是太魯閣族重要的娛樂活動，族人藉著歌舞，溝通族群之和諧，使整個社群間更加的團結圓滿。

在社會習俗上，太魯閣族爲一「父系社會」，他們非常重視核心家庭，親族團體往往也是祭祀團體，大家共同狩獵、勞動與祭祀，遵守祖先的禁忌（Gayan）。太魯閣族和邵族一樣，相信祖靈會庇佑子孫，但前提是子孫必須恪守禁忌，遵守祖先留下之遺訓及規範。是以，太魯閣族經由祖靈信仰，有效的凝聚了族人的向心力，進而讓族人產生強烈的族群意識與認同感，所以「祖靈祭」對太魯閣族言，不僅是他們的宗教信仰，也是深具重要文化內涵意義在裡頭的。

12. 噶瑪蘭族（Kavalan）：噶瑪蘭族原先被歸類爲阿美族，人口僅千餘人，主要集中於蘭陽平原地區。據推論噶瑪蘭族人可能由海外遷徙至臺灣，其祖先來自南方島嶼，經綠島等地來到蘭陽平原。噶瑪蘭人擅長紡織與刺繡，在服飾上有很高的造詣。噶瑪蘭人還有一項傳統技藝爲「香蕉絲編織」，由香蕉樹取其假莖瓣，曬乾撕成蕉絲的一種編織

技藝，此技藝在全臺絕無僅有。目前在花蓮新社的噶瑪蘭婦女，仍以傳統的香蕉絲織布法，向世人證明噶瑪蘭族的存在。

噶瑪蘭族爲「母系社會」，族中祭典儀式多由女性主持，豐年祭是其重要的祭典之一，以前常與阿美族一起舉辦，現噶瑪蘭族均獨立爲之。在節慶祭典上，其實噶瑪蘭族最具代表性的是「海饜祭」，於每年的3、4月間舉行，此時亦是飛魚來臨和豐收的季節。每到此時，該族男子都會群聚海邊，舉行大海的饗宴「海饜祭」（Laligi），族人於海邊盡情的捕撈，長老於海邊祭拜祖靈祈求平安，活動約持續3、4天才狂歡而罷。

噶瑪蘭族最大的隱憂是，該族群的語言、音樂和文化之快速失傳，目前僅花蓮新社的噶瑪蘭人還保存些許的傳統民歌，但也多艱深不易了解。噶瑪蘭人和平埔族一樣，文化傳統和遺產的急邃凋零，且傳承無人，這是族人及政府如何來搶救和培育傳承的當務之急。

除上述十二族外，臺灣原住民族尚有撒奇萊雅族（Sakizaya）和因魏德聖導演「賽德克‧巴萊」電影而聲名大噪的賽德克族（Seediq），它們亦均取得政府的正式承認，成爲臺灣第十三、十四個原住民族，唯因其人數實在太少，於此暫不贅述。

臺灣的原住民族，高山起源可能來臺較早，至於平地、海岸及海外發源者，則有可能來自印度尼西亞或菲律賓群島。然有趣的是，臺灣的原住民族在種族特徵上，係屬原始馬來人系統，語言上屬印度尼西亞的南島語族，在文化特質上，也保持著印度尼西亞系統的原始文化特質，而孤立於中國、印度與阿拉伯三大亞洲高級文化圈外。可見在時間上，合理的說法，即臺灣的原住民族，在未接受此三大文化影響前，早已移居臺灣。

五、原住民族文化之特色

綜上十二族的社會文化與經濟型態，可歸納出臺灣原住民的幾項文

化特色：

1. 以聚落文化言：原住民族分散於全臺各地，從高山到海濱都有，他們在變異性極大的自然環境中，發展出屬於自己的聚落型態。有縱橫高山聚落的泰雅、布農、賽夏等族；也有棲息平地的阿美、卑南族；更有濱海聚落代表的蘭嶼達悟族，他們過著採集、狩獵、捕撈、農耕並行的生活方式。

2. 以生產文化言：原住民族的生產方式，強調與自然生態的平衡，不管農耕或狩獵，絕不濫墾濫殺，適度打獵開發即可。以農耕為例，原住民大多採取不同作物的輪耕方式為之，他們以焚燒方法開墾土地，耕作時不施肥、不用獸力，人僅是這種原始農業型態唯一的勞動力來源。為了使地力自然恢復，短期的耕作後就必須要長期休耕，這種不過分破壞土地與生態保持平衡的農業生產方式，往往使得種植後的地力，在休耕後的一、二十年間自行恢復。

   原住民與漢人最大不同處是對於土地所有權的概念，原住民並不將開闢的土地視為私有，有的土地屬於氏族公有；有的專屬父系氏系所有；有的細分獵場歸氏族、旱田為家庭所有。其次，生產的形式亦不一，泰雅、布農族以家族為生產單位，排灣、魯凱則有嚴密階級分別。唯大體是平民勞動，貴族享有特權，因為平民只有土地使用權，而貴族卻是土地的擁有者。

3. 以經濟文化言：原住民並無「經濟」一詞，所有經濟學上生產、交易、消費等經濟活動，原住民均將其視為整體社會文化體系之一環。泰雅族人平均享有經濟資源，形成每個部落自給自足的經濟單位，頗具平權社會經濟均等的特殊意義。布農族則以家庭成員為基礎的農業生產方式、強調社會成員公平取得社會資源，也與泰雅族類似，均含有特殊的社會文化意義。

4. 以社會文化言：不論是父系社會還是貴族社會，在其形塑的過程中，都與經濟活動中的生產分配有關。以魯凱、排灣族為例，貴族擁

有稅收權力，他們從平民生產者徵收穀物或其他產品，然後再重新分配或施惠給他的從屬及平民，而平民也因獲得貴族的施惠而服從，如此「再分配的交換」經濟體系，不僅維持了不平等社會文化體系內部的平衡，也強化了貴族統治權的穩固。至於在父系社會的原住民部落中，基本模式亦如此，物質生計的交換，在連續的社會環節中，創造出一種相互依賴的關係，經濟上的交換制度，增強了社會的穩定性，形成原住民社會文化重要的一環。

5. 以藝術文化言：臺灣原住民是個藝術天份極高的族群，即便是山田燒墾的工具如刀、鍬、杵、臼等，除著重工學造型設計外，還刻意營造其美學的美感。例如達悟族設計多種精美的魚筌、魚簍與魚網，造型獨特的雙桅拼板船，更是達悟族名聞遐邇的藝術精品。此外，原住民族特有的鮮艷服飾、表現於工藝的獨具巧思之器具、含宗教意涵的雕刻與舞蹈、社會價值標記的製陶、貝珠、琉璃等，都在在凸顯出原住民豐富的藝術文化內涵。

6. 以宗教文化言：在臺灣原住民社會中，各自存在不同的宗教信仰，不同的人類起源及族群發祥地的傳說，建構其不同的宇宙觀。從平權社會的精靈信仰，到階層社會的多神信仰，都有其相應的宗教儀式。臺灣原住民中，最具特色的是以小米儀式為中心的歲時祭儀，而總其成為收穫儀式，這類儀式肯定自然的秩序，期望通過巫覡手段除去生產過程中，人類無法控制的超自然因素。如阿美族之「豐年祭」、達悟族的「飛魚祭」及歲時祭儀的「矮靈祭」。原住民的歲時祭儀，有時也連結生命禮儀和醫療儀式進行，這些特有的宗教儀式都充分體現原住民的宗教信仰與文化。

　　特別要提的是，臺灣的原住民文化，是古南島文化的基本原型，因為臺灣是南島文化之北端，在臺灣以北即無南島文化，在漢移民未來臺之前，臺灣可謂孤立於此，甚少與外界接觸。而與此同時，包括南島本區，東南亞和太平洋群島卻不然，這些地區因位於民族移動的

要衝，先後受到印度、阿拉伯與中國文化的影響和衝擊，文化數經變遷。而臺灣則孤懸海隅，不受影響，故能保存純淨的南島文化。準此而言，在南島文化的學術研究上，臺灣是具有特殊意義的重要性。

六、平埔風華再現

一度被視爲「完全漢化」幾乎絕跡的平埔族，近年又常被提及，透過「後現代」強調主體意識差異的歷史、語言與文學論述、使得「平埔族」風華再現。在臺灣史的時間深度、多元文化、族群界限、文化形式等面向的探討上，有關平埔族之議題，逐漸重新在文化、政治場域中出現，勾起人們對平埔族的記憶，使得平埔族的集體記憶和輪廓，也因此越來越清晰彰顯。

4百年前臺灣的族群版圖，是由「南島語族」所構築而成的，史前文化的主人和南島語族，在不同時間分批進入臺灣。現存的原住民大約在5、6千年前即已移居臺灣，並持續發展其多元不同的社會文化體系。荷據時期，臺灣平埔族尚有150餘個部落，約5萬餘人，在漢人未移民來臺前，臺灣西部平原地帶，幾乎都是平埔族主要活動區域，至今我們由北而南看到許多新石器時代的文化遺址，也大多是平埔族的活動遺存，他們可說是臺灣西部走廊唯一的主人。

一直到19世紀末，可辨認的平埔族，尚有分布於臺北盆地、基隆淡水海岸的凱達格蘭族（Ketagalan），居住臺北盆地周圍外緣到桃園一帶的雷朗族（Luilang），臺灣東北角蘭陽平原的噶瑪蘭族（Kavalan），棲息在新竹、苗栗海岸平地的道卡斯族（Taokas），臺中境內的巴則海族（Pazeh）和巴布拉族（Papora），彰化縣則有貓霧捒族（Babuza），至於洪雅族（Hoanya）則居住於南投、嘉義兩縣，南臺灣的臺南、高雄、屏東等處，則是散居著西拉雅族（Siraya）。唐山過臺灣後，伴隨大量漢移民的湧入臺灣，挾帶著強勢的漢文化，兼以「有唐山公，無唐山媽」的「羅漢腳」在臺之拓殖，近水樓臺的與平埔族番婦通婚，日積月

累後，平埔族在漢文化影響下，最終「漢化」的非常徹底。

　　傳統平埔族的政治組織、部落公約、土地交易與宗教信仰等，在漢文化的衝擊下逐漸解體。通婚後的平埔族，在接受漢文化後，不僅族群界限日漸模糊，更可悲的是，在平埔族意識的自我隱形下，原有的平埔文化與族群意識，在短短的1、2百年間，幾乎消失殆盡。然文化的激盪磨合是相對的，在平埔族受漢化影響之際，平埔的文化亦一部分融入臺灣漢人社會中。例如平埔女子成為漢人族譜成員後，臺灣人有平埔血統人數，可能有1、2百萬人之多。女性在平埔族社會中占重要地位，有學者甚至將平埔族群視為母系社會，現今臺灣人對「舅權」之重視，乃是平埔遺風，流行於漢人社會之具體展現。

　　進入現代社會的平埔族，在強調族群自我認同的今日，亦極力去追查往昔的平埔流風餘韻，摸索被解構的平埔圖像。如南部西拉雅族的「祀壺」儀式，西拉雅人將其視為重要的文化表徵，藉由這些物質面相，西拉雅人希望凝聚族群意識，復原即將消失的族群界限。另外像宜蘭的噶瑪蘭族也是如此，噶瑪蘭人不斷的舉行「祖靈儀式」、「尋找噶瑪蘭語」等活動，藉以凸顯其與其他族群的差異性，達到噶瑪蘭人自我肯定的族群價值。

　　近百年來，平埔族常被視為同一族群，其實這是不對的，平埔族各族之間確實有些共通點，但亦有不同的社會文化特徵。目前平埔風華再現，其族群文化的重構，見證了臺灣原住民豐富多元的文化特色；平埔族的文化自我尋根，不僅代表平埔族不願屈就是漢文化的附庸，更重要的意義是找回平埔族的族群尊嚴與自信，建立族群的自我主體價值。

第三章

尋跡溯往──臺灣的古道

古道是指臺灣先民在早期所開拓，使用年代悠久，距離很長的舊道，特別是指被現代道路系統所遺棄的古代重要道路。由於古道本身就是先人遺留在地表上的歷史古蹟，是隨著當時的生活需要或政經情勢而發生的產物，沿線又有許多族群活動的文化印記，因此探訪古道，可以喚起人們對發生在這塊土地上的開疆闢土、族群互動遷徙等等事蹟之回顧。

一、臺灣古道的類型與現況

(一)為原住民的遷徙與踩踏所形成者，（部落相互往來交易、參與祭典、彼此通婚等），如新北市的福巴越嶺古道，即為泰雅族的一條姻親路。此外像新竹的石鹿古道、埔里東勢間的八幡崎越嶺古道，也均由原住民踩踏出來的，其中最有名者為翻越中央山脈的東西越嶺古道、布農族人的八通關古道、魯凱族的鬼湖越嶺古道等，這些古道都是往昔原住民為通婚或貿易，不辭辛勞一步一步所形成的。

(二)為清朝時期漢人使用者，有為政府傳遞訊息、調動軍隊所開闢的「官道」，也有民間為開拓土地、交易及運輸貨物的需要，自行出資開闢的道路。如北臺灣的淡蘭古道、草嶺古道、金包里古道；中臺灣的鳴鳳山古道、挑鹽古道、水沙連山道；南臺灣的鐵線橋古道、崑崙坳古道、浸水營古道等。整體言，清代所闢建的道路，部分承襲自原住民的舊路山徑，部分則是全新路線。特徵為古道數量多、路徑多元，開路的目的是便利民生、鞏固防務、鼓勵後山開墾以及安撫治理原住民等政治經濟任務。

(三)為日治時期闢建者，大致可分為山區警備道路和「理番道路」兩種，山區警備道路是配合大正年間的「五年理番計劃」所闢建的，自1914－1917年，共修了14條山區道路，如合歡越嶺道、能高越嶺道、大甲溪道路等，都是當時身負教育、醫療及鎮壓原住民任務的警備道路。至於散佈山區的「理番道路」數量更多，這些寬僅2尺的步

道，有打破山區天險、控制原住民的作用。

　　基本上，臺灣古道目前的現況並不佳，有許多古道已變成公路或產業道路，由於新式道路的修築，使一些古道的原貌已消失不見，只有一小部分與公路不重疊的路段被保留下來，如北宜古道是北宜公路的前身、合歡越嶺古道是中部橫貫公路支線的前身等等。另外，有些古道則成為登山步道，例如保留在山區或溪谷的古道，因沒有開發成公路，便被重新整建為登山健行步道，其中以八通關古道、魚路古道、草嶺古道、鳴鳳山古道等，更是登山客的最愛。至於那些年代久遠、長久未用，已經荒蕪的古道，幾乎已湮沒不彰，只剩傳說或少數登山隊才知道的小徑了。

二、臺灣古道簡介

(一)北臺灣古道

1. 淡蘭古道：全長80餘公里的淡蘭古道，是臺灣一條知名度甚高的古道。所謂淡蘭不是字面上的淡水到宜蘭，而是指清代的淡水廳（即清代的廳治竹塹）到噶瑪蘭廳的交通大道。清代的先民欲往蘭陽

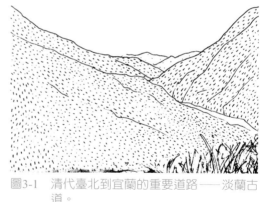

圖3-1　清代臺北到宜蘭的重要道路──淡蘭古道。

開墾或貿易，幾乎都會循淡蘭古道而行，路程通常要走三天兩夜，長途跋涉非常辛苦。

　　淡蘭古道最早是平埔族凱達格蘭人踩踏出來的狩獵山徑，「開蘭第一人」的吳沙，當年曾走這條古道欲往蘭陽平原拓墾，途中遭到噶瑪蘭人的攻擊而返回，後再接再厲奮鬥不懈，吳沙終於開啟蘭陽平原大門，而懷抱夢想經由古道至蘭陽的移民，也從此絡繹不絕

於途。1807年（嘉慶12年），臺灣知府楊廷理為解決日益嚴重的漳泉械鬥問題，以古道為基準再闢新路；由四腳亭經蛇仔形，越過三貂角至頂雙溪再到噶瑪蘭。1823年（道光3年）板橋林家先祖林平侯，出資整修楊廷理開闢的路線，其子林國華更進一步修葺基隆經瑞芳、三貂嶺到頂雙溪之路線，行旅稱便，淡蘭古道從此成為北臺灣，臺北到宜蘭最重要的交通通道。

2. 草嶺古道：淡蘭古道如今遺留的古道路線有三條，分別是三貂嶺段、草嶺段和嶐嶺段，當然最廣為人知的就屬草嶺古道，也是臺灣登山客健行的熱門步道。該古道起點為貢寮鄉，越過

圖3-2　草嶺古道著名地標「虎」字碑。

海拔617公尺的頭坑山北鞍後，下山即可抵達宜蘭頭城，全長約7公里。古道最美處為遍長於山野的芒草，秋風颯颯芒草搖曳，真是天涼好個秋。列為3級古蹟的「虎字碑」，氣勢磅礡，筆觸至今仍虎虎生風，是清代臺灣總兵劉明燈於1867年（同治6年）所題，立於臺北、宜蘭交界處。此外，「雄鎮蠻煙」碑亦為劉明燈題字，也是草嶺古道上的地標，更是清代在臺灣北部開山撫番的重要史證。

3. 三貂嶺古道：位於新北市瑞芳鎮境內，自侯硐國小起行，至海拔525公尺的三貂嶺大崙北稜，接102號公路止，全長約5公里。古道上有「奉憲示禁碑」，乃為勸阻民眾勿隨意砍伐樹木，以免往來行人無避蔭處所設立之石碑，立於1851年（咸豐元年），光緒年間又加以重建，惜字跡已不甚清楚，它是古道最佳的歷史見證。

4. 嶐嶺古道：由福隆的內林溪始，經七星堆登嶐嶺，下抵石刀鼻海邊，全長約4－5公里。嶐嶺古道是淡蘭古道較早開闢的一條，據考

文化觀光：臺灣文化資產

證當年吳沙率眾入蘭陽開墾即是行此道。古道上最美的景緻是「嶐嶺夕煙」，屬宜蘭八景之一，古道出口的石城，其舊鐵路隧道口上方，有「國雲飛處」四字，此四個大字係1924年（大正13年）所題。當時日本殖民當局為開發蘭陽平原，在此興建浩大的隧道工程，由於施工艱鉅，完工後題此四字以茲紀念。苦中作樂的工人，還因此創作出膾炙人口的民謠〈丟丟銅〉，甚是有趣。

5. 金包里古道：又稱魚路古道，建於光緒年間，它是以金山鄉（昔稱金包里）為起站，穿過大屯山脈抵達士林的一條古道，全長約30餘公里，是清代聯繫金山與士林之間的重要交通路線。此古道何以稱為「魚路古道」，原因為當年金山漁民由這條古道，越過擎天崗經山豬湖、山仔后、公館地、新安等處，運送新鮮漁貨到士林的芝山巖或大龍峒、大稻埕等集散地販售，回程再把日用品走原路帶回金山，是條重要的販賣通道和產業道路。現在保留的古道路段自陽金公路八煙站起，途經擎天崗，到菁山路山豬湖為止，可步行登山。

6. 福巴越嶺古道：以新北市烏來鄉為起點，經信賢、福山穿越達觀山到達桃園縣的巴陵，全長約27公里，這條古道是泰雅族人於2、3百年前踩踏出來的山徑。古道除提供北部泰雅族人的山間貿易管道外，還是一條山地兒女的姻親路，扮演美好姻緣一線牽的特殊角色。日治時期，為防止原住民攻擊，曾在臺灣北部山區築一「隘勇線」，1905年（明治38年）還是受到烏來泰雅族人的攻擊新店龜山發電所事件，受此影響，日人乃依循原來的福巴越嶺古道，修築了一條山地警備道路，後來成為早期臺北州通往新竹州的通路之一。福巴越嶺古道曾荒廢許久，近年來因達觀山自然保護區神木，吸引大批遊客前來參觀，又逐漸成為熱門的健行步道，目前在林務局的維護下，路況尚稱良好。

7. 角板山三星越嶺道：該古道是北橫公路的前身，由桃園復興鄉的角板山到宜蘭三星鄉，全長約79.2公里。角板山古道最早是由生活在

大漢溪一帶的泰雅族人所踩踏出來的。光緒年間，臺灣巡撫劉銘傳為開山撫番，於是闢建了大溪到角板山的道路。日治時期，日人沿此舊道加以整修拓寬，才完成從角板山到宜蘭三星鄉的道路，此路是日本軍警為壓制管理泰雅族所建的警備道，沿途有三大鐵線橋：拉號鐵線橋、巴壟鐵線橋、塔曼溪鐵線橋（現已改建為復興橋、巴陵橋及大漢橋）。角板山古道後來演變為北橫公路，該路於1963年5月動工，歷時三年竣工，全長139公里，是臺灣三條橫貫公路中最短的一條，雖然規模不大，但沿途可見的河谷、曲流與臺地地形景觀，比起中橫、南橫亦不遑多讓。

(二)中臺灣古道

1. 挑鹽古道：道光年間，苗栗修築了數條官道以利對外交通及聯繫境內各部落，挑鹽古道即為其中之一。位於苗栗縣銅鑼鄉與三義鄉的九華山之間的挑鹽古道，由其名便知古道的功能。早年通霄為一產鹽重鎮，苗栗一帶全靠它供鹽，然而近海的通霄到苑裡的近山地區，以及山區的銅鑼、大湖、卓蘭等地，皆得翻山越嶺才能到達，十分不便，故清廷才有此古道的闢建。當年古道上的挑夫，只需看擔子裡的貨物，即可猜出是去程或回程；通常去程挑夫擔子是沉甸甸的鹽，回程是輕許多的米菜等民生用品，問題是遇到下雨天，道路泥濘不堪，挑鹽的挑夫可就辛苦備嚐了。

   1865年（同治4年），在地方士紳的捐資下，古道疊石興建了石階，路況大為改善，至今我們在僅存的飛牛牧場到九華山路段中，仍可看見用大石頭一個個砌成的石塊步道，即為當年之疊石。日治時期，公路闢建後，挑鹽古道被截斷，原始古道只剩520公尺，所幸目前尚保持完好，行經於此仍可感受那濃濃的古意。

2. 大甲溪道路：蜿蜒於大甲溪谷的大甲溪道路，是由棲息在南投縣仁愛鄉的泰雅族人所踩踏出來的。昔日一部分的泰雅族人，為尋求更好的生活，離開家鄉越過雪山山脈，來到臺中市和平鄉的達見、佳

陽及白狗一帶，並於此定居。族人們來往於各部落間的道路，即成為今日大甲溪道路的起源。日治時期，為監控附近的原住民，1922年（大正11年）在此修了山地警備道路。

這條路以大甲溪為起點，經谷關、馬崙、達見、佳陽到梨山，鄰近八仙山區。八仙山林場木材開採後，大甲溪道路成為主要的出口通道，林場全盛時期，熙來攘往的客商不絕於途。1960年，中橫公路動工，從臺中東勢到梨山的中橫西段，即是依舊有的大甲溪道路加以興建的，現存之大甲溪道路僅餘百公尺而已。

3. 八通關古道：是臺灣知名度最高的古道，它擁有很多「第一」的頭銜。首先它是臺灣目前僅存年代最久遠的古道，同時也是第一條橫貫東西的古道，和唯一名列國家1級古蹟的古道。此古道之開拓是清同治末牡丹社事件後，清政府開始推行開山撫番政策，命總兵吳光亮帶領士兵開關從南投到花蓮玉里的官道。此古道關建過程十分艱辛，整個工程從200公尺的平地，一路開挖到3000多公尺的高山，逢山鋪路遇水架橋，除要面對大自然的嚴酷考驗，還要隨時提防原住民的襲擊。沿途盡量避開原住民生活區，沿山谷開關可以運送物資及巡防的道路，這條從南投竹山經八通關大草原到達花蓮玉里的八通關古道，全長152.64公里，居然在11個月完成，這不得不佩服吳光亮的領導有方。

八通關古道雖然維持十餘年的暢通，但因漢番之間的惡鬥及瘴瘟盛行，使古道日趨荒蕪。日治時期曾重修古道東段，但後來因布農族抗日事件而封鎖古道，此後古道就乏人問津了。近年來，政府與國人因對文化資產逐漸重視，八通關古道又重新回到人們的記憶，現列為國家1級古蹟，代表該古道是臺灣珍貴的文化瑰寶。豪邁壯闊的八通關古道，位於海拔2,800公尺的玉山北峰和八通關山交界處，一望無際的大草原，讓人彷彿有置身大漠馳馬奔騰之感，不論清朝的古道或日人關建的越嶺道，都要經過八通關大草原，足

見此區地理位置重要於一般。

4. 能高越嶺古道：由霧社、盧山經中央山脈能高鞍部到花蓮秀林鄉銅門村，全長約83公里。能高越嶺古道最早是泰雅族人開發與花蓮阿美族人進行貿易的路線，在合歡山路線未開拓前，是連通南投往花蓮的唯一道路，也是早期往來臺灣東西部的捷徑，交通地位十分重要。1917年，日治時期，能高越嶺古道被開設成控制原住民的警備道，寬1.8公尺，是所有日人警備道中最寬闊平穩的一條，如今也成為橫貫越嶺古道中，相當熱門及大眾化的一條道路。

5. 水沙連古道：此古道有南北兩路，北路從草屯經國姓到埔里；南路從集集經水里、魚池到埔里，這一帶原為泰雅族、邵族、布農族活動的區域。清道光後，大批漢人循古道進入埔里盆地開墾，為開發埔里的重要路線。現今的水沙連古道，僅剩的路段為土地公鞍與白葉山鹽菜甕等路線，路程不長，只需一天即可走完全程。

6. 丹大越嶺古道：此古道曾是所有橫跨中央山脈的越嶺路中最便捷的一條道路，然因百年來的天然災害與人為破壞，至今已荒蕪不堪，令人惋惜。此古道可追溯自清光緒年間，劉銘傳「集集水尾道」的開發構想，以連通前山和後山，西段自南投集集築向關門；東段從花蓮富源始到達關門，完工後由集集至花蓮瑞穗的丹大越嶺道，成為連結臺灣東西部的快速通道之一，由於此路通過海拔2,974公尺的中央山脈主脊關門山，故有「關門越嶺路」之稱。

　　1909年，日人將古道闢為警備道路，稱為「集集拔仔庄道路」，全長約130公里，路寬1公尺。整修後的古道理應更便捷順暢，然因屢遭原住民襲擊和自然災害，造成古道時斷時續的命運。1912年的一場強颱侵襲，更讓地處深山的古道雪上加霜，嚴重破損，在修護不易的情況下，丹大越嶺古道終走向荒廢之途。

7. 玉山山道：起自阿里山，向東經自忠、鹿山林場到塔塔加鞍部，越過玉山主峰到達八通關，並與八通關越嶺道銜接，它是臺灣海拔位

置最高的一條越嶺道，也是早期鄒族、布農族的活動路線。日治時代執行理番政策，沿途修築警備道，玉山山道亦是其中之一。修建完成的玉山山道，除扮演警備功能外，同時也是攀登東亞第一高峰玉山的重要路線。玉山曾被日本人改稱「新高山」，所以當年的玉山山道也稱「新高山道」。

現今的玉山山道，因位於玉山國家公園內，受到國家公園管理處的妥善維護，故目前保存狀況仍十分良好，可說是臺灣各越嶺路中最為完備的一條，已成為登山健行的大眾步道。新中橫公路阿里山到塔塔加，路段全程70.6公里，更縮短玉山與國人的距離，讓前往玉山賞景變得更便利。

(三)南臺灣古道

1. 崑崙坳古道：清同治年間牡丹社事件後，清廷決定在臺灣北、中、南開發三條撫番道路，崑崙坳古道即屬於南路，由臺灣府南路海防同知袁聞坼負責帶兵開闢而成。崑崙坳古道從鳳山起，經屏東來義、臺東金峰抵達太麻里，全程約105公里，是臺灣最早的撫番道路。古道原來是排灣族與卑南族姻親往來的山路，是少數由原住民和漢人一起合作開發的道路。唯經過百餘年的風雨摧殘，除少數當年清兵駐紮的營盤附近路段外，原本6尺寬的道路和為上下陡坡鋪設的石階，早已湮沒於荒湮蔓草間，尋蹤無處了。

2. 鬼湖越嶺古道：名稱乍聽之下令人毛骨悚然，其實它是「知本越嶺古道」的別名，由於古道經過神秘莫測的大、小鬼湖，故有此稱號。鬼湖越嶺古道是由魯凱族人走出來的，當年棲息於臺東大南社的魯凱族，為開發新獵場，由原鄉往西越過海拔2,229公尺的知本主山，到達屏東的霧臺山區定居下來。日治時代為控制魯凱族，沿古道開設了警備道路，從屏東三地門起，途中經小鬼湖，再翻越知本主山到達臺東知本。鬼湖越嶺古道原本已人煙罕至逐漸沒落，但因越來越多的登山客想一窺神秘的大、小鬼湖風采，聲名漸漸遠

播。如今走在鬼湖越嶺古道上，除可如願探訪鬼湖外，也能體驗魯凱族人的生活方式，是條自然與人文兼具的古道，值得尋幽覽勝。

3. 關山越嶺古道：為日治時期的理番道路，由高雄六龜起，中途翻越關山嶺抵達臺東關山，全長約170公里。清嘉慶年間，生活在高雄與臺東交界山區的布農族，由郡大溪向南越過中央

圖3-3　日治時期重要的理番道路——關山越嶺古道。

山脈，輾轉來到臺東新武，關山越嶺古道即由此批先民最早踩踏出來的。日治期間，因此地區布農族的抗日，使日人為能有效鎮壓原住民，而興起開闢古道之計劃。

　　古道於1926年動工，1931年完工，沿線設32處駐在所，並配以大砲，今遺跡仍清晰可見。光復後，政府在經濟、教育考量下，決定興建南橫公路，現在的南橫公路，大致是沿此古道開設。目前關山越嶺道仍保留約80公里的古步道，尤其是梅山到啞口這段，保留最完整，天池到中之關間的中之關古道，現亦對外開放，是高山健行者的好去處。

4. 恆春卑南古道：亦稱琅璚卑南古道或阿朗壹古道，是光緒年間開築的古道，路線從屏東恆春經滿州至太平洋海岸，沿海岸經八瑤灣、牡丹灣北上，行經旭海、達仁鄉抵達卑南，全長203公里。此古道亦是「牡丹社事件」日

圖3-4　又稱阿朗壹古道的恆春卑南古道。

侵臺灣後，清廷爲積極開發東臺灣，故自同、光兩朝起，先後開闢八條東西越嶺道路，恆春卑南古道就是其中之一。此古道雖開闢於光緒年間，但據文獻記載，其形成的歷史應該更早，它不但是荷蘭時代的舊路，清廷征伐朱一貴、林爽文之亂時，軍隊亦是依此古道而行。

經過整建後的恆春卑南古道路況堪稱良好，在車城經保力、猴洞，東向越嶺到射麻里一段，路面寬敞還可以容納牛車經過，早年是平埔族從屏東往來臺東的牛車道，也是清朝一條十分重要的東西橫貫公路。古道後來被另一條三條崙卑南道所取代而日趨沒落，當年人車往來榮景已不再，目前僅存旭海達仁段，約6公里，因行人稀少，保留原始的海岸景觀，非常壯觀美麗。此段古道現在是臺26號公路的預定路線，雖然可以改善交通，但對古道可能又是一致命傷害。

5. 浸水營古道：西起屏東枋寮的水底寮，越過中央山脈到達臺東的大武，早期原住民即以此道往來於東西部。道光年間，西部平埔族的馬卡道人也利用此路，集體遷徙至東部的大庄、卑南一帶，然除原住民和平埔族外，少有人知此古道的存在。1874年（同治13年）牡丹社事件後，清廷開山撫番，1882年（光緒8年）周大發督導南路屯兵興工，也正式修築這條全長47公里的平埔族移民之路。由於古道起點附近有清朝屯軍的三條崙石頭營，所以稱爲「三條崙道」。古道完成後，取代原鳳山縣至恆春再沿牡丹溪北上臺東的「琅璚卑南道」，成爲清末唯一可通後山的道路。

日治時期，古道改建成鎮壓排灣族的理番道路，因爲古道經過最高的警備據點浸水營，所以又名「浸水營越嶺道」。該古道因通過中央山脈最低點，使用頻率高，是最常走的古道；又因維護良好，故可說是最長壽的古道。惜光復後，古道人煙罕至，已逐漸隱身南臺灣的熱帶林中，遭世人遺忘了。

㈣東臺灣古道

1. 蘇花古道：是清朝時期在臺灣開闢的三條主要古道的「北路」，光緒年間羅大春率領綏遠軍及鄉勇，以兩年時間完成的古道，它是東部第一條越嶺道，在交通及歷史意義上，都有其價值和地位。蘇花古道起自蘇澳、經東澳、南澳到花蓮新城，古道目前已經保留不多，其中以崇德隧道南口一段保留最完整。蘇花古道與蘇花公路並非同一路線，蘇花公路是日治時代修築的臨海線。

   1915年，日本人曾於花蓮到秀林鄉間，設置一條輕便道作為運輸軍糧之用，太魯閣征伐之役結束後，將之改為道路，翌年道路拓建，歷8年才竣工，此即連通蘇澳到花蓮，全長120公里的臨海路。此路工程艱鉅險象環生，為安全計，迄於1932年始正式通車，這條被日人稱為「世界第一危險道路」，就是國人現在所熟悉的蘇花公路。確實每次車行於蘇花公路，行經清水斷崖路段時，都會為其海天一色磅礡氣勢給吸引，殊不知這是犧牲多少生命所換來的美景，在驚嘆之餘，當知這是條頗富歷史意義的道路呀！

2. 奇美古道：早期是阿美族人踩踏出來的一條山路，古道的路徑起於瑞穗，經奇美部落抵達豐濱的大港口，全長約25公里，現在的花64線道，瑞港公路即沿奇美古道建築的，它也是連接花東縱谷與花東海岸的古道。奇美古道沿著烏拉立山支稜蜿蜒於山間，由於是山間小徑，故路面陡峭難行，走在古道上，感覺落差極大，給人視覺震撼的峽谷，挺直轟立於眼前，遠眺隆起的謝武德臺地及群山萬壑，又是別具一番感受。古道在峽谷岸邊向東伸展，沿途可欣賞湍急的溪流及被稱為「萬物相」的特殊奇石，一飽東部山川靈秀之美的眼福。

3. 安通越嶺古道：其前身是清光緒年間提督吳光亮開闢東西向八通關古道後，在東部開設的一條由花蓮玉里到臺東長濱的大道，全長約13公里，是橫跨花東的第一條古道。該條古道雖不長，但因翻越山勢奇險的海岸山脈，故此古道成為踏查專家眼中，征服難度頗高的

越嶺路。安通越嶺古道路徑雖短，卻曾經扮演過許多重要角色，它是早年分居海岸山脈兩邊的阿美族之姻親節慶互相往來的要道。日治末期，物資嚴重短缺，它又是一條不折不扣的「走私路」；除此之外，它還是基督教長老教會傳教至東部的「宣教路」，所以安通越嶺古道曾經承載許多花東人的共同回憶。

4. 合歡越嶺古道：最早是泰雅族的太魯閣人從南投山區往花蓮的移民道路，日治時期為管制太魯閣人，1914年動工興建這條合歡越嶺古道。從霧社起行，沿著濁水溪上游翻越合歡山，由大禹嶺沿立霧溪下，最後抵達花蓮新城，亦稱為「太魯閣道路」，現在沿途還有幾個當時的日警駐在所。目前保留較好的一段叫錐麓古道，是太魯閣國家公園的主要景點，錐麓古道全長約16公里，古道從慈母橋開始到燕子口上方的巴達崗，沿途可以觀賞壯觀的錐麓大斷崖，聳立陡峭的山壁，如碧玉般青綠的溪水，鬼斧神工的地形景緻，即位於錐麓古道。合歡越嶺古道是條人文史蹟、生態風景兼備的古道，也是遊覽太魯閣國家公園不容錯過的景點。另外，位於天祥與畢綠間，全長32.7公里的曲流古道亦值得一看，這條古道沿途所經的立霧溪谷，河道彎曲峽谷深邃壯觀，比起著名的太魯閣峽谷亦毫不遜色。

5. 磯崎越嶺古道：起於磯崎越過海岸山脈抵達花蓮縣東富村及富田村交叉路口，續接9甲公路到光復的一條古道。這條越嶺道是早年阿美族人與噶瑪蘭族原居住在加禮宛社族人踩踏出來的，現今此古道已成可供健行的步道，走在古道上，沿路可欣賞碧波萬頃的太平洋，與純樸的阿美族人聚落磯崎，沿著加都蘭溪南岸上溯溪源，尚可攀登海岸山脈，感受古道的懷舊之情，不禁令人油然而生。

總之，古道承載了先人披荊斬棘、篳路藍縷的眾多歷史記憶，目前有不少古道，尚是臺灣主要公路的前身呢？前人種樹後人乘涼，不管是登山者或遊客，漫步在古道上，當可發思古之幽情，感念祖先為我們留下這一條條值得緬懷讚嘆之足跡。

第四章

臺灣的城垣與砲臺

一、城門結構簡介

臺灣的若干城市，至今仍可找到一些古代舊城垣的遺跡——城門，雖然大多數的城門已殘破不堪，有的已毀壞不復舊貌，更多的是早已消失的無影無蹤，但仍有些稱呼留了下來，如臺北市的東門、西門、南門和北門。在清朝時代，凡設有城垣之處，往往都是各地方的政治行政中心，也是該地區的經濟文化重鎮，當時臺灣較著名的城垣有臺南府城、鳳山城、嘉義城、彰化城、竹塹城、噶瑪蘭城與臺北城等。

城門是古代用來防禦敵人的建築物，在中國，它不僅是軍事重地，更具有彰顯王權的功用，中國的城牆主要由「堘」、「堞」、「樓」、「櫓」四個部分所組成的。所謂「堘」是指城牆的主體。而「堞」，亦謂雉堞，一般稱爲城垛，即城牆上方形的凸出物，用來防禦敵人的利箭與石塊，故其高度與人身高相仿。「樓」就是城樓，建於城門上，是指揮與駐兵之所在；城樓中爲瞭望四周環境所設之瞭望臺稱爲「櫓」，故樓與櫓常合在一起。

圖4-1　城垣上之馬道。

城樓下有城門，一座城池的城門數量是依行政層級與規模而定的，府城可開八門，縣城多爲四門。城門通常置於東西南北四向，主要構造爲城門樓與城門座兩部分。城門樓建於城門座上，能登高望遠，與左右城牆馬道聯繫，以利發揮守衛防禦的功效。城門樓一般可分成樓閣式與碉堡式兩類，因城門是官方建築，因此屋頂都是燕尾脊，常見的有歇山

及重簷歇山兩式，顯得氣派宏偉。臺灣的城門樓以樓閣式居多，但也有碉堡式的，如臺北府城即屬碉堡式城門樓。

　　至於城門額通常置於內外門洞的上方，是城池興建的重要史證，城門額亦有內外之分，朝城內的常直接以方位命名，如「東門」、「南門」、「北門」、「西門」。外門額是進城的門面，通常會取特殊涵意的名稱，如北門多用「拱辰」、東門多叫「朝陽」、西門取「鎮海」、南門名「麗正」等吉利或寓涵方位之名稱。此外還有所謂的城門洞，為城門座中央出入城門的孔道，因具有重要防禦功能，故結構較為特殊。它是由內大外小的兩個拱圈及中間一段平頂組成，外拱圈小可增加防禦性，平頂則是城門開合所留空間，上下有門臼孔，左右牆面有大型方孔，為安放粗大門栓所用。門板極為厚實，外層安上鐵皮以防火攻，目前臺北北門尚留有原貌的門板。至於城門座則為城池之門面，其結構材料都較講究，砌工也更精緻，甚至還有特別的裝飾。

　　另外，尚有甕城，或稱月城，某些規模較大的城池，為增強防禦機制，會在主城門或重要城門外，再築一半圓形或方形城牆圍繞，以增強防禦，此即為甕城，甕城之門與主城門不會開在同一直線，目的是可以增加防衛縱深。城池通常都會安置砲臺以加強防禦，砲臺常放於城牆各

圖4-2　城樓是城垣指揮與駐兵之所在。

向的險要之處或轉角地方，規模較大如臺北城可設九座砲臺，鳳山新城則有六座。砲臺有兩種，一為附屬式砲臺，設置在城門附近或兩座城門之間，形狀通常為方形，突出於外垣，三面臨空，一面與馬道相連，作戰時機動性高，如臺北城。再者是獨立式砲臺，面積較大，構造獨立，以踏道連城內，平面形狀不一，有方形、八角形、圓弧形不等，如鳳山新城。復次亦有射孔或砲孔，位在雉堞中間，為的就是便於躲在雉堞後面射擊槍砲。

除此之外，城池上還會設置窩舖，位於城垣周圍，是供士兵駐守過夜之處。馬道在城牆上方，是供士兵或馬匹行走之道路，底下有踏道，其階梯可供兵馬登上城垣。城外挖掘護城河，通常設有禦敵時可吊起的橋樑，可延緩敵人攻城的時間並保護城內的安全。

二、臺灣築城史

築城是中國自古即有的傳統，歷史悠久，城郭規模遠較其他國家來的大，城內置有官衙、市街、廟宇、書院、考棚、農田等設施。城垣之設，通常是居民基於共同的安全考量，在官府的引導下所建，故築城可說是在經濟、文化發展到一定程度後的必然產物。清領初期，臺灣並無築城計畫，後因變亂頻仍，基於防備需求，各地方才開始有築城之舉。起初，僅圍木柵作城，有的種植刺竹以為屏藩，好一點的則築土堆為城牆。

其後，因經費較寬裕和武器進步，很多城垣為加強防禦工事乃改為石牆或磚牆，城門也修葺的美輪美奐。因此，原先只作軍事用途的城門，逐漸蛻變為威權和文明的象徵。所以，一道城門，似乎劃分出城鄉之間的差距，住城裡的多為有錢有地位之人，而鄉下人「進城」辦事，也成為一件相當鄭重的事，至於城門口，則成了市集小販聚集做生意的好地方。

以臺灣面積論，臺灣城垣算是不少，此乃反映臺灣外患及內亂頻

仍於一般，官方爲應付此起彼落的民變，不得不擴大築城以利固守。因受限於建材與經費，嚴格而言，是經過竹城到土城而後迄於磚城（或石城）的三個階段，以堅固性言，清末的臺北城應該是最佳的。茲將臺灣近4百年之築城史，作一簡介：

1. 明嘉靖年間，海盜林道乾據澎湖，朝廷命都督俞大猷征討，勝利後於當地築暗澳城，此應爲臺澎第一城。

2. 1622年（明天啓2年），荷蘭提督雷爾生（Cornelis Reyersen）率兵於媽宮與風櫃仔登陸，築紅毛城。

3. 1624年（天啓4年），荷蘭於一鯤鯓（今臺南市）築熱蘭遮城（Zeelandia，今安平古堡）。

4. 1653年（南明永曆7年），荷蘭再築普羅民遮城（Provintia，今赤崁樓），爲臺灣最早之城池。

5. 1661年（南明永曆15年），鄭成功收復臺灣，改建熱蘭遮城爲其居城，取名「安平城」。

6. 1683年（清康熙22年），清軍攻下臺灣，置一府三縣，但未築城。雍正言：「城垣之設，所以防外寇，臺灣變亂皆自內生，建城實有不可」。1725年（雍正3年）臺灣府（臺南市）始築木柵以爲城垣，由於磚石購置不易，臺灣府乃以土築牆。

7. 1722年（康熙61年），築鳳山舊城（今左營城）爲一土城。

8. 1723年（雍正元年），築諸羅城，至1788年（乾隆53年）始改建爲磚城。

9. 道光年間，陸續改建彰化城、竹塹城及鳳山新城，由刺竹城改爲磚城。

10. 1874年（同治13年）牡丹社事件後，清爲強化邊防，命沈葆楨來臺，於1875年（光緒元年）開始興建恆春城。同年，沈葆楨建議朝廷於臺北設府，於1879年（光緒5年）起，以磚石築臺北城。

11. 1885年（光緒11年），中法戰爭爆發，鑒於戰爭期間澎湖爲法軍所攻

陷，總兵吳宏洛乃發兵興築媽宮城。

　　總計至光緒年間，臺灣共設3府16州縣廳，除臺東、基隆、苗栗、南雅未築城外，共有城池12座（事實上臺灣各地大小城垣超過20座）以臺灣面積和密度言，算是不少的。

三、重要城垣簡介

1. 淡水紅毛城：1724年（雍正2年）淡水廳同知為辦理地方防務，投下巨資修築紅毛城，在城四周建立東、南、西、北四座城門，此為紅毛城西式建築中僅有的中式建物。英法聯軍後，清開放淡水為通商口岸，英國以每年白銀30兩為租金，作為領事館之用，並於一旁較高處以磚砌成一座洋樓作為領事官邸。1950年，英國與我斷交，1972年，英國撤館，但並未將城交回，直到1980年6月，在政府強力交涉下始將其收回。

2. 臺北府城：1879年（光緒5年）閏3月，淡、新分治，陳星聚開府臺北，籌建臺北府城，以基地鬆軟，難以承重而止。其後，福建巡撫岑毓英及臺灣道劉璈相繼勘定基地，於1884年（光緒10年）告竣。臺北城周長1506丈（約4公里），壁高5丈，雉堞高3尺，牆上馬道寬丈2，可容兩馬並轡而行。城門有五，分別是東門（照正門）、西門（寶成門）、南門（麗正門）、北門（承恩門）及小南門（重熙門）等五門，其中除小南門外，各門皆擁有一座甕城，城郭額銘「巖疆鎖鑰」。

　　日治初期毀城垣、城郭及西門。光復後，其他三門雖經過整修，但已失原貌，現僅北門尚存原貌。臺北城城門最與眾不同之處，是除了小南門外，其餘四門皆採封閉碉堡式的構造，其特徵就是將城樓完全用牆圍起，使之與城座合為一體，以防現代火砲的攻擊。內部尚有四面牆壁，呈回字形保護指揮所，至為堅固。城樓前方各有一圓二方的窗洞，可供防禦及監視之用。

文化觀光：臺灣文化資產

圖4-3　清代臺北城的城門之小南門。

3. 竹塹城：新竹舊名竹塹，
1733年（雍正11年）淡
水同知徐治民環植刺竹爲
城，設城樓四座，爲竹塹
城之雛型。1759年（乾隆
24年），同知楊愚在城樓
各增砲臺乙座。嘉慶年間
以蔡牽作亂時無以爲守，
乃改以土圍城垣，其後
1826年（道光6年）復改
建爲石城，以花崗石打造
四座城門，東、西、南各
設砲臺乙座，北門兩座。

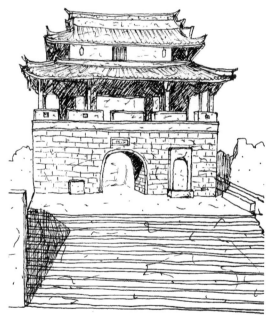

圖4-4　清代的竹塹城之東門。

1842年（道光22年），爲鞏固竹塹城安全，於石城外南北1里，東西
半里的距離，再置土城一座，仍建四門城樓，另開四小門，共計八
門，城門外各植刺竹並挖濠溝。日治時期因都市計畫，竹塹城垣被拆

除，至今僅殘存東門。

4. 臺灣府城（臺中市）：1889年（光緒15年），臺灣府城開始動工，該城之規模爲全臺之首，初期先完成八座城門，八座城門興建時，省會及各項衙署亦同時動工。隔年，開始構築城牆，至年底牆基已大抵完成。就在府城快要竣工之際，劉銘傳去職，繼任巡撫邵友濂以臺灣府城位置僻落交通不便爲由，將省會暫置臺北府，並在1891年（光緒17年）下令終止築城工程，幾乎快要竣工的臺灣府城只有任其荒廢了。

5. 噶瑪蘭城：蘭陽平原的開墾，自1796年（嘉慶元年）吳沙率眾入頭城揭開序幕，而後漸次向南移。1802年（嘉慶7年），漳州人佔據宜蘭溪和蘭陽溪間平原，名爲「五圍」，意即漢人開發的第五個據點。由於海盜蔡牽作亂，清廷決定將宜蘭納入管理，1810年（嘉慶15年）取名爲噶瑪蘭，置理番通判，由楊廷理擔任。楊廷理擇五圍爲廳治所在，建噶瑪蘭城，由於當地不產磚石，向外購買則耗費甚鉅，在成本考量下，乃在土牆上環植九芎樹爲城垣，名爲九芎城。

　　1812年（嘉慶17年），繼任通判翟淦於九芎間插刺竹補強，其垣周圍3里，垣高6尺餘，並於四面開門，東門曰「震平」，西門曰「兌安」，北門曰「坎興」，南門曰「離順」；另於東北角設一官眷逃難用之小東門，曰「迎春門」，城外有城濠，各門皆以吊橋爲對外通道。1819年（嘉慶24年），通判高大鏞於四門上增建城樓，其後迭有增修，最終改爲磚石牆垣，正確年代已不可考。噶瑪蘭城於日治時代拆除，昔日護城濠變成大排水溝，現今宜蘭市內之舊城東路、南路、北路及西路圍繞成環狀，即當年城濠加蓋後形成之道路。

6. 彰化城：彰化舊名「半線」，清朝時改爲彰化，取其「彰顯王化」之意。在臺中市尚未興起前，彰化一直是臺灣中部的政治中心，同時亦是南北交通要衝。1734年（雍正12年）知縣秦士望仿諸羅以刺竹圍城後，彰化城即設東南西北四門、窩舖13座，但防衛仍嫌單薄，只要據有八卦山即可控制全城。1797年（嘉慶2年），知縣胡應魁重建被毀的

刺竹城，並於四門增建城樓。1809年（嘉慶14年），閩浙總督方維甸南巡彰化城，地方士紳呈請興築土城，並將八卦山圍於城中。1811年（嘉慶16年）在築城過程中，發現以土為材不夠堅實，乃改用磚石，然因工程過鉅，仍將八卦山排除城外。

1815年（嘉慶20年），彰化磚城完工，擁有砲臺12座，城門4座，其城樓皆為歇山重簷式建物，甚為壯觀。其後，仍有地方人士提議應擴建城垣，將八卦山納於其中，惜未被採納。日治期間，彰化城牆和城門在「市區改正」名義下遭到拆除，其遺跡至今已無存。

7. 嘉義城：清代中葉以前，臺灣政經中心在臺南，不過臺南在築城時先以木柵為牆，至乾隆年間才改建土城。然位在北方的嘉義，於雍正初年就已興築土牆，乾隆末則改為磚牆，成為全臺第一座磚城。嘉義古稱「諸羅山」，1704年（康熙43年）以木柵為城垣，設城門四，定名為諸羅城。1788年（乾隆53年）改築磚城，嘉慶年間重修，1832年（道光12年）張丙舉事，包圍嘉義城，城池幾毀於戰火，隔年，縣令單瑞龍與水師提督王得祿合力集資修城，增築外郭及砲臺，於1836年（道光16年）完工。

嘉義城為二層建築物，為重簷歇山式之簷頂，周圍圍繞兩列圍柱，採透風式設計，上方白壁開有八角窗，在四個城門外，皆有甕城拱衛。日治時期，因「市區改正」之故，遺址除西門外，其餘皆已拆除消失，日本人於原地建了三個圓環，如今亦僅剩東門圓環供後人憑弔。早年東門上的城樓稱為太子樓，後城塌樓毀倖被保存下來。光復後，將其立於中山公園旁，改名太保樓，藉以紀念平定蔡牽有功而受封太子太保的總兵王得祿。

8. 熱蘭遮城（Zeelandia）：1624年（明天啓4年）盤踞澎湖的荷蘭人被中國驅逐後，將在澎湖當地所築之城堡拆除，轉往臺灣，並於是年9月，在臺江一鯤鯓沙洲，以木板和砂土築城，名為奧倫治城（Orange），成為在臺灣本島第一個築城者。1627年（天啓7年），荷蘭第

三任總督將奧倫治城更名爲熱蘭遮城，並於對岸的北線尾沙洲建一砲臺，稱爲熱堡（Zeeburgh）互相拱衛。第四任總督又將熱蘭遮城的竹木沙土牆垣換成磚石，並加以擴建，1630年（明崇禎3年）動工，全部工程至1634年（崇禎7年）才完成。

改建後的熱蘭遮城分成「內城」與「外城」兩部分，內城爲一四方形三層建物，最底層爲儲藏彈藥和糧食的倉庫，第二層僅有城牆四面圍繞，每面牆中央有一凸出的半圓形堡壘，可加強防禦之效。第三層上方爲行政中心，包括辦公室、士兵營房及教堂，皆是一棟棟獨立房舍。外圍亦築有牆垣，牆垣四個角落各有一方形凸出物，稱爲「稜堡」，上設有巨砲以防衛，並於西南方稜堡立一觀測所。外城僅有一層，城牆在西北與西南兩角亦設有稜堡，置砲臺數門。城中房舍林立，多爲商賈宅院、醫院及民房，其廣場就是交易場所。

9. 普羅民遮城（Provintia）：1625年（明天啓5年），荷蘭人開發赤崁地區，更名爲普羅民遮城，並在此築竹城、濠溝及砲臺。1652年（南明永曆6年）郭懷一抗荷事件後，荷蘭人怕再有類似事件發生，乃改建赤崁竹城，以紅磚疊砌，用糖水、糯米汁攪拌蚵殼灰爲黏著濟，乾後堅如磐石，稱爲普羅民遮城。該城主體呈四方形，上有磚房一棟，另東北與西南角各置凸出之「稜堡」，亦築有磚房，稜堡四角皆有瞭望亭，爲圓頂六角柱型建物。

10. 安平城：鄭成功收復臺灣後，爲紀念其位於泉州的故里安平，乃將一鯤鯓改名「安平鎮」，熱蘭遮城更名爲「安平城」，當地民衆稱爲「王城」，因鄭氏父子居於此地故也。清領時期，因安平港淤積，被鹿耳門所取代，而臺灣府的行政中心又移往赤崁，故造成安平的急速沒落。現今安平城被稱爲「安平古堡」，大致以日治時代的建物爲主體，與荷蘭、清領時期樣貌相去甚遠。

11. 臺灣府城（臺南市）：1725年（雍正3年）由知縣周鍾瑄奉令興建，初以木柵爲城，全長2662丈，開大東、大南、大北、大西、小東、

圖4-5　清代的臺灣府城（臺南市）之大東門。

小南、小北七門。1736年（乾隆元年）清以臺灣府城門太過簡陋，乃改為磚石城門，並於其上建城樓。1786年（乾隆51年），復將城垣全部修築為土牆。由於西側臨海，故西牆垣走勢與海岸平行呈一直線，東北南三面圍繞市區則略似弧狀，故古人將臺灣府城形容為「半月沉江」，別稱「半月城」。半月城新建大西、小西兩門，餘六門於舊城座上翻新，臺灣府城於1786年（乾隆51年）興工，1791年（乾隆56年）竣工，是清代臺灣地區規模最大、形勢最雄偉的城池。

12.鳳山舊城：臺灣本島第一座中式城池，1722年（康熙61年）所築之土城，其周圍810丈，左倚龜山，右連蛇山，開四門，外有城濠。1734年（雍正12年）加植刺竹，1760年（乾隆25年）又在四門增設砲位。1825年（道光5年），擴大舊城基址，城垣俱用打鼓山石砌築，周圍1224丈（約4公里），設四門，並於四隅各築砲臺，以增強防衛。可惜在1826年（道光6年）將完工之際，知縣杜紹祈病故，眾人以為不祥，舊城從此荒廢終至坍塌。

13.鳳山新城：1788年（乾隆53年）初建，原本鳳山縣城在興隆庄（即

今之左營），但因形勢不佳，易攻難守，故遷至下埤頭，也就是現在的鳳山市，而原本左營之縣城就稱為鳳山舊城，鳳山市縣城乃稱為鳳山新城。鳳山新城初為竹城，以種植莿竹為城牆，唯因防禦效能差，1853年（咸豐3年）又在竹城內建造土城，形成二重城牆。1804年（嘉慶9年）知縣吳兆麟以磚石建六座城門，分別是大東門（朝陽門）、小東門（同儀門，又稱東便門）、西門（景華門）、南門（安化門）、北門（平朔門）。吳兆麟並在新城外北門額石上題「郡南第一關」（現仍存於高雄縣政府內），可知鳳山新城是臺南城以南最具軍事、交通及政治地位的城市。北門為通往臺南之門戶，出了東門過鳳山溪則可通往屏東。

鳳山新城六門，門壁上皆繪有龍虎圖案，以壯聲勢。1838年（道光18年），知縣曹謹在新城城門上加建城樓，並在城牆四隅築砲臺6座，城外開挖濠溝。1854年（咸豐4年）將原刺竹牆垣改為土牆，外圍仍環植刺竹，土牆於1892年（光緒18年）倒塌，地方官員命人重修，日治時代均遭拆除，至今只剩東便門及城外濠溝留存。

14. 阿猴城：屏東市舊名「阿猴」或「雅猴」，是平埔族阿猴社民所居之地，因在半屏山之東，日治時期改為屏東。1836年（道光16年）官民合力建築阿猴城，以刺竹為垣，設東、西、南、北四門，日治時代為修築道路，城垣及西、南、北三門俱拆，僅餘東門之門洞，孤立在今屏東市中山公園內。以卵石堆築，紅磚收邊的東門，在臺灣城門設計上，外觀可說是獨一無二的，上方門額題有「朝陽門」三字。

15. 恆春城：恆春城興築之背景為1874年（同治13年）牡丹社事件後，沈葆楨來臺督辦防務，以恆春位置險要建議朝廷築城以守。1875年（光緒元年）在劉璈規劃督導下開始動工興建。城牆牆垣以石灰土構築，上部砌以紅磚，東、西、南、北四門門基為石造，上有磚砌城樓，每門設砲臺乙座。城外挖有護城河，深6尺5，寬3丈2，上架四座濠牆以連絡內外，1879年（光緒5年）竣工，今尚保存東門及北門一小段城

垣。

16.媽宮城：中法戰後，澎湖陷於法軍，事後以澎湖位置險要，於1887年（光緒13年）命總兵吳宏洛率兵興建媽宮城，兩年後完工。以當地所產之硓𥑮石砌牆，牆厚2丈4尺，為臺澎城垣最厚者，並以染紅的螺殼灰粉塗抹，作為保護之用。城垣長789.25丈（約2公里），高1丈8（約3公尺），雉堞570個，北

圖4-6 　澎湖媽宮城的順承門。

面有護城河一道，開東、西、南、北及小南、小西六門。媽宮城就其外觀言，特殊之處甚多，一為城樓較低，可能是遷就島上東北季風之故；另外由於城垣臨海而築，紅色牆面遠看非常獨特，日治時期有「海底龍宮」之稱，足見其壯觀程度。目前僅剩大西門、小西門（順承門）城垣供人懷古憑弔。

四、臺灣砲臺設置史

　　有城垣的地方，就會有砲臺，因為這是構成築城防禦體系的一環，臺灣自明末以來，主要受到五次來自海上的重大威脅事件，即（清廷據臺、鴉片戰爭、牡丹社事件、中法戰爭和日治時期），因此均有大規模的築砲臺之舉。除此之外，荷西對抗、鄭清對抗與蔡牽事件，也有小規模的築設砲臺之舉。談到臺灣砲臺設置史，要從明末說起，彼時中國海疆多事，倭寇海盜相繼為患東南海域，位於臺灣海峽中央的澎湖群島，乃成為彼等覬覦的目標，並曾進犯澎湖龍門港多次。所以，明朝乃在澎

湖建置小城，配以小火砲，名為「銃城」，其功能與今日之砲臺同，這應該是臺澎地區建置砲臺的濫觴。

1622年（明天啓2年），荷蘭人雷爾生（Cornelis Reyersen）率兵登陸澎湖，於媽宮建紅毛城，並於瓦硐與風櫃尾之蛇頭山築小型砲城。明總兵俞咨皋知悉，乃奉命發兵驅逐荷蘭人，事後於文澳築城，並於城北設砲臺，以控制媽宮及東邊的蒔上澳（蒔裡）。1664年（康熙3年），鄭經與清軍作戰，鄭氏敗於金廈乃轉進澎湖，於島之兩側亦各建砲臺以固守門戶。1883年（康熙22年），鄭氏大將劉國軒也在澎湖修築砲臺，以備應付滿清。總計明鄭一代於澎湖所築砲臺有：媽宮嶼上下砲臺兩座、風櫃尾砲臺一座、四角嶼砲臺一座、雞籠嶼砲臺一座、東西蒔裡砲臺四座、內外塹砲臺兩座、西嶼頭砲臺兩座、牛心灣頂砲臺一座，共計14座。所以，臺灣砲臺之設置史，澎湖遠在臺灣本島之前，絕對是無庸置疑的。

荷據時期，以海路為交通孔道，據海口為基地，其敵人亦從海上來，故於安平、雞籠、淡水一帶據險興建砲臺，面朝四周海域，以保護其殖民政府。清領初期，其兵備以防禦內地盜匪為主，故初始並不太注重海防及砲臺。雖然如此，但仍在臺灣中南部沿海地帶各重要海口派駐水師及興建若干砲臺，隨後因北部地區日漸開墾，清亦於其重要口岸興築砲臺，這是臺灣史上第一波大規模修築砲臺之舉。基本上，清初國力強盛，盜匪主要來自內陸而非海上，故其砲臺多疏於維護而毀損，直到1800年（嘉慶5年），海盜復起，黃勝長、蔡牽等相繼騷擾臺澎，王得祿等將領乃開始於沿海地區，如澎湖、安平一帶築設砲臺（澎湖者稱「石築矮壘」）以應急。

鴉片戰爭期間，臺灣總兵達洪阿及臺灣道姚瑩，為緊急強化海防，迅即在臺灣北部、西部及噶瑪蘭等地，增修17處砲墩及砲臺，此為臺灣史上第二波大規模修建砲臺的活動。而1874年（同治13年）牡丹社事件後，臺灣受日本及列強覬覦，欽差大臣沈葆楨奉命來臺，在羅大春的

協助下籌劃臺灣防務，聘外人規劃設計，築設以下各大型砲臺：南方澳砲臺、安平二鯤鯓大砲臺、打狗旂後（旗後）砲臺、媽宮金龜頭舊砲臺（北砲臺）、媽宮新城砲臺（觀音亭砲臺）、滬尾白砲臺、打狗打鼓山大棚頂砲臺、雞籠二沙灣砲臺等，共計10座左右，這是臺灣史上第三波築砲臺行動，也是開始有西式砲臺。

1883年（光緒9年）中法戰爭爆發，次年臺灣成為攻擊目標，為抵抗法艦之攻擊，劉銘傳及劉璈緊急在雞籠、安平、澎湖、淡水興修許多砲臺。戰爭結束後，1885年（光緒11年）臺灣建省，劉銘傳隨即延聘外人規劃設計，主持一系列的現代化砲臺之修建，這是臺灣史上第四波大規模修建砲臺之舉，也是第二次大規模興建西式砲臺。期間共築設以下各砲臺：基隆社寮砲臺、基隆沙灣砲臺（包括頂石閣及二沙灣和仙洞砲臺）、打狗大坪山砲臺、滬尾砲臺、關渡砲臺、澎湖西嶼西砲臺、澎湖西嶼東砲臺、澎湖媽宮金龜頭砲臺、澎湖大城北砲臺；另外修建安平大砲臺（即億載金城）。

日治時期，於日俄戰爭期間及太平洋戰爭後，臺灣也大舉興築砲臺，目前尚有基隆白米甕砲臺、大武崙砲臺、槓子寮砲臺、木山砲臺、新北市四腳亭砲臺、澎湖西嶼砲臺、西嶼小頭角砲臺、雞母塢砲臺、拱北砲臺等保持完好。

五、重要砲臺簡介

1. 二砂灣砲臺：被列為1級古蹟的「海門天險」，矗立在基隆港區半山腰上，是早年二砂灣砲臺駐軍營門遺址，該營門以石塊堆砌而成，外觀有若一小型城門。其後有一石梯，係聯絡通往砲臺之通道。二砂灣砲臺，配備當時英國最新式後膛鋼砲，與社寮、白米甕砲臺鼎足而三，形成防衛基隆港區的最佳屏障。日治時代，二砂灣砲臺被列為軍事重地，光復後由軍方接管，但未被重視，直到1975年，砲臺才在荒煙蔓草中被發現，經過1979及1989年兩次修護，始成今日面貌。二砂灣砲

臺有東、北二砲臺區，東砲臺區有一仿製的阿姆斯特朗大砲，大小及外觀與實物相差甚遠，北砲臺區有一尊不知名的古砲，右前方的機槍陣地亦有小型火繩砲一門，似乎是光緒初年所鑄造。另東砲臺的左邊與北砲臺的右邊，各有一「回」字形的石砌牆垣，則爲當年儲存砲彈之所在。

2. 白米甕砲臺：位於基隆港西邊，光緒初年興建，但荷西時期曾於此設砲臺，故有「荷蘭城」之稱。砲臺於中法戰爭時遭到摧毀，日治時代又重新改建，故目前砲臺與當初原樣稍有出入。由於基隆港爲一外闊內窄之漏斗形港灣，位於漏斗底部的二砂灣砲臺防衛市區和內港，而位於漏斗西方的白米甕砲臺則純屬制海砲臺，故其指揮所和四座巨砲均朝面海設計。目前砲臺主體的四座巨砲，除一尊移至中正公園外，其餘均不知去向，砲座後方設有彈藥庫，設計簡潔實用。

圖4-7　白米甕砲臺的指揮所。

3. 大武崙砲臺：是結構最複雜的砲臺，建於道光初年，現之砲臺係光緒年間所改建的。由高處觀之，外形呈不規則狀，東南、東北及西南三個角落向外突出，屬西式砲臺的「稜堡」構造，其作用是可於此部署

兵力，於敵人進攻時形成交叉火網殲滅之。砲臺內有兩砲座，各置砲兩門，分布在中央及偏北處，現是有臺無砲，中央砲臺下有條斜坡道，方便砲彈運送。砲臺東南邊爲營區，開鑿爲洞窟營舍，隱蔽性絕佳。

4. 獅球嶺砲臺：曾在中法戰爭及日本乙未侵臺扮演過重要角色的獅球嶺砲臺，位於標高155公尺的獅球嶺上，是扼守基隆與臺北間的重要據點。日治時代後，砲臺逐漸荒廢，現僅存一指揮所及砲座，它是清末小型砲臺的代表之一。在現今砲臺2公里處，還有一座西砲臺，其歷史背景鮮爲人知，目前已爲荒湮蔓草所包圍，不易尋覓。

5. 槓子寮砲臺：正確建造時間已不可考，光緒初又重新整建，射程範圍在八斗子、和平島一帶，因砲臺規模不大，所以較不受重視。日治時期被列爲要塞，光復後政府亦設重兵駐守，直到七〇年代才開放民衆參觀。基隆除古砲臺多外，還有一門全臺碩果僅存的清代西洋巨砲，現放置中正公園內供人參觀，該砲是日俄戰爭時日本之戰利品，爲英製8吋阿姆斯特朗後膛鋼砲，原置於白米甕砲臺。只要登上中正公園階梯，一眼即可看見巨砲雄偉英姿，成爲幾代基隆人的集體記憶。

6. 淡水滬尾砲臺：中法戰爭期間，淡水是雙方激戰區，清軍砲臺在法軍猛烈攻勢下幾乎全毀，目前僅存戰後劉銘傳所建的油車口砲臺乙座，即是被列爲2級古蹟的滬尾砲臺。其實清代在淡水興建不少砲臺，嘉慶年間爲防海盜蔡牽騷擾滬尾，曾於紅毛城北岸處設一大型砲臺，稱爲滬尾砲臺。鴉片戰爭時，姚瑩亦曾在淡水築砲臺，1876年（光緒2年），孫開華也於沙崙建一洋式砲臺。1886年（光緒12年），劉銘傳聘德籍工程師包恩士（Bonus）在淡水重設兩座新式砲臺，砲臺正門上方的門額，有劉銘傳親筆所題「北門鎖鑰」和「保固東瀛」，足見其受重視之程度，現僅存「北門鎖鑰」砲臺而已。滬尾砲臺於日治時期是日本砲兵的練習場地，光復後由國軍接收，一度列爲禁區，1985年起開放民衆參觀，1991年已將砲臺重新整修完畢。

7. 蘇澳砲臺山：宜蘭唯一的一座砲臺，1884年（光緒10年）中法戰爭

期間，法國曾派艦巡弋蘇澳外海，騷擾東臺灣，故1889年（光緒15年），游擊鄭雲泰乃正式築砲臺於此。該砲臺位於蘇澳白米溪東側的砲臺山頂，此砲臺扼往北方澳與南方澳兩處岬角，形勢極為有利。日治時期，砲臺被改建為神社，光復後拆除。如今砲臺基座已修成整齊的山字形水泥平臺，兩旁各置一仿古鐵砲，原貌盡失。

8. 關渡江頭砲臺：有關臺北市古砲臺的設置，出乎意料，史書皆未記載，今所知只有位於關渡的江頭砲臺，該砲臺於1884年（光緒10年）設置，位於今關渡捷運站以西1公里處，江頭砲臺設置背景亦是在中法戰爭後，劉銘傳率軍來臺佈防，於滬尾附近所築多處砲臺之一，後因關渡門拓寬而遭炸沉水底，光復初期尚存殘蹟，如今已闢為大馬路和民宅了。倒是臺北市228和平公園內，還保留有數尊超過百年的古砲，據推論這些古砲應該是屬於野戰所用的山砲和守城用的火砲，由砲之數目看來，臺北市的砲臺絕對不會只有江頭砲臺，這點是可以肯定的。

9. 八卦山砲臺：八卦山舊名定軍山，1815年（嘉慶20年）彰化城完工時，於山上建一磚寨，名為定軍山寨，內設砲臺四座，唯此砲臺因所配備為舊式山砲，且砲座固定無法迴旋，所能發揮的威力很有限，是以戴潮春之亂及乙未抗日之役，均未能盡到防禦彰化城的功能，使彰化很快淪陷。定軍山寨遺址曾被列為彰化八景之一，所謂的「定寨望洋」，1914年，日人拆除之，改建北白川宮能久親王紀念碑，光復後紀念碑被毀，1965年於定軍寨遺址建八卦山大佛，成為彰化的著名地標。

10. 嘉義青峰闕砲臺：青峰闕砲臺位於嘉義蚊港之口，是荷蘭人於1636年（崇禎9年）所建，後因乏人看管而荒廢，砲亦被海水淹沒。1805年（嘉慶10年）海盜蔡牽作亂，當時的福建水師副將王得祿亦在青峰闕一帶築砲臺，以固海防，其砲臺可能是荷蘭時代的遺址。唯王得祿所建之砲臺，到清末也遭廢棄，如今只有史書記載，真正蹤跡已無處可尋了。

11. 安平小砲臺：安平古堡西南約300公尺馬路邊的水塘中，有一碉堡形之建物，那是鴉片戰爭時，臺灣兵備道姚瑩所建之安平小砲臺，之所以稱為「小砲臺」，是相較於「億載金城」這座大砲臺。該砲臺立在呈圓弧形花崗石臺座上，主體為八個磚砌之大型雉堞，大砲就設在雉堞之間。雉堞中間還有射孔，便於守軍防衛來自陸上的攻擊。此砲臺興建於康熙末年，雍正年間增建三座海岸小砲臺，安平為最南之一座。1823年（道光3年）補強此砲臺，同治年間復修。日治後，砲臺漸廢，但臺基尚存。光復後，軍方曾在此建新式碉堡，1980年臺南市政府斥資修復，只是已非當年原貌。

12. 億載金城：牡丹社事件後，沈葆楨來臺興築的第一座西式砲臺，其形制宏偉，佔地廣大，命名「金城」實不為過。1874年（同治13年）7月，沈葆楨聘法國技師勃紹特（Berthault）在二鯤鯓沙洲築西式砲臺，1876年（光緒2年）砲臺完工，內置大砲五座，小砲四座，並派水師副將率兵300人防守。1876－1884年（光緒2年－10年），砲臺陸續擴建，並在外圍加築濠溝及彎月形護牆。中法戰爭及日軍接收臺灣時，億載金城均曾開砲轟擊。日人治臺後，1937年將此地列為古蹟，1975年適逢億載金城100週年，臺南市政府為發展觀光斥資整修，除修築城牆、護城河，並仿製古大砲九尊、小砲六尊，立沈葆楨銅像一尊。整體而言，億載金城是臺灣保持昔日舊觀較完整的砲臺，今日的億載金城，可說大致保留了昔日的樣貌，只改變過去出入通道的懸吊式木橋為水泥橋，其他一切依舊。雄偉的城門由紅磚砌成，拱形門洞上方，正面刻有「億載金城」，背面則為「萬流砥柱」門額各一，為當年負責主事的沈葆楨所親題，彌足珍貴。

13. 四草砲臺：清道光以後，今臺南臺江地區淤積嚴重，其北方的鹿耳門港優勢盡失，船舶乃改停南側的四草外海（今俗稱四草湖）。因四草成為府城的外港，故鴉片戰爭時，當時的臺灣兵備道姚瑩，為顧慮往來商船安全，特築此砲臺。四草砲臺其圓形砲洞為全臺僅見，具有相

當研究價值，砲臺設有10座土砲墩，墩外並挖有濠溝，以防敵人涉水而入。另外，還特別在溝內置放兩萬枝竹籤，後改以鵝卵石塡以三合土之牆垣爲屛障，外部再以長條石板護衛，即爲「鎭海城」。該牆垣長118.6公尺，高1.78公尺。每隔6公尺，設一磚砌成之圓洞爲砲孔，大小可容一人出入，共計14個砲孔。道光以後，砲臺已漸荒廢，日治時已無人問津。1971年，四草砲臺尙餘西面一段牆垣及13個砲孔，1977年修復後，又成爲14孔。

14. 旗後大砲臺：高雄舊名打狗，康熙年間因海防需要而在打狗港設置砲臺一座，1731年（雍正9年），將砲臺移至旗後山上（今旗津區旗後山），設砲臺一座，煙墩三座。鴉片戰爭時，臺灣兵備道姚瑩於此置砲8尊，以防英軍進攻。牡丹社事件後，沈葆楨在此建砲臺三座，一在大棚頂（壽山），置砲4尊，二在臨港扼要處，置砲4尊，三在旗後山巓，置砲4尊。中法戰爭及乙未之役，砲臺雖有零星攻擊，但效果有限。經過日治時期到臺灣光復，昔日打狗三大砲臺，只剩旗後砲臺還完整保留下來，成爲臺灣地區古砲臺典型之一。

旗後大砲臺所在的旗後山，位於今高雄港南岸，歷來爲兵家必爭之地，當年沈葆楨聘英人規劃建新式砲臺於山上，整體建物呈長方形，砲臺內部空間分隔如「目」字，南方置砲二座，凸起的磚砌子牆與半圓形的砲座依然完整。砲臺正門以紅磚斗砌而成，門洞爲方形，氣勢十足，門洞兩側延伸爲八字牆，大門兩側上方與八字牆間，各有一磚砌「囍」字圖樣，爲此西式砲臺添加幾許中國風，別具況味。砲臺正門上方書有「威震天南」門額，爲副將王福祿或提督唐定奎所題，但也有人認爲是劉銘傳之墨寶，唯現今「威震天南」門額爲仿古重建，誠爲美中不足之處。

15. 大坪砲臺：位於壽山山腰的大坪砲臺，爲清代打狗地區火力最強之砲臺，主砲爲8吋阿姆斯特朗後膛砲，但形式老舊，故在抗日戰爭中蒙受重大損害。今砲臺僅餘一小部分殘蹟，在廣大的萬壽山公園中根本

難以辨認。另外還有一個幾乎變為廢墟的哨船頭砲臺，在今高雄鼓山區，為英國技師所規劃之洋式砲臺。設砲座二，各置6吋阿姆斯特朗前膛砲，砲臺東南有城門，上有雉堞五座。哨船頭砲臺在乙未戰爭並未發生多大作用即棄守，日治時期曾被列為禁區，只剩弧形砲座，光復後亦殘破不堪，只遺當年城門孤立於原處，令人不勝唏噓。

16.鳳山砲臺：鳳山砲臺原本有六座，均由知縣曹謹所建，今尚有三座砲臺被保留下來。一為平成砲臺，在曹公祠後，為石砌方形砲臺，為鳳山新城西北隅之砲臺，結構為四方形，高約5公尺，臺基係以（硓𥑮）石砌成，上有雉堞，西南北三面各有兩個觀測孔，孔後置砲位，安放巨砲各一，東側設紅磚階梯以供登臨，平成砲臺毀損甚少，今大體仍維持昔日舊貌。

　　至於位於鳳山新城西南的澄瀾砲臺，就沒如此幸運了，澄瀾砲臺位在立志街與復興街交角，形制為八角形。過去僅存的幾面牆壁，都遭附近居民佔用，甚至任意加蓋，至今只剩刻有「澄瀾」二字的花崗石橫匾猶存，見證澄瀾砲臺曾經存在之事實。訓風砲臺現位於中山

圖4-8　已呈殘破不堪景象的鳳山砲臺。

路龍山寺右側巷道內，因位置剛好爲城牆的東南角轉彎處，外形呈弧形，而砲臺也僅剩一面牆垣，其餘均爲斷垣殘壁，與澄瀾砲臺一樣，刻有「訓風」二字的橫匾，其周邊浮雕裝飾仍甚清晰，其餘皆不存在。

　　三座砲臺的狀況都很糟，訓風砲臺只剩下兩片弧形孤牆，淹沒於荒草堆中。澄瀾砲臺僅存左側一片圓形城牆，也是全鳳山新城留下唯一的一小段城牆。平成砲臺左側石牆亦攀滿樹根，原跡難尋。1998年，高雄縣政府爲維護古蹟，以相同石材修補訓風、澄瀾兩砲臺，雖然煥然一新，但已非原樣。

17. 東港砲臺：東港位於高屏溪口，爲昔日閩粵商船來臺貿易之重要港口，1874年（同治13年）牡丹社事件後，清派沈葆楨來臺佈防，沈葆楨以東港爲南臺灣重鎮，爲鞏固邊防，特在此建築砲臺，內置砲10門，駐兵500，後撤除。中法戰爭時，曾駐軍200，今砲臺已毀，其遺址在高屏溪出海口附近。

18. 西嶼砲臺：清領時期，於澎湖新築砲臺更多，1804年（嘉慶9年），副將王得祿在蒔裡建銃城，1864年（同治3年），副將吳奇勳於澎湖建新城砲臺乙座，置砲墩8個；並另建金龜頭砲臺，火力與西嶼砲臺相仿，門額上題「天南鎖鑰」四字，筆跡雄勁有力，惜此二砲臺今皆廢圮。1875年（光緒元年），吳奇勳又增築東角砲臺與拱北砲臺，拱北砲臺位於山上，制高點良好，昔日配有10吋阿姆斯特朗砲一門，8吋兩門。1887年（光緒13年），清廷有鑒於中法戰爭的慘痛教訓，由李鴻章主事，命總兵吳宏洛於西嶼興建東西兩砲臺，其中尤以西嶼砲臺最有名。

　　西嶼砲臺又稱「西臺古堡」，建於1887年（光緒13年），佔地8.15公頃，四周以自然土丘圍成外垣，土垣作用是「吸彈」，即減低敵人射過來砲彈之反彈威力。砲臺本體從空中俯看呈「山」字形，以石堆疊，敷以鐵水泥，爲一封閉式碉堡。西嶼砲臺配有12吋阿姆斯特朗大砲一尊，10吋砲二尊，6吋砲一尊，爲澎湖地區四座新式砲臺中，

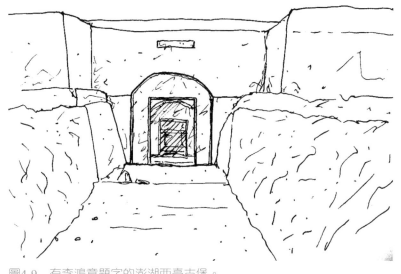

圖4-9　有李鴻章題字的澎湖西臺古堡。

位居最前哨，也是規模最大、火力最強的砲臺。該砲臺內垣營口上之「西嶼西臺」爲李鴻章眞蹟，這位清朝北洋重臣爲東南沿海砲臺所題之字，連臺灣本島都少見，更彰顯其重要性。

　　總的說來，明清兩代雖於臺澎地區興建不少砲臺，但眞正戰爭發生時，上述諸砲臺，均因士無鬥志，而未發揮多大的作用即已失敗，由此可見，「人」才是最重要的，倘守軍沒有旺盛的戰鬥意志，就算砲臺再堅固，巨砲火力再強大，最終依舊無濟於事。觀之清朝在臺灣所興建的各砲臺，於歷次戰爭中，除少數例外有所還擊外，幾乎都一砲未發，城池即已陷落，砲臺無罪巨砲何辜！可悲的是，築砲臺的腐敗政府而已。

　　臺灣四面環海，外患均自海上來，不甘束手就擒的臺灣人，只有築砲臺以禦之，百餘年來，雖敗多勝少，但一部臺灣砲臺設置史，幾乎可說是一部外患侵臺史的寫照。時至今日，當年的砲臺幾已毀損殆盡，有的遭拆卸熔解，較晚所購的西式火炮亦所剩無幾，只餘火繩砲被置於各名勝古蹟當裝飾用。目前臺灣許多古砲臺，大多是有臺無砲的情況，像一個卸了盔甲的戰士，默默承受歲月的風霜雨露，斑駁的鏽管，靜靜面向大海，細數歷史的滄桑，供人憑弔，而興思古之幽情。

第五章

歷史記憶的印證——老街

提到老街，腦海馬上呈現出某一條街；或某幾條串連而有歷史的街道，其實此制式印象，對「街」之定義，可能不全然正確。在清領時期，街是聚落市集的統稱，如金包里街、大嵙崁街等；而到日治時代，因對臺灣地方制度進行改革，街是郡下的行政單位名稱，如大溪街、新竹街等。所以不同時代，街所賦予的意義是不一樣的。而所謂的老街，是指大陸移民來臺開墾後，所形成的人口聚集處，更確切的講，這些老街都是從明末清初一直到民國，論時間都有1、2百年以上之歷史了。

一、老街形成的原因

說到老街之成因，臺灣過去是個以漢移民為主的拓墾社會，隨著移民的大量湧入，以同鄉地緣為認同的聚落逐漸形成，其後在經濟發展與交通便利的因素下，有些地方漸次成為交易買賣市集，而在商店集中的情況下，一條以貿易往來熱絡的街道即漸漸形成，此即所謂的老街。老街都是當年曾經繁榮一時的街市，在歷史的某一年代，扮演著地區商業中心的角色。

其次是港口市街的肇興，臺灣四周環海港口眾多，尤其是西部沿海，移民一登陸臺灣，往往就選擇在港口附近居住以便往返，因此港口附近的聚落遂逐漸形成。其後移民一路北上，到臺北盆地；甚至東北部的蘭陽平原，期間位於各河口、海港等水路便捷處，自然成為臺灣最早的市街地方。又此時陸運困難，臺灣各地產品之輸入輸出，均有賴港口水運；藉著兩岸間的貿易和商旅往來，吸引大量人口的匯集，碼頭周遭也迅即發展出繁榮的街肆，成為交通樞紐，如安平、鹿港、艋舺、淡水等地，早年都是因為可以停泊大量商船而發展起來的。

唯清代中葉以後，由於臺灣海港河口淤積情況嚴重，兼以陸路交通已漸發達，海路交通的重要性不復已往，交通要地逐漸轉於內陸，特別是處於平原與山地間的交界處，因此促成內陸市鎮之崛起，如三峽、北埔、西螺、新化等地。日治時期，因糖業之勃興，日本於臺灣各地興建

糖廠，並鋪設縱貫鐵路及森林鐵路，因地利之便，亦帶動一些新興城市的發展，如汐止、湖口、旗山、岡山等地，都純粹因商業活動而興起。

此外，如地方士紳或富商的造街活動，也會促進若干城鎮的繁榮，但老街之興盛，仍以前述三點為要。即：1.曾經是水陸交通要道之區，如1860年（咸豐10年）淡水開港後，船舶往來頻繁，帶動了淡水對岸大稻埕迪化街的繁華；而中臺灣彰化鹿港，也因為和中國大陸的對口貿易，而促成了鹿港老街。2.過去的產業重鎮，如因金礦產業而興起的九份老街；曾是茶葉轉運的坪林老街。3.拓墾初期的移民聚落，如北埔老街、美濃老街等。換言之，老街的構成因素，產業的發展、生產力的強弱與交通的便捷，三者間是有著密切的連帶關係，尤其是商業發展條件更為重要。

事實上，臺灣老街的演變，是歷經了清朝移民時期的形成、日治時代的轉型與光復後的都市變遷等三個不同時期的階段。日本治臺後，因明治維新西化的影響，對於都市建築大量引進西方的觀念與技術，隨著「市區改正」政策的推動，臺灣傳統漢式建築，正快速流失中，取而代之的是兩、三層的洋樓或是和式的街屋，尤其是巴洛克式山牆、騎樓和紅磚拱廊以及女兒牆等建築特色，在臺灣各地蓬勃發展。如大溪、湖口、太平、西螺、新化、旗山等老街，從北到南都可以看見日治時代「市區改正」對老街轉型所帶來脫胎換骨的深遠影響。

臺灣光復後，社會快速變遷，都市樣貌因更新而急遽改變，很多昔日繁華的老街與古建築，在求新求變的時代潮流衝擊下，成為被拆遷或改建的犧牲品。而一些都市變遷緩慢的老街，則幸運的逃過一劫，被保留了下來，且隨著國人保存文化資產觀念的正確建立，透過修復與重建，老街不僅不是地方的累贅，反而是地方上重要的文化資產，以其觀光所帶來之商機，不但有效回饋鄉里，也為老街找到了存活的生命力。

老街最吸引人之處，在於它大部分都已經歷百年以上的歲月，從清朝之商業起步，到日治時代的繁榮，迄於戰後的沒落與變遷，老街見證

了歷史的演變，也經歷了時代的滄桑。走訪老街處處可見歲月的痕跡，尤其在建築群上，不論是民宅、廟宇或街屋，都可窺見各種閩南式、洋樓式、巴洛克式、現代主義式；以及混合漢、洋、日風格的建築特色，這是老街特有的韻味，也是參訪老街最值得一看的地方。

　　臺灣老街現有的閩南式建築已保存不多，閩南式建築特色為紅磚牆、瓦屋頂、木門窗和屋簷下有方便行人的騎樓（亭仔腳），因日治時期的市區改正被拆毀甚多，現已非常稀少，只有老街還保留若干讓後人追憶。至於洋樓式建築，現仍有不少留下來，早期洋樓建築以二層紅磚樓房為主，屋頂上大多建有女兒牆，牆上有花瓶欄杆，窗戶多為圓拱形。但臺灣老街現在真正有看頭的建築是巴洛克式建築，此建築風格流行於日治時期，牆面以洗石子為主，在店面上方有立體的山牆，山牆上裝飾有華麗的柱頭和精緻的花草紋飾，既古典又能彰顯當年店家的氣派與富貴。在20世紀初期，臺灣也興起一股現代主義建築風，現代主義建築強調建築的實用性與條理，對建築物不重繁文縟節，無須太多的裝飾，一切以簡化為優先，不像巴洛克式建築有華麗的山牆，現代主義式建築反而常以水平線條為裝飾花紋，一切顯得簡潔樸實大方。

二、老街導覽

1. 迪化街：臺灣老街最有名者大概就屬迪化街，國人最熟悉的也是迪化街，因為它是臺灣最著名的年貨大街，也是南北貨的集散地。迪化街早期稱作大稻埕，清咸豐年間，萬華發生頂下郊拼械鬥，落敗的同安人移居大稻埕，其後因淡水開港，利用淡水河的大稻埕碼頭，隨之發展成以茶葉、布料為主的商業貿易中心。各國商人在沿河的貴德街、南京西路上設立洋行，從事茶、糖、樟腦運銷，迅速造就了大稻埕的財富。日治時期，大稻埕易名為永樂町，街市亦擴展到圓環附近，是臺灣南北貨及紡織品的批發集散地。戰後，永樂町改名迪化街，仍然是臺北市最繁榮的南北貨集散地，尤以農曆年前的人潮如

織，使迪化街成為全臺知名度最高的年貨大街，確實當之無愧。

以前的迪化街，並非僅是今天年貨大街這一區段，大稻埕以前包含的範圍，有所謂的中街、中北街、南街、普願街和杜厝街，每一街段都有其行業特色。南街從霞海城隍廟到民生西路，是臺灣最大的中藥材批發集散地。迪化街105號的「林復振商行」，是當年號稱「三郊總長」林右藻家族的發跡地，由這裡開始，就算是進入了以前的「中街」，其範圍由民生西路至歸綏街，南北貨店林立，也是年貨大街之所在。所謂南北貨，意指無論來自天南地北、五花八門的貨品，都可以在此進行交易，現址154號的「林益順商號」，是迪化街最早的店舖。歸綏街以北的地段是迪化街之北段，以前叫做中北街，它是位於涼州街和歸綏街之間，以經營糧食店為主。普願街與杜厝街，在今日涼州街和臺北大橋間，普願街多雜貨店和碾米廠；杜厝街則以礦油店及碾米廠為多。

迪化街店舖有不少建築已有百年以上歷史，街道是南北走向，因此店舖分佈都呈東西向的長條形連棟式建築，長條形空間雖可供居住與存貨複合使用，但都在門前做生意，相對使得街道相當狹窄。基本上，迪化街最值得看的地方是建築，其店舖的建築風格多屬洋樓式及巴洛克式建築；兼亦有少數現代主義式建築，但以巴洛克式最多，如著名的顏義成商行、義裕公司等，都是典型的巴洛克式建築。乾元行則屬現代主義式建築，至於洋式建築就更多了，在大稻埕北街處，有整排連續的老商號，幾乎全是紅磚拱廊的二層洋樓式建築，它保留了古樸的老街風情與況味。

2. 艋舺老街：「一府二鹿三艋舺」，艋舺是清朝時代臺灣三大城市之一，且後來居上，在晚清可說是臺灣最熱鬧的城市。清中葉以後，臺灣經濟中心北移，艋舺因地處大漢溪、新店溪交匯口，水運條件優越而迅速崛起，當時艋舺人口激增，郊行雲集，與大陸貿易熱絡，為艋舺帶來一片榮景。基本上，艋舺的發展由淡水河畔開始，貴陽街是臺

北市最古老的街道，也是艋舺興盛的起點。

　　早期漢人與平埔族常在此地從事蕃薯交易，故舊稱「蕃薯市街」。日治時代改名為「歡慈市街」，並被劃入風化區，故街上有不少妓院。至今仍留有洋樓建築和傳統雜貨店、糕餅店和香舖等，百年老店「新協和藥行」、艋舺教堂、青山宮等，均位於貴陽街上。由康定路、廣州街及昆明街所包圍之街廓，古稱「剝皮寮」，典故為清朝福州商船進口杉木，多在此地剝去樹皮而得名。廣州街、康定路一帶，早期為煤炭集散地而謂之為「土炭市」，現仍有不少精緻洋樓屹立其中。華西街更是艋舺老街赫赫有名的一條街道，清朝時，此地是碼頭工人的落腳處，娼寮酒館林立。日治時代更直接被指定為風化區，豔名遠播。戰後改名為「寶斗里」，流鶯雲集，尋芳客絡繹不絕。1997年，臺北市政府決議廢除公娼，此地闢為觀光夜市，引進臺灣小吃，尤以蛇肉聞名，目前是臺北市著名夜市之一。

3. 三峽老街：三峽在清朝時代，因大漢溪便捷之航運，以三角湧街（現今之民權老街）為中心，發展出製茶、樟腦與染布三大產業，市況非常繁榮。日治時期因都市更新，全面建設三角湧街道（今民權街南段，約2百餘公尺），使得這條以巴洛克建築為風格之老街，至今尚保留非常完整。三峽因位於橫溪、三峽溪和大漢溪三條河流交匯處而得名，昔日稱為「三角湧」。三峽老街最富魅力的，在於巴洛克式建築，這些店舖以洗石子或紅磚為主要建材，店舖正面有立體之山牆，裝飾著華麗的柱頭，以及精緻的花草紋飾，有些還有避邪的八卦圖案。山牆上刻有牌匾，匾上刻字以姓氏、姓名、行業或店號為主，最常見的刻字為「染」，可見當年染布行業在三峽盛行於一般。

　　三峽老街一樓臨街店面均有紅磚拱形騎樓，一眼望去，如同串聯視覺的拱圈，非常特別。店面的屋頂收頭有圓球形、葉紋形、杯形、瓶形等不同形狀，花樣多變而俏麗，有的屋頂甚至還加蓋各種漂亮裝飾的女兒牆。三峽老街過去最出名的是藍染，那是因為三峽山區有可

以製染料的植物馬藍，造就三峽得天獨厚，成為北臺灣最大、最著名的染布業中心。當年三峽染布最風光的歲月，其染布大量銷售到廈門、福州、上海等地。日治時期，因化學合成染料的問世，才使三峽傳統染布業走向沒落。

近年來文化資產維護的觀念受到重視，許多文史工作者齊心致力於三峽染織工業技術的復原，希望能重新開創三峽染業的風華再現。將傳統藍染的手藝，創新用於如壁飾、門簾、頭巾、手提袋等日常用品上，已成為逛三峽老街shopping最好的禮品。此外，建於1769年（乾隆34年）的三峽清水祖師廟，有臺灣畫家李梅樹許多精心的作品在裡頭，李梅樹極盡精雕細琢之能事，將中國傳統廟宇建築之美，作最經典之呈現，其石柱、銅柱數量居全國寺廟之冠，是絕對值得一看的好地方。

4. 淡水老街：淡水舊名「滬尾」，位於臺灣西北端，淡水河下游北岸。17世紀初，漢人足跡開始踏上淡水，其後因地理位置重要，受到荷蘭、西班牙、英國等西方海權國家的覬覦，使淡水這河港小鎮，融合多元的異國文化。1860年（咸豐10年）淡水開港，淡水港一躍成為北臺灣第一大港，主要輸出茶葉、樟腦、硫磺等商品，後因河口淤積，商務為基隆所取代。淡水街主要的建築形式為所謂的「長形街屋」，此乃因為受限於地形，居民只得利用狹長的土地分割方式，來獲取更多的沿街面戶數。

淡水老街的發展約可分為三個階段，嘉慶年間，淡水居民在河口興建「福佑宮」媽祖廟，後由此而發展至「牛灶口」一帶，相傳有大批八里災民參與加入擴展家園的行列，因此也稱為「重建街」。稍晚，另一條與之平行的商業街道也闢建起來了，因聚集甚多的米行、碾米廠，所以也叫做「米市仔」。道光年間，重建街延伸至「畸仔頂」，到咸豐時期，龍山寺落成，攤販雲集，米市仔街往南發展出「後街」和布店集中的「布埔頭」，其後清水巖祖師廟興建後，才將

米市街易名爲「清水街」。清水街因爲是當年北臺灣米糧交易的中心之一，故後來街肆成爲淡水的主要民生消費區，目前仍商販聚集熱鬧依舊。

日治時代，因市區改正，淡水主街均拓寬爲9公尺，兩旁住戶亦改建爲二層樓的紅磚建築，臨街者均被披上當時流行的式樣，構成所謂「淡水老街」的主體，亦即今日貫穿淡水市區的中正路老街。淡水老街沿河而建，近今日的河堤步道，是欣賞淡水河與觀音山美景的最佳去處。附近也是淡水金融與行政中心，上百年的西班牙式紅磚建築「達觀樓」（今之紅樓）即座落於此。基本上，淡水老街的建築雜錯著洋式、閩式、日式等風格，充分體現出淡水中西交匯之城市樣貌，有不少當年店號的字樣，今仍依稀可辨。

1999年，淡水老街重新整修拓寬，規劃的更井然有序，漁人碼頭的餘暉、觀音山之夕照、悠悠淡水河白鷺絲的自由遨翔天際，與不經意而過的渡輪，遊人悠閒徜徉其間，交織成淡水優美的圖像。淡水小吃配上美景，是淡水予人最深之印象，老街依舊人潮熙來攘往，見證淡水的百年滄桑，也讓小鎮的風華再現。

5. 新莊老街：新莊是大臺北盆地最早開發的地區，早在1697年（康熙36年）漢人便進入此地拓墾。乾隆年間，移墾人數日衆，也帶動此地的繁榮，由於是淡北地區最早的新興都市，故名「新庄」，日本時代改爲「新莊」。新莊老街在今日新泰路與思源路之間，爲全長約兩公里的新莊路，早期分爲「頂街」、「米市街」、「五十六坎」（坎爲商店的計量單位）三段，路面全由壓艙磚鋪設，是各地南北貨的集散地，現仍保留一些傳統行業，如老順香糕餅店、翁裕美商行、日日用打鐵店、尤協豐豆干、小西園戲偶展示館等百年老店。

新莊老街上廟宇衆多，大概均蓋於康、雍年間，此與新莊地方早期發展有關，奉祀天上聖母的「慈佑宮」香火鼎盛，鄰近街市熱鬧。此外還有「保元宮」前的竹器碼頭、廣福宮前思明街的建材碼頭，以

及武聖廟武前街的木材碼頭，可以想見昔日「千帆過盡」的熱鬧景象。除古廟外，新莊老街還有著名的「挑水巷」、「戲館巷」、「米市巷」三巷，「挑水巷」巷子狹窄，寬度僅容二人錯身，盡頭設有隘門防禦盜賊，目前僅存磚牆遺址。

　　清代隨著商旅傳進臺灣的中國傳統戲曲，也在新莊街上留下足跡，小西園、錦上花樓等多家戲班、戲館皆駐足街上，使此街有戲館巷之稱，巷內留有很多紅磚老建築與傳統的三合院，都是過往新莊街曾盛極一時戲曲文化的歷史見證。另外，新莊街昔日也是米糧的集散中心之一，米市街是當時通往碼頭的要道，也是佃農零售稻米之處，板橋林家起初也是在此經營米鹽生意起家致富的，巷內的林泉成商號立面牌樓高聳氣派，可遙想當年之榮景於一斑。

6. 深坑老街：深坑舊名「簪纓」，起因為地形似女子盤頭用之髮釵而命名，清時隸屬拳山堡，為平埔族秀朗社所轄。1755年（乾隆20年）泉州人始來此地開墾，道光初年深坑開發才大致底定。深坑原以農業為主的鄉鎮，先民從上海引進染布原料「大菁」苗種，在山區栽植成功後，才開始經濟發展。嘉慶初年，深坑街肆已然成形。咸豐末，臺灣開港，茶葉的輸出，帶動深坑的經濟繁榮。位於北碇公路旁的深坑街，原本只是條不起眼的泥土路，後因火災而重建成「土埆厝」，日治時因「街道改正」拓寬道路，街屋也改成有「亭仔腳」的巴洛克式立面。老街中段的「德興居」，約有百年歷史，是深坑街最具代表性的建築，建材及雕刻都十分考究，騎樓的巴洛克式雕花立面，當時無出其右；牆頂裝飾法國式的花草，厚實而立體，目前由「深坑文史工作室」管理，裡頭陳列當地畫家與雕刻家的作品。

　　來深坑老街更要欣賞當地的古厝群，這些富裕私人宅第，外形是閩南式紅磚建築三合院，除特殊建築藝術外，防禦意味十足。目前保存較好的還有永安居、黃氏祖厝、福安居、德鄰居、潤德居、黃氏古厝等，其中永安居已被列為3級古蹟。深坑是早期文山區的重要聚

落，保留了相當完整的文化資產與地方特產。四十多年前，王氏兄弟改良豆腐的燒煮方法，以純手工鹽滷製作，在媒體報導下一炮而紅，使深坑成了豆腐的故鄉，成為當地最有名的特色小吃，亦為老街注入蛻變轉型的生命力，至今想到深坑老街，幾乎都會與豆腐連想在一起。

7. 金山老街：金山舊名「金包里」，位於臺灣東北角，17世紀時平埔族的「金包里社」曾是此地之主人，康熙年間漢人前來拓殖，居民以農、漁業為生。日治時，各種行業逐漸發展，金包里街上商家林立，如布行、米店、中藥舖等，成為金山、萬里、石門一帶的商業中心。水源是金包里街生活的重心，人家多傍水而立，當地居民喜興建閩南式長條型店屋，老街東段的「慈護宮」，俗稱大廟，主祀媽祖，建於嘉慶年間，與供奉開漳聖王的「廣安宮」，同為鄉民的信仰中心。街上王姓中藥舖，是棟巴洛克氏的洋樓建築，值得一看。

　　金山老街曾一度因社會轉型及聯外交通與產業結構變化不大，而面臨沒落之危機，幸國人休閒風氣興起，金山為北海岸觀光據點之一，透過溫泉與鵝肉小吃，又讓老街商機復現，所以只有打出自我特殊品牌，才能維繫老街的生命與增進地方的發展。

8. 鶯歌老街：鶯歌位於新北市南端，與桃園為鄰，此地以陶瓷聞名全省，有「臺灣景德鎮」之稱，精緻的陶瓷製品，常是元首贈與外賓的最佳紀念品。早年鶯歌出產煤礦，而三峽的土礦也經由本地運送，兼以農產品及米糧的轉運，使鶯歌成為各項商品的集散地。鶯歌有三寶即煤、土、陶，嘉慶年間，是鶯歌陶瓷業的開始，鶯歌的黑褐黏土易於捏製，附近又有炭礦，非常適合燒窯業的發展，遂成為泉州人吳鞍創業的最佳選擇。咸豐年，吳姓後代移至今尖山埔一帶，繼續經營陶瓷業，也吸引不少同業前來，一時煙囪林立，窯場遍佈，也開啓鶯歌陶瓷的黃金歲月，成就了尖山埔這條陶瓷老街。日治時期，工業機械化的生產，將傳統窯業推向更高境界。戰後，鶯歌的日用陶轉向精緻

化，將鶯歌的製陶藝術邁向更高峰。近年來，地方政府將尖山埔街闢為形象商圈，提供遊客選購、鑑賞與手拉胚教學。

鶯歌老街除尖山埔街外，還有介於火車站和陶瓷博物館間的文化路，至今文化路猶保留了許多歷史建築，「成發居」的紅磚老瓦厝地面上，鋪的是當年臺灣煉瓦株式會社所燒的錫口磚；百餘坪的「汪洋居」，屬於兩層樓的巴洛克風格，已殘破的「益成記」是鶯歌陶瓷名人陳斐然的故居。此外，農會米倉、古鐘樓以及蛇窯老煙囪也都值得瀏覽參觀。

9. 九份老街：九份在臺灣東北部，隸屬於瑞芳鎮，它是一個面海的山城聚落，視野遼闊，四季風情各有不同。九份因淘金而聞名，當年大批淘金客湧入，帶動了九份的繁榮，也開啟了九份的流金歲月。淘金利潤優厚，礦工在得金後，即在當地花天酒地的享受，因此九份的繁華遠非當時的基隆可比，酒館茶肆妓院櫛比鱗次，由海上遙望，只見山城燈火輝煌，彷如不夜城，時有「小上海」、「小香港」之稱。

九份的地勢依山面海，房子大都沿著石階層層疊疊加蓋，為防風擋雨，門埕、女兒牆均覆上柏油的黑屋頂，成為九份特殊的居住景觀。另外，因受限於地形，若干小巷穿過別家屋子的「穿屋巷」，更堪稱是九份奇景。九份的主要街道，係呈「丰」字型，橫向最上面的輕便道，是採礦時代小火車通行的軌道遺址；中間的基山街是最熱鬧的酒店街，也是今天九份老街的主體；最下方是汽車路，為通行汽車及方便欣賞海景夜色之處，有數百級石階的豎崎路，為貫通三條路之幹道。

九份老街以基山街最富盛名，因店屋緊鄰，使得寬僅3、4公尺的街道不見天日，素有「暗街仔」之稱。老街不管平日或假日，人潮川流不息，各式小吃應有盡有，其中以飄香的芋圓最有名，也成了九份老街的招牌。街上還有市場、銀樓、西裝店、理髮廳、雜貨店、藝品店等，近年國人休閒風氣改變，九份老街也順應潮流，取而代之的是

圖5-1 有「小上海」、「小香港」之稱的九份老街。

茶坊與民宿，成爲觀光遊客的最愛。

　　九份老街周圍有幾個景點值得一覽，因九份黃金傳奇的「黃金博物館」，保存了日治時代的鑿礦工具及冶金設備。遠一點的「臺陽礦業事務所」舊址，體驗昔日礦業盛況和了解臺灣五大家族基隆顏家的歷史，及對九份採金的貢獻。福山宮是當年礦工的許願之所，聖明宮主祀關聖帝君，爲九份人的信仰中心。「五番坑」於1927年以開採坑口整齊的石塊推砌而成。成立於1914年，1951年改建的「昇平戲院」，因電影「悲情城市」造成轟動，使九份山城重新吸引眾人的目光。懷舊的老街、荒廢的礦坑、百年的淘金史，沿著老街漫步，細細品味山城九份的那股特殊風情吧！

10.大溪老街：大溪舊名叫大料崁，位於大漢溪畔，1860年（咸豐10

年）淡水開港後，大溪因是淡水河上游重要的內陸河港而發達，桃竹苗地區的茶葉、木材、樟腦等均由大溪轉運，全盛時期大溪街上商家超過3百家以上。日治時期，為配合都市更新，大溪街上富有商家均出資修建臨街店面，造就了我們今天所看到的巴洛克風格建築的老街風貌。這些店面以紅磚為主要材料，店舖正面有山形、半圓形或圓弧形的立體山牆，柱頭裝飾華麗，山牆上刻有姓氏或商號。大部分店舖都是長條形連棟式建築，一樓臨街有磚砌或石雕的圓拱形騎樓，華麗而古典，見證了老街昔日的繁榮。

　　大溪老街的特色在於玩與吃，大溪木器非常有名，雕刻師傅手藝精巧，以鄰近復興鄉的紅檜，加上大溪優質的漆料上漆，製作成精美無比的木器。而且大溪人很聰明，木器製作後剩下的木料，也廢物利用製作出許多令人懷舊的童玩，如陀螺、木風車、竹蜻蜓等，到大溪老街可以找到舊日童趣，這是相當讓人回味的。此外，大溪老街也保留了相當多傳統小吃，如有名的大溪豆干、手工花生麥芽糖等，知名豆干店如「黃日香」、「黃大目」、「萬里香」、「廖心蘭」等老品牌；其他像豆花、月光餅、油飯、肉圓等，也是大溪甚受遊客歡迎的傳統美食。

11.楊梅老街：楊梅舊名「楊梅壢」，因此地楊梅樹生長茂密而得名。楊梅拓墾於康熙年間，乾隆時墾戶日增，逐漸成為漢人聚落。清領時期，楊梅即是南北交通要地，市街發展也隨之而起。日治時代，現今楊梅車站附近逐漸形成新的商業區，謂之「新街」，也是楊梅最繁華的地區。新街的店屋頗具文化價值，是楊梅市街歷史建築密度最高的地段，此地店屋泰半建於上世紀三〇年代，二層樓的土埆或磚構基礎，立面雖不及大溪的華麗，但洗石子的作工更甚一籌。楊新路的店屋，多係二層清水磚搭建，大華街與光華街等老街地區，建築特色為一層平房與兩層大型露臺的街屋。

　　「錫福宮」是楊梅人的信仰寄託，廟後的伯公山，是楊梅著名的

休憩勝地，火車站前有「日本運通株式會社楊梅支店」舊址，樓似西洋建築，屋脊卻是臺灣傳統樣式，最特殊的是正面騎樓下的托架與窗間柱的八角形斷面，女兒牆及柱頂的裝飾也值得細看。這棟建物見證20世紀三○年代，臺灣公路客貨運興起，取代輕便軌道的交通轉運時代，頗富歷史價值。

12. 北埔老街：北埔位於新竹縣東南，地形爲山地和丘陵，氣溫適中適合種茶，有名的「東方美人茶」即爲北埔生產。而每年秋季，由大坪溪谷向外吹的「九降風」，更是製作柿餅不可或缺的一環。道光年間，因「金廣福墾號」的成立，漢人正式入墾北埔，北埔聚落也逐漸形成。咸同之際，客家人移墾此地人口大增，北埔開始成了客家庄，也成爲當地的行政、商業、軍事重鎮，當時北埔是新竹第二大城，僅次於竹塹城。

　　武力移墾是臺灣早期拓墾的方式之一，北埔聚落住屋比鄰而建，巷弄曲折狹窄有如迷宮；屋身多以堅固土埆築成，除窗櫺與鎗眼少有開口，聚落內也是以防禦爲優先，有古色古香的三合院，亦有大正時期的牌樓街。位於北埔中心點的「慈天宮」廟前，是北埔最熱鬧的商業中心，兩旁屋街爲大正時期的牌樓建築，典雅的拱形紅磚立面，色澤溫潤依舊。拓殖北埔功臣姜秀鑾的家「天水堂」與「金廣福公館」比鄰而居，現均爲1級古蹟。

　　北埔曾以茶聞名，戰後因周遭發掘出豐富煤礦，吸引許多外地勞動人口移入，帶動北埔發展出休閒娛樂產業。當時街頭茶坊遍佈，酒家戲院林立，街市鼎沸，惜後來漸趨沒落，北埔又回到寂寞的景況。近年來，因客家風味小吃及老街懷舊風潮，北埔老街又重新回到人們的記憶來，假日遊客甚多，暢遊北埔老街，懷想當年開拓之艱辛及閩粵合作的北埔開墾史。

13. 湖口老街：新竹湖口原是平埔族的屯墾地，乾隆末年，客家人移墾湖口，聚落逐漸形成。由於湖口位於山區和臺地之間，自然成了貨物

的集散地。1893年（光緒19年），劉銘傳主導的鐵路鋪設至湖口正式通車，使湖口一下子聲名大噪。當時的「大湖口火車站房」，每天有六班車往返基隆、新竹間，行旅、貨物往來運送，使車站附近開始聚集人潮。日治時的「湖口驛」不僅營運良好，更提供附近周邊的商機，久而久之，湖口遂發展成商業區，無數的小販商賈前來交易買賣，惜因腹地不廣，商圈最遠只到新豐、富岡一帶。其後鐵路遷移，老湖口的人潮與商機，遂往新湖口轉進。

　　湖口老街的成形，除地理因素外，與羅氏家族的開發也很有關係，羅氏先祖羅宏陞在老湖口發跡成大地主，不但獻地蓋廟三元宮，還開發通往舊湖口車站的道路，起屋造舍吸引商機，老街雛型稍具。大正年間，湖口老街正式成形，為當時湖口一大盛事。老街居民大都姓「葉」，街上多是磚造平房；「橫街」多姓「周」，街上建築以「周永興」、「周裕興」兩家屋舍保持最完整。另外，湖鏡村的「舊街」，也年代久遠，和老街不相上下。

　　湖口老街全長約300公尺，街頭寬10米，街屋多為二層樓狹長店舖住宅，建材主要為紅磚與福州杉，穹拱形式的亭仔腳寬敞氣派，屋簷更有鳳凰、獅身、花卉等裝飾圖案，深受遊客矚目。目前湖口老街因年代久遠而幾經維修，仍保留基本格局，唯已難恢復當年榮景，街上大多為單純的住宅區，幾間診所、店面羅列其間。公路對面茶園，依舊飄散淡淡茶香，只是亭仔腳已無撿茶人，歷史風華不再，有不勝唏噓之感。

14. 苑裡老街：苑裡位於苗栗西南端，因諸溪流交匯，適合農業發展，而有「苗栗穀倉」之譽。苑裡地處臺灣南北交通要道，乾隆年間，已聚集不少商家逐漸形成聚落，並建立起房裡城。房裡溪流經數里，溪面寬廣，行旅必須靠小舟或竹筏才能擺渡來往，當地人曾建「義渡碑」以紀念這種重要的交通方式。苑裡是苗栗地區較早開發之市鎮，鎮上多是土石砌成的閩南式三合院老宅，天下路是苑裡著名老街，兩

旁樓房林立，過去是富商雲集的熱鬧街市，以紅磚爲主要建材的亭沿廊柱，沒有太多的裝飾，刷白的石灰也遮不住斑駁的牆齡，日式的窗櫺推門，記錄過往的輝煌時光，如今只能從大紅的門聯去遙想當年了。

　　早期平埔族婦女曾以大甲溪的藺草來編織床蓆，經漢人推廣後，竟成爲當地特產。日治時代，日本人十分重視此技法，鼓勵農民種植藺草，苑裡天下路遂成爲手工業重鎮，商機亦蓬勃發展，全盛時有百餘家店面，產品更經由大甲轉銷各地，因此有「大甲藺」之名，殊不知眞正產地是苑裡。苑裡的藺草編織，手工精細，草蓆甚至添加花紋和圖案，稱作「加紋蓆」，由現今的「龍鳳蓆」尚可見到其手工之精緻。惜隨著工商業的迅速發展，傳統編織業已沒落殆盡，今苑裡老街僅存數家蓆帽店，守著祖先遺留下來的生計。

　　清末，苑裡老街曾以「苑裡八景」聞名全臺，現還留有咸豐年間興築的土城堡舊址，位於苑裡市街正南方的媽祖廟「順天宮」，是縱貫鐵路西海岸最古老的一間廟宇，稱爲「城內媽祖」，與城外媽祖的「慈和宮」，一起守護苑裡居民。戴上輕軟透氣的藺草帽，漫步在古老的苑裡街巷間，感受一下昔日的苑裡風華吧！

15. 梧棲老街：梧棲位於臺中，西面臨海爲臺中港區，因近海故先民早以捕魚爲業。1765年（乾隆30年），當地開始與福建從事船務等商業，霧峰林家即以此爲貨物進出港口。道光時，梧棲郊行林立，航運空前繁盛，老街地位於此確立。當時梧棲老街有不少精緻建築，可惜1936年的大地震，加上後來的皇民化政策，使得街景完全改觀。目前商店與住宅交錯，看到的多是昭和時代的建築，屋舍都是洗石子立面，上面浮雕業主姓名或商號；已經閒置的舊派出所，猶可窺見大正時期的風采。在頂橫街裡，有一座清朝遺留下來的古厝，是梧棲文人世家林廷錫住所。

　　梧棲廟宇特多，老街上的「朝元宮」供奉湄州媽祖，建築頗有特

色。1955年重修時，庭院由古唐山石砌成，年代為咸豐年間的迎賓石獅，殿內石堵刻上王羲之、曾國藩、左宗棠、康有為、梁啓超等名人書法，相當少見。老街有兩間名聞遐邇的傳統美食店，一是「新天地海鮮餐廳」；另一家為「林異香齋」，是香菇鹹蛋糕的創始店。梧棲聯外道路方便，梧棲漁港的休閒魚市，是中部嚐鮮饕客的最愛，兩岸直航後，梧棲前景無限，只是拆遷後的老街，不知還能保持多少原貌，令人憂心。

16. 大里老街：臺中大里開發已有2百年歷史，1750年（乾隆15年），移民湧進大里，與犁頭店、四張犁合稱中部三大聚落。當時居民利用烏溪入海接通鹿港，發展出水路運輸系統，商業繁忙，碼頭附近各種染坊、旅社、南北貨、藥行櫛比鱗次。大里老街上的「福興宮」，供奉當年伴隨移民渡海來臺的湄州黑面媽祖，香火鼎盛是大里人的信仰寄託。位於將軍巷口的「七將軍廟」，是當地特殊的義民信仰，約建於清同治年間，已有上百年歷史。

　　老街的屋宇相當有特色，每一戶都有騎樓亭仔腳，壁面是紅磚砌成的斗子牆，門板雕工精緻，目前保存最完整的是林氏古厝「慶源堂」。大里過去有鹹菜王國的稱號，將軍二巷是昔日專事芥菜加工的「鹹菜巷」，今日老街巷內仍有幾家堅持以傳統古法醃漬的鹹菜專賣店。

17. 鹿港老街：「一府二鹿三艋舺」，為形容清朝時代臺灣的三大城市，由此諺語可知，鹿港是僅次於臺南府城的臺灣第二大城市。鹿港在彰化，早期港口水深，是中臺灣與大陸主要的海運貿易港口，商業雲集街市繁榮，商店櫛比鱗次，有所謂的鹿港八郊，這麼多致富的郊商，逐漸形成今日鹿港老街的樣貌。郊是清朝時代臺灣的同業聯合組織，類似現在的商業同業公會。郊之命名可以反映其同業性質，如與廈門港貿易的同業商號組織為廈郊，以糖為貿易商品的同業商號組織為糖郊、以米為貿易商品的同業商號組織稱米郊等等。行則是組成郊的批

圖5-2　曾經商店櫛比鱗次的鹿港老街。

發商，所以常統稱爲郊行。在早期，臺灣的郊行財力雄厚、勢力龐大，有時甚至比政府還有號召力，他們熱心地方公益，興學建廟、維持治安，在地方上影響力非常大。

　　所謂鹿港八郊，指的是八個在鹿港的同業聯合組織，它們是泉郊金長順、廈郊金振順、布郊金振萬、糖郊金永興、港郊金長興、油郊金洪福、染郊金合順、南郊金進益等，其中以擁有兩、三百家商號的泉郊實力財力最雄厚。鹿港老街有古市街和五福大街兩條，18世紀乾隆年間，鹿港市區主要集中在碼頭區，即今日之古市街。古市街住商合一的店屋，多爲閩南式的長條形木造街屋。乾隆以後，古市街不敷使用，鹿港居民開始建造新的街市，即後來以順興街、福興街、和興街、泰興街、長興街等五條街道所組成的五福大街，俗稱「不見天街」。因鹿港多雨，店家爲考慮客戶方便及雨天仍可自由進出買賣，乃在每家商號店面前沿搭遮雨棚，戶戶相連，就形成了「不見天街」的特殊街景。

18. 溪湖老街：溪湖位於彰化縣內，乾隆年間，平埔族及漢人相繼入墾溪湖，族群多以血緣姓氏區分聚落分布。居民以務農維生；兼做榨油

碾米等加工，後來亦有竹編、打鐵等簡易手工業。大正年間，鹿港名人辜顯榮合併大和與明治製糖株式會社，於糖廠現址設立溪湖製糖所，溪湖街才為之興起。因糖廠業務而發展出金融、商會及娛樂場所，各種商家開始進駐溪湖街。溪湖老街呈南北向，北端是信仰中心的「福安宮」，南抵當時經濟重心的「糖廠宿舍」，位於平和街西側的太平街，是老街最繁榮的路段。昭和時期，街上建起一幢幢精緻泥塑立面的磚造街屋，有「不夜城」之稱。戰後，溪湖老街一度因糖業而蓬勃發展，惜後來轉趨蕭條，現在的糖廠僅以「枝仔冰」吸引遊客，而隨著糖業榮景不再，老街也衰退了。除「羊肉爐」尚能讓饕客光臨外，溪湖老街是徹底沒落了。

19. 草屯舊街：草屯以前是平埔族洪雅族的領地，清初漢人開始對草屯進行較具規模的拓墾，並逐漸形成聚落。往返埔里盆地的商旅、挑夫多在此休憩、補給，替換下來的草鞋丟棄成堆，故有「草鞋墩」之稱。草屯地區開發最早的是北投堡，也叫舊街，由於得力於貓羅溪的水運之便，迅速發展出繁榮的街市，成為四周農村的交易中心，惜在1895年（光緒21年）與日軍的對抗中，舊街遭到燒毀。1922年，草屯街實施市區改正，李昌期家族獨資修築「新街」（今和平街），這條商店街立面牌樓整齊劃一，路寬12米，上百個店面以低價租給外地人營運，帶動地方快速發展。舊車站前的和平街與中山路上，巴洛克式二層紅磚街屋與洗石子風格交互輝映，流露出典雅氣息。

　　1926年，草屯庄役場落成，新街也日益熱鬧，郵局、市場、各級機關行號相繼成立，曾風光一時。隨著都市現代化的腳步，草屯舊街也在力圖振作，「9‧21」受損的老街建築已重建完畢。老街雖無熱門景點，但卻是中臺灣旅遊的必經門戶，地方士紳為振興文藝所舉辦的「稻草文化節」及保留完整的「登瀛書院」，都還是有可觀之處。

20. 西螺老街：西螺位於雲林縣北端，是國內重要的蔬菜專業生產區，米食、醬油也是著名的特產。西螺古稱螺陽，是平埔族巴布薩族部落

圖5-3　建築風格獨特的西螺老街。

活動區域，清雍正年間，漢人開始入墾，因為濁水溪的灌溉，土壤肥沃農業發達，人口迅即在水岸附近聚集成街（今延平路頭暗街）。嘉慶年間，一場大水將土地全部淹沒，居民遷至今日的延平路，帶動後來的市街建設。

　　全盛時期的西螺，是水陸貨物交流的重鎮，商旅往來絡繹不絕，店家、旅社、茶店、酒家充斥市面，繁榮景況遠非今日可比。1935年，因地震重創西螺，許多建築物被毀。隨後日人進行「市街改正」，當時稱為「二通」的延平路，成為市街改革的重點。格子狀的街道規劃，店面改建成「亭仔腳」建築，全程分為街頭、街肚、街尾

三部分。街尾從建興路到新興路文昌國小止，長約1.2公里，是該區的精華地段，西螺老街風貌亦於此奠基。

古色古香的老街，有許多早期指標性建築，如金玉成銀樓、許捷發茶行、廖家茶莊、螺陽齒科、老盛行等。這些洋樓外觀設計清麗典雅，表現濃厚的「裝飾派」（Art Deco）風格，作工雅緻的陽臺，更顯出屋主優雅的品味。老街上的媽祖廟「福興宮」，是大甲媽祖遶境必經的據點，廟中留有清代古物，值得看看。不遠處尚有3級古蹟「振文書院」與三格魚池，也可順道一覽。

21. 安平老街：臺南是臺灣最早開發的地區，也是全省歷史最悠久的城市，早在鄭成功登陸驅逐荷蘭人始，即在臺南設承天府開發拓墾，當時大批大陸移民紛至沓來，頓時商旅雲集人口倍增，臺南都會規模遂定。一直到19世紀末以前，臺南一直是臺灣的政經文化中心，所謂的「一府二鹿三艋舺」，一府即是臺南府城也。臺南因開發最早，故以古蹟特多聞名，棋盤式的安平老街，也是著名的名勝之一。安平老街以延平街、效忠街、中興街這三條東西向的街道為主，發展出深具荷蘭風味的街市特質。

整個聚落呈格狀棋盤式規劃，3米寬的巷道十分筆直，交叉路口多呈直角，處處可見的牆門、古井，很有家的感覺。延平街是臺灣最早的商業街，也是主要的交通幹道，曾有「臺灣第一街」之譽，可惜因街道拓寬之故，幾經拆遷，已難覓舊日風貌。街上百年老店「永泰興」蜜餞風味獨特，顧客雲集。效忠街是安平的高級住宅區，中興街以前叫做「磚仔街」，因街面鋪設紅磚而得名，古宅、牆門、劍獅仍完整可觀趣味盎然。

除了老街外，附近仍有幾個景點可參觀，位於安平古堡正前方的「永漢民藝館」，館內收藏千餘件文物，是瞭解先民文化與生活的最佳展示館。「臺灣開拓史蹟蠟像館」，原是清代臺灣五大洋行之一的英商「德記洋行」，建於1867年（同治6年），經典的西方建築，內有

蠟像配合背景圖畫、古老器具，表現先民活動情景。建於光緒年間的德商「東興洋行」，整棟建物造型優雅，是本土建材與西方空間設計的建築美學佳作，現改為「安平外商貿易紀念館」，展示相關產業。整座建築物優雅大方，也是本土建材和西方空間設計的巧妙結合。老街上廟宇處處林立，觀音亭、城隍廟和開臺的天后宮，香火鼎盛，善男信女川流不息，這是安平人的信仰，也是對這片土地的熱愛。

22.善化老街：善化地區原為平埔族西拉雅族目加溜灣之大武壠社的居住地，明鄭時期，這裡以半農半兵的開拓政策經營，逐漸發展成為鄉街經濟中心。清初，此地稱為灣裡溪街，中葉時因曾文溪高漲，灣裡溪街被大水沖毀，居民遷至新社居住，成為「新社溪街」，清末時，此地店舖林立熱鬧非凡。1905年，日人設灣裡製糖會社，其後，火車站設立後南北暢通，善化人口激增。1936年，實施市區改正，造就目前的街坊景象。

善化老街位於中山路上，全長約200多公尺，兩旁店家雲集，大正時期的巴洛克風格建築，因道路拓寬已剩不多，昭和時代的現代主義建築還不少。以洗石子為主的外牆立面，講究簡單的線條對稱。奉祀媽祖的「慶安宮」，在破壞後重建更加宏偉，善化附近郊鎮還保留許多傳統古厝，是研究建築者必參訪之處。

23.鹽水老街：提到臺南鹽水，一般人可能馬上想到元宵節的蜂炮，由此一名聞遠近的民俗活動，可知鹽水是個歷史非常悠久的小鎮。鹽水昔日瀕臨倒風內海，有舟楫之利，早有漢人和平埔族於此定居。1621年（明天啟元年），顏思齊、鄭芝龍率眾開臺時，大陸移民更蜂湧至此地拓墾，使鹽水成為漢人在臺灣建立最古老的市街之一，當時稱為「大龜肉庄」。乾隆年間，為求安全，鹽水曾築城垣，隨著漳泉移民的湧入，人口與日俱增。市街東、南、西三面，為順從河，地形有如一彎新月，故名月津或月港。南北港口各一，南方港口因帶有鹽分之海水灌入，後改以鹽水港稱之。鹽水附近海水深流，是嘉南之水陸轉

運站，長興街（今橋南街）爲當時最繁榮的街道，東安街和以盛產米粉聞名的東興街次之。

　　鹽水港當時可說是集軍事、貿易與文化於一身的天然港口，港務興盛，泉州、廈門等地的船舶都在此卸貨，郊行林立，門庭若市，成爲附近農產品集散地，盛況直追安平、鹿港，而有「一府二鹿三艋舺四月津」之說。清末，鹽水港雖漸趨沒落，但商業中心位置未變。日治時期，鹽水的主要道路經過一番整治，街道拓寬煥然一新。目前的鹽水老街，建築均屬於混合住商機能的長型街屋，第一進是店舖，上方有一長方形樓矩，爲存放貨物之處，第二進爲住宅，兩進之間有俗稱「落水」的天井，爲採光之用。橋南街上的打鐵鋪「泉利號」是百年老店，堅持以手工打造器具。朝琴路則係竹製品的中心，東門路有西歐風格的國民住宅，兩側街屋立面均貼上不同顏色的瓷磚。三福路及中正路有昭和式的二層樓洋房，立面的圖徽標誌著屋主的氏族和財勢，這些具有時代意義的多樣化建築，形成鹽水一道特殊的風景線。

　　中正路上的「護庇宮」，供奉湄州媽祖，已有3百年歷史，香火鼎盛。1847年（道光27年）的「八角樓」更是著名景點，因其八角造型的屋頂而得名，又名八角樓。整棟唐山傳統建築，不用任何一根鐵釘，堪稱奇技。葉姓業主的後代子孫仍住其間，日間開放遊客參觀，非常值得一看。

24.**通山老街**：旗津是高雄市最早的發祥地，遠在4百年前，西拉雅族的馬卡道族即居住於此，爲了防範海盜侵擾，在家園四周遍植竹林，稱爲Takau，漢人譯爲「打狗」，此即高雄古稱的由來。位於旗津天后宮前的通山路，在高雄尙爲荒蕪時，這裡已發展出完整的街肆。通山路是打狗港渡船頭通往山區的要道，兩旁老舊的店面，有以大陸磚石和珊瑚礁石灰岩爲建材，也有紅磚洋樓和木造房屋，呈現出不同時空背景的特色。巷內的蔡氏祠堂，伴隨旗津走過3百多年的歷史，至今仍孤獨的屹立著。旗津的天后宮，奉祀湄州媽祖，爲國家3級古蹟；建

於康熙年間的旗後砲臺，以及巴洛克式風格的旗後基督教會，都是不容錯過的景點。

25. 旗山老街：舊名「蕃薯寮」的旗山，位於昔日高雄縣的中央，清康熙年間，漢人首次進入當地開墾，興建閩式院舍，稱為「施里庄」，1920年，因鎮上有旗尾山而改名旗山。旗山以出產香蕉聞名全省，但真正帶動旗山市街發展的是糖業。1908年，「高砂製糖株式會社」成立，為了便於運送甘蔗和糖製品，該公司以糖廠小火車站為起點，在旗山廣鋪「五分仔輕便鐵道」，有時充當本地人的交通工具，後來的臺糖火車便以此為基礎。旗山早期的建築物，是原住民平埔族與漢人所遺留下來的，這些由竹屏、土屏、竹管、土埆等自然建材構成的屋舍，形式簡單，在都市化的今天，顯得很不協調。建於道光年間的天后宮，廟身是罕見的土埆厝，不僅是旗山人的信仰中心，也是凝聚社區意識的「廟埕文化」，現列為2級古蹟。旗山在清末發展已臻於高峰，大規模的閩南式建築，因大氏寬闊園邸的建設而聞名，如吳、洪等氏，尤其洪氏豪邸因佔地廣闊，富麗堂皇，被當地人稱為「洪厝巷」。

日治期間，在日本人刻意經營下，旗山出現許多美觀的建築物。石拱迴廊的街屋、仿唐式的武德殿與日本神社，還有歐式的巴洛克建築，標新立異使旗山呈現出兼容並茂的建築風格。其中全臺唯一的「石拱圈亭仔腳」，乃由砂岩石塊堆砌而成，為西洋文藝復興特有的作法。此外，結合和風樣式和西洋建築的日本宿舍，旗山、鼓山國民小學的拱形迴廊校舍，都還保留昔日原貌。值得一提的是，配合日治時代的市街改正，於旗山中山路上陸續建造仿巴洛克式的街屋，被建築學者高度評價為「臺灣牌樓厝」，施工之精緻，立面雕塑繁複，佐以清水磚、磨石子、瓷磚裝飾，表現工匠們的巧思和技藝，山頭紋飾也顯示家族姓氏。由於整條街屋格局統一，構成典雅壯觀之畫面，是旗山建築史上最亮麗的一環。

26. 美濃老街：美濃位於高雄縣東北，是南臺灣的穀倉，有名的菸葉王國。美濃開發於乾隆年間，有百年老榕樹庇蔭的庄頭伯公壇，美濃文風與精神象徵東門樓、眾人公用的古井、林氏夥房門樓、團練公館、花樹下伯公壇、南柵門渡口的阿彌陀佛壇、古水牆、宋氏家族的書院、里社眞官神位，以及德勝公壇等名勝古蹟。美濃老街在永安路上，有老街、新街之分，老街是美濃在清代時，全庄最繁榮的商業道路，因老街狹窄彎曲，日本時代遂拓寬庄北牛車路來取代，並以新街銜接中庄段。永安路上遺跡處處，六堆文化的「客家夥房」、「菸樓」以及日治時代的洗石子街屋。此外如敬字亭、東門樓上的「大啓文明」匾額、錦興行的藍衫和客家三合院「文魁」等，鮮明顯現出客家精神。

27. 東港老街：東港位在屏東，開發於清初，境內以農業和捕撈漁業爲主，水稻、紅豆、香瓜、蓮霧是當地主要作物，「東港三寶」鮪魚、油魚子、櫻花蝦更是遠近馳名。東港溪口寬闊，而東港街位居出海口，是鄰近地域前往大陸經貿往來的主要門戶，又是兩岸轉載的重要貿易港，航運發達。清廷在此設衙署、驛站、海陸防汛、興學社，在1920年代以前，東港一直是高雄以南最大的通商口岸，後來才被高雄港所取代。昔日繁榮的東港，有臺灣傳統街市的景觀，閩式街屋、仿巴洛克式、日式街屋、閩洋混合式等不同風格的建築交錯其間，惜不少於二次世界大戰期間遭美軍炸毀。今僅存舊東港郡役所、和春診所、一乙茶莊、光復眼科、便民當舖、生源醫院、百順電料等較有代表性遺址。

　　老街上的「公廟」文化值得重視，自乾隆以來，東港逐漸闢爲街市，爲保佑居民免於瘴癘疾病，供奉溫王爺的東隆宮於是興建，每三年一次的東港迎王爺的「王船祭」，規模盛大，已成全省知名的祭典，也是遊客造訪東港的高峰期。祭祀媽祖的朝隆宮，廟前的朝陽街及延平路，過去是東港經濟活動的中心街道，曾吸引高雄的郊商前來

圖5-4　早年商業繁榮的東港老街。

設立分行，所以有「港郊媽」的稱呼。近年來，東港地方當局又針對聞名遐邇的東港鮪魚舉行「鮪魚祭」，照樣引起大批觀光客及饕客的前往嚐鮮，為地方增加不少財源收入。

28.豐田老街：1686年（清康熙25年），施琅平定臺灣後，部分士兵被安置在屏東墾荒；後來遇到朱一貴之亂，墾民組成六股義勇團守護家園，稱為「六堆」。而屬於後堆的內埔，位於平原與山地交界處，水源豐沛土壤肥沃，遂成為拓墾的首選，豐田村即為其中開發最早的地區。乾隆初，豐田村已成鄰近聚落貨物的集散地。1920年的市區改正，傳統的三合院改為二層樓房，遂演變成現在的模樣。豐田老街以寬達12米的新中路為主，兩旁街屋風格多樣，有巴洛克式的「鴻祥雲」、「坤協盛」等商號，立面山牆雕飾繁複，有閩南式的馬背屋脊，也有昭和時代的現代主義建築，外觀樸實大方。老街巷道的住宅區，古意盎然充滿濃厚的古早味。豐田村是客家聚落，三山國王廟是村民的守護神，「昌黎祠」則是全臺唯一奉祀韓愈的廟宇，惜整修時未依原貌施工，竟遭到撤銷為古蹟的命運。附近尚有1900年（光緒26

年）建造的隘門，雖被列為古蹟，但幾經重漆已失原貌，十分可惜。

29.馬公老街：1171年（南宋孝宗乾道7年），澎湖正式納入中國版圖，
1281年（元順帝至元18年），澎湖設巡檢司，是臺灣最早設立官治的
地方，澎湖因位於臺灣海峽中間，自古以來，澎湖的開發即比臺灣
早。澎湖首府馬公，其地名由「媽祖宮」而來，漢人渡海來臺，澎湖
是首站，1級古蹟「開臺澎湖天后宮」，是臺澎第一座媽祖廟，已有
近4百年的歷史。天后宮旁的中央街，是供應民生用品的市街，熱鬧
非凡，有「馬公西門町」及「澎湖第一街」之稱。極盛時期，商店近
兩千家，舉凡藥材、竹器、瓷器、麵餅、酒米、打銀、裁縫等應有
盡有。清末，又與其他六條街和媽祖廟前的魚市，並稱為「七街一
市」。中央街寬不及3米，走在街內感受不到澎湖風的凜冽，人字型的
街道，鋪著黑色玄武岩，映入眼簾的是日式洋樓建築，咾咕石古厝、
合利餅舖等老店遺址，天后宮、施公祠、萬軍井及迄今未曾枯竭的四
眼井，都是逛馬公老街不容錯過的景點。

此外，建於1887年（光緒13年）的媽宮城，雖然僅剩順承門（小
西門），但還是值得一看。馬公老街過去迭遭破壞，所幸隨著澎湖人
社區意識的覺醒，將中央街未被破壞的劃為保存區，以保護傳統聚
落。1995年，沉寂已久的老街風華再現，中正路鄰港及中央街歷史街
區，被澎湖縣政府選定為廣告物示範道路，積極進行整建，並盛大舉
辦了「藝術造街嘉年華」活動，使馬公老街再度以嶄新面貌，迎接來
菊島旅遊的觀光客。

30.金門模範街：金門古稱浯州、仙洲，比臺灣還早1千多年開發，由於
孤懸海上，常為海盜的淵藪。1387年（明太祖洪武20年），朝廷於島
上建築防禦工事，取其「固若金湯，雄鎮海門」之義，從此名曰「金
門」。金門過去長期是軍事重地，不對外開放觀光，直到解嚴後，
1992年政府宣佈開放金馬，觀光人潮才開始湧入其地。在觀光行程安
排中，位於金城的模範街，絕對是不容忽略的一處參觀盛地。

　　金城為金門縣政府所在，而模範街是金城形象商圈的入口。明末，鄭成功於此地訓練陸軍之內校場；1925年，由金門商會會長傅錫琪向僑界募款集資興建。模範街上古蹟處處，建於1812年（嘉慶17年）的「貞節牌坊」，高約三層樓，為四柱三間式的石造牌坊，雕工細緻，結構富麗壯觀，是目前臺閩地區保存最完整的一座，旨在表彰清浙江水師提督邱良功之母守節教子的事蹟。牌坊附近有「靈濟古寺」，「奎閣」別名「魁星樓」，建於1836年（道光16年），正六角形的雙層樓閣，是文人士子供奉魁星之用，目前已列為國家3級古蹟。

　　「清金門鎮總兵署」也是另一處3級古蹟，原為明神宗進士許獬的書房「叢青軒」，康熙年間置總鎮官署衙門，現規劃為金門民俗史料展示館。1960年前後，是模範街的全盛時期，是當時居民經濟與生活的中心。街尾有一廣場，俗稱「老吧刹」，過去是全島最繁榮的市集，後因市場遷移而沒落。模範街具有日本大正時代建築風格的街道，由32間單拱圈連廊式洋樓店屋所組成，呈丁字形，至今仍保留以中國紅色燒磚堆砌出的，完整的洋式圓拱門，整齊又對稱的街面，沒有招牌阻礙視線，漫步其間，發思古之幽情。入夜之後，街旁設有藝術照明裝置，更將老街烘托得別具風味。老街的美食也值得回味再三，「三寶齋燒餅」、「新興廣東粥」，令人垂涎三尺；「金合利鋼刀」也是有名的老店。

　　金門還有一條歷史悠久的舊金城老街，位於金門西南邊，近水頭碼頭，自金門酒廠南門步行500公尺可達。舊金城老街石板路為明洪武年間鋪設，長百餘公尺，寬約3公尺；盡頭有一座「迴向殿」，奉祀玄天上帝諸神明，已有6百多年歷史。老街上多為閩式磚造連棟建築，因金門風大，房屋高度皆較一般民宅略矮，路口有一古井，亦是明朝遺留下來的。因居住環境不佳，加上欠缺可供謀生的產業，所以居民紛紛遷出另謀發展，因此老街現已殘破不堪，屋舍亦傾頹破敗，只有偶見幾個老嫗賣金紙、植野蔬，守著舊宅度晚年，徒嘆歲月滄

桑，令人不勝唏噓。

三、臺灣老街分佈統計表

序　號	縣　市	名　稱
01	宜蘭縣	頭城老街
02	宜蘭縣	利澤簡老街
03	基隆市	崁仔頂老街
04	臺北市	迪化街
05	臺北市	艋舺老街
06	新北市	三峽老街
07	新北市	石碇老街
08	新北市	水返腳老街
09	新北市	坪林老街
10	新北市	金山老街
11	新北市	淡水老街
12	新北市	深坑老街
13	新北市	新莊老街
14	新北市	鶯歌老街
15	新北市	侯硐老街
16	新北市	九份老街
17	桃園縣	楊梅老街
18	桃園縣	富岡老街
19	桃園縣	大溪老街
20	新竹市	北門老街
21	新竹縣	北埔老街
22	新竹縣	湖口老街
23	苗栗縣	苑裡老街
24	臺中市	犁頭店老街
25	臺中市	梧棲老街

序　號	縣　市	名　稱
26	臺中市	大里老街
27	臺中市	石岡老街
28	彰化縣	鹿港老街
29	彰化縣	溪湖老街
30	南投縣	草屯舊街
31	雲林縣	太平老街
32	雲林縣	西螺老街
33	雲林縣	北港宮口街
34	嘉義縣	奮起湖老街
35	臺南市	安平老街
36	臺南市	總爺街
37	臺南市	大目降老街
38	臺南市	麻豆老街
39	臺南市	善化老街
40	臺南市	鹽水老街
41	高雄市	通山老街
42	高雄市	岡山中街
43	高雄市	旗山老街
44	高雄市	美濃老街
45	高雄市	橋頭老街
46	屏東縣	東港老街
47	屏東縣	豐田老街
48	澎湖縣	馬公老街
49	金門縣	模範街
50	金門縣	舊金城老街

附註：因五都改制，故昔日之臺中縣，臺南縣，高雄縣均以臺中市，臺南市，高雄市
　　　稱謂。

　　百年滄桑，在歲月的洗滌下，臺灣仍有許多年代久遠的街屋建築，
屹立在熙攘紅塵中，它們不僅歷盡風霜雨露，也見證臺灣4百年的演變

發展。幸近幾十年來，文化資產意識與歷史建築逐漸受到國人及社會重視，各地方文史工作室陸續成立，並舉辦研討會與座談會，研究如何保留文化資產和古蹟，這都是進步且可喜之事，而政府也編列預算，給予經費重建或整修。在各界的努力下，一些有歷史價值的老街，經過修復後風華再現，成為地方的觀光景點，而地方也培訓許多導覽老街的講解義工，為遊客娓娓道來昔日老街的歷史與風光歲月，讓遊客能更深體會老街的魅力和風貌。走一趟老街之旅，體會豐富的在地習俗，喚起那塵封已久的記憶。畢竟，從某個角度看，我們親近了老街，其實也是親近了屬於臺灣的歷史。

一、書院的產生與結構

中國之有書院，由來已久，其制度發端於唐，至宋，元時臻於鼎盛，迄於明清而不衰。古代之書院，是一種民間興辦學校的場所，其制介於官學與鄉學間，目的在補府、縣學之不足。其設立方式有三：1.由教師自行開設；2.鄉里鄉紳合力捐資興建；3.殷富家族所獨力創辦。書院教育之目的，主要在培養學童讀書識字，進而幫助學童未來能參加科舉考試。當時教學科目以《四書》、《五經》、學字、作文為主，上課時間通常從早晨6、7點到下午4、5點。學童多半於7歲入學，但無一定之修業年限，有的甚至可讀到15、6歲。上學必須繳學費，較貧困清寒家庭，書院也會有所補助，真的無法維持下去，只有中途輟學。

臺灣早期雖是個移墾社會，但閩粵移民從事漁樵耕農之餘不忘讀書，此從臺灣各地廣設書院可以為證。在清末劉銘傳建西學堂以前，臺灣的教育仍承襲中國的科舉制度，地方上最高學府稱為儒學，多與文廟結合，唯後來轉變成負責科考的行政單位，對地方教育實際上貢獻不大。至於地方上的基礎教育則有社學，為官方於鄉里間設置。另有官民義捐，設立免費教育貧寒生童的義學；以及民間私設的書房或私塾等。而書院是其中發展歷史最久、制度最完善、影響也是最深遠的教育系統。

臺灣之有書院，始於1683年（康熙22年），靖海侯施琅所設之「西定坊書院」，地點在臺灣府治，即今之臺南市，其性質屬於義學過渡到正式書院之雛型。1695年（康熙34年），臺灣第一所正式書院「崇文書院」成立，由知府衛臺揆設於臺灣府治，今已不存。清代臺灣書院之分佈，或省城、府城及其他地方，大體以最有需要者為是。自1683年（康熙22年）施琅創設西定坊書院始，2百多年間，臺灣共設書院60餘所，大抵乾隆以前，因開發地區以南部為主，故書院多在南部，尤以府城臺南為多。其後政經中心逐漸北移，中北部書院亦跟著多起來，特別是在

道光、光緒年間，增加特別明顯。

　　書院授課內容，以傳統的經史子集為主，但因清廷監管甚嚴，早已失宋元時代的獨立治學精神，然大致說來，書院仍是制度較完善的求學場所，也是延攬人才的好地方。臺灣的書院營運制度與中國內地同，有由官方或民間捐款興建、亦有官民合建者，日常開銷除靠地方士紳捐輸外，有時官方也會提供補助。規模大的書院可以自己置產購買「院田」，將收租作為維持書院之經費，當然學生繳交之學費，更是書院主要的財源。書院內部事務繁多，須有定員編制來從事管理，最重要的是山長，亦稱院長，如同現今之校長。山長負責主持書院院務及教學的工作，對書院的學風走向影響甚鉅，所以其人選多是聘請碩學名儒來擔任，如舉人或進士。

　　書院之建築通常為四合院房舍，中央為講堂，供奉孔子、朱子或文昌帝君，後面則為老師住所，兩側學舍為學生使用，師生共處充分發揮生活教育之功能。晚清以降，西學東漸，新式學校教育取代傳統書院，書院教育亦走入歷史。今日全臺各地還保留不少傳統書院，可供吾人了解古代的學校教育，如彰化和美的道東書院，格局完整，環境優雅，建築尺度親切，氣氛寧靜，為我們體現了古代優美的學習空間。

　　導覽書院有幾個重點要把握，首先要看書院的格局，書院的格局屬傳統中軸對稱的形式，規模則隨時代演進而有所不同。清初多建於府治或縣治所在地，格局以三進或四進的大規模居多。道光以後，書院增多但規模較小，以兩進式為主，有些書院因受限於經費，甚至只是單進式者。因為書院即為昔日之學校，其空間使用與學習環境就顯得很重要。

　　書院主體建築是具有教學與祭祀功能之講堂，它也是書院最重要之建築物，高度最高，屋頂裝飾燕尾脊，以彰顯其氣派。講堂一般以典雅的格扇門區分內外，內部格局方正，堂內置放桌椅以便授課，屋內空間挑高，正面懸掛至聖先師孔子像，營造莊嚴肅靜氛圍，提供士子靜心學習空間。而屋外的庭院或稻埕，或陽光普照光線充足；或林蔭蔽空寬敞

舒適，也都是師生談學問道的好地方。講堂除了是教學空間外，也是古代書院的祭祀空間，傳統書院都設有朱子牌位的祭祀空間。單進或二進的書院，神龕就設在講堂內；三進者則置於後堂，或獨立設置朱子祠。至於提供老師及眷屬居住之所，亦是傳統書院的重要組成部分，通常該居住空間都設在講堂或後堂兩側之耳房（正身兩側之房間），中間以牆門阻隔，以保其私密性。若有官員訪察或其他訪客，此空間亦可為接待處。遠道學生，書院也有學舍可供食宿。

其次要看「惜字亭」，惜字亭亦稱惜字爐、敬字亭、聖蹟亭等多種名稱，這是古代書院最特殊的地方。傳統社會對書冊文字極為敬重，先民受到「敬文惜字崇尚文風」儒家思想的薰陶，而養成愛惜字紙的良好風尚，凡寫過的字紙都不能隨便亂丟棄，必要的話，每逢初1、15將廢棄的字紙集中拿到惜字亭焚化。這種文教類的建築設施常見於書院，是傳統風俗文化及惜字愛書美德的具體展現。中國開始有惜字亭之興建約起於宋代，明清時已十分普遍，它通常設於書院的前埕或內埕，以避免焚燒之濃煙影響書院；也有些惜字亭會放在文昌廟或村鎮外之城門口，特別是重視耕讀的客家村落，甚至還會請專人收集字紙，送來惜字亭焚燒。

臺灣敬惜字紙活動始於臺灣府城（今臺南市），府城南門外的「敬聖樓」祭祀文昌帝君，為此一活動之中心。而有關建造敬字亭之意義，1807年（嘉慶12年）臺灣縣學鄭兼才曾撰寫〈捐建敬字堂記〉予以闡述，內容提到：「字紙其蹟者，反諸聖人之所以作字之故，則欲人之忠信義之事。故筆於書，使觸目而警諸心，求其解以歸於用，則在朝為正人，在鄉為善士，必皆自識字起，其為教孰大？於是吾願登斯堂者，由其蹟以觀於深得聖人制字之意，務無虛教聖之心，則倉聖之祀與文昌、魁星且並光學校，豈徒區區字紙乎哉……。」所以撿拾字紙的意義，貴在於「以觀於深得聖人制字之意，務無虛教聖之心」，豈是「區區字紙」而已。

當時對於這些字紙爐所焚化的紙灰，是不能隨便亂丟棄的，而是先將其蒐集，之後凡遇到卯年（即12年一次），將其倒入名爲「香亭」或「春猊」的木盒內，隨著沿途鼓樂吹奏，由文人抬至溪河邊，行恭送紙灰入水儀式，稱爲「行聖蹟」或「恭送聖蹟」，類似今日王船祭般的隆重，藉以表示對於聖人教化的尊崇。客家人一向以「耕讀傳家」，強調「一等人忠臣孝子、二件事讀書耕田」，自古對讀書教化即十分重視。今日沿著國道10號前往美濃，第一個出現眼前的古蹟，就是位於中山路旁的「美濃庄敬字亭」。該亭建於1779年（乾隆44年），至今已有234年歷史，由地方士紳梁啓旺發起，以倡導地方文化風氣。建造完成後，當時的右堆總理林長熾更組織一個「字紙會」，由各庄派人參與，負責敬字亭的香火及環境維護等工作。

臺灣最早設置惜字亭在1729年（雍正4年）的臺灣府（今臺南市）東城門，其後各地書院開始普設惜字亭，至光緒年間，全臺各地惜字亭已甚多，最盛時曾達百座以上，今因時空變遷多已不存，僅剩十餘座左右。臺灣現存的惜字亭列入國家古蹟者有兩座，一是龍潭聖蹟亭，二爲美濃敬字亭。龍潭聖蹟亭現爲3級古蹟，建於1875年（光緒元年），它是全臺目前僅存最大又具園林之美的聖蹟亭，也是龍潭客家人「耕讀傳家」理念的精

圖6-1　客家人惜字敬字的聖蹟亭（惜字亭）。

神象徵。

聖蹟亭是中軸對稱的格局，有外門、頭門、中門、亭身等建築，階梯由外逐漸往內升高。古亭外觀雖有剝落滄桑之感，但卻顯得古意盎然，鄉土氣息濃厚，極富歷史文化和學術價值。基本上，聖蹟亭是客家文化重視教育及文字精神的代表，也見證龍潭過去鼎盛之文風，現今客家人仍有迎聖蹟的活動，以示對文化教育的尊重。同樣列為國家3級古蹟的美濃敬字亭，創建年代更為久遠，它建於1769年（乾隆34年），是當年擔任右堆總理的林長燧，因鑒於民眾隨意丟棄字紙的惡習，乃募款興建以教化民心。後來他更組織「字紙會」，推廣字紙焚化，啟發後人敬字惜紙、崇尚文風的觀念，使得美濃文風為之丕變，造就不少文人學士，同時使得敬惜字紙風氣更為盛行。

美濃敬字亭於嘉慶、光緒年間曾兩度重修，1895年（光緒21年）敬字亭在客家六堆與日軍交戰中被毀，翌年整修後，至1995年才又進行第一次修復工作。建築形式，其主體建築為磚造六角形三層式的平面格局，造型古樸優美，第一層亭座每面中間皆有壁飾，背面留有通風口。第二層亭身，正面有高50公分之拱形爐口為焚化字紙之用，原來在爐口兩側有對聯裝飾，爐口上方亦有門額，今已風化佚失。第三層亭身，除正面有爐口外，另設倉頡聖人、大成至聖先師、文昌帝君等神位供人膜拜，現亦已不見，僅書卷圖案門額尚存。

至於迎聖蹟儀式，茲以美濃廣善堂恭迎聖蹟為例，說明其活動的具體內容，美濃廣善堂的聖蹟會，於每年農曆正月初9天公生舉行，活動當天一早，來自美濃各地的長老耆宿，就會群聚於廣善堂前，由主祭者帶領鄉民，向神明報告字紙祭即將展開，接著由主祭率領鄉民，將各地敬字亭及廣善堂一年來所蒐集到的字紙灰，以鑼鼓八音樂團開道，遊行到美濃溪畔，舉行河伯水官安座儀式。上香誦經後，將字紙灰倒入河中，其後還有送神、放生等活動，並祈求來年水利充沛，風調雨順國泰民安。過去客家民俗的送字紙活動是真的將字紙灰倒入河中，現代國人

環保意識高漲，認為將紙灰傾倒河中會污染水源，所以現在舉行迎聖蹟活動，都只是象徵性的把字紙灰放到河畔低窪處即可。

坦白說，臺灣的客家人較閩南人更重視教育，此由他們特有的送字紙活動之民俗即可看出，客家人認為字紙火化後會昇華，羽化成蝴蝶飛上天向倉頡致意，這也是客家民族敬重文字典籍的具體表徵。此民俗活動是由地方上之讀書人或士紳階級領導，以鼓吹樂隊、儀仗隊前導，奉持文昌帝君神像及造字聖人倉頡的牌位，將聖蹟亭的字紙灰恭送到河邊或海邊去放流，這是早期臺灣社會敬文重字、崇尚文風的習俗。客家人這種送字紙活動，每年舉辦的時間、儀式各地不同，有12年舉行一次者，也有每3年舉辦一次。至於活動日期，一般都以農曆正月初9玉皇大帝聖誕；正月15或2月初3文昌帝君誕辰；或者3月28日倉頡聖誕為最常見的日子。目前臺灣保留送字紙活動的地方，還有高雄美濃、六龜，彰化竹塘和桃園龍潭等地。

惜字亭之外觀形似一座小塔，由臺座、爐體和爐頂構成，多以石材或磚材砌成，屋頂則為簡易的歇山形式，由於它是立面形式，採分段處理，大致分為彩繪、剪黏、雕刻、門額、對聯及附屬文物四部分。實際上，全亭概分為三層，下層是底座，中層為焚燒字紙的「文化閣」，兩側楹聯常刻有「有能付丙者，便是識丁人」或「文章傳萬世，倫理繼前賢」等聯句，文詞典雅又切合惜字亭的功能，上層門額嵌有「聖蹟」二字，並供奉「倉頡至聖」神位。惜字亭的平面常呈四角、六角或八角形，裝飾上，無論是臺座的雕刻或爐體的聯對和形式，都非常講究。歷經時代變遷與歲月無情的侵蝕，惜字亭雖已不復往日風采，但其蘊涵著古人重視先聖先賢智慧結晶的精神與意涵，仍是值得今日身處科技發達的我們，細細咀嚼品味。

另外，書院在裝飾上亦是一門學問，古代書院在裝飾上非常講究，特別有文教氣息。如門廳的門板上多半不施彩繪，以示典雅肅穆，大體上喜以文字或文官代替一般門神。樑柱彩繪以樸素之黑色或靛青色為

主，雕刻題材則以花鳥或忠義故事居多；壁框內裝飾詩文書畫，重點在使書院學子於每天學習環境中有所啓發。最後則爲以莊嚴神情仰望匾聯，書院與一般寺廟或宅第的匾聯不同，它通常內容是以頌讚孔孟、朱子等大儒爲主；或勉勵訓誨士子之語，殊少朝廷或高官之贈言。

二、清代臺灣書院列表

臺灣之有書院爲時甚早，1683年（康熙22年）清納臺灣入版圖，平定臺灣的施琅首建西定坊書院，其後二十餘年，在臺灣府治及其近郊續有增建。1710年（康熙49年）的《重修臺灣府志》即載，自1683年（康熙22年）清領臺起，即有書院9所，分別是：

序號	書院名稱	創建時間	創建者
01	西定坊書院	1683年（康熙22年）	靖海侯施琅
02	鎮北坊書院	1690年（康熙29年）	郡守蔣毓英
03	彌陀室書院	1692年（康熙31年）	臺令王兆陞
04	竹溪書院	1693年（康熙32年）	郡守吳國柱
05	鎮北坊書院	1695年（康熙34年）	道憲高拱乾
06	西定坊書院	1698年（康熙37年）	道憲常光裕
07	西定坊書院	1704年（康熙43年）	道憲王之麟
08	東安坊書院	1705年（康熙44年）	將軍吳英
09	西定坊書院	1709年（康熙48年）	道憲王敏政

唯因臺地新入版圖，各地起兵反抗事件頻仍，在兵馬倥傯之際，很多書院可能旋設旋廢。且當時之書院，其性質與義學同，書院僅具其名而已，可置而不論。有關清代臺灣之書院，近人連雅堂的《臺灣通史》有較詳細的介紹。據連氏所錄，臺灣於清時共計書院23所，遍及南北各地，各書院大多由義學改建而成，如崇文、明志、白沙等書院均是。茲列表如下：

序號	書院名稱	創建時間	創建地點	備註
01	崇文書院	1695年（康熙34年）	位東安坊（今臺南市）。	知府衛臺揆就府義學改設。
02	海東書院	1720年（康熙59年）	位臺南府治（今臺南市）。	分巡道梁文煊建。
03	奎樓書院	1726年（雍正4年）	位臺南府治。	
04	正音書院	1729年（雍正7年）	位東安坊（今臺南市）。	乾隆年間廢。
05	白沙書院	1745年（乾隆10年）	位彰化縣。	淡水同知攝縣事曾日瑛建。
06	龍門書院	1753年（乾隆18年）	在雲林縣治（今雲林縣斗六市）。	
07	玉峰書院	1759年（乾隆24年）	位嘉義縣治（今嘉義市）。	諸羅知縣李倓建。
08	明志書院	1763年（乾隆28年）	位興直堡（今新北市泰山鄉），後移竹塹（今新竹市）。	由明志義學改建。
09	南湖書院	1764年（乾隆29年）	位臺灣府治（今臺南市）。	臺灣知府蔣允焄建。
10	文石書院	1766年（乾隆31年）	位澎湖縣馬公市。	澎湖通判胡建偉建。
11	引心書院	1810年（嘉慶15年）	位臺灣縣治（今臺南市），1813年（嘉慶18年）改為臺灣縣書院。	臺灣縣邑紳黃拔萃建。
12	仰山書院	1812年（嘉慶17年）	位宜蘭縣治。	委辦開蘭知府楊廷理建。
13	鳳儀書院	1814年（嘉慶19年）	位鳳山縣治（今高雄市鳳山市）。	鳳山知縣吳性誠建。
14	屏東書院	1815年（嘉慶20年）	位阿猴街（今屏東市）。	鳳山知縣吳性誠及下淡水縣丞劉蔭棠建。
15	文開書院	1824年（道光4年）	位鹿港街（今彰化縣鹿港鎮）。	鹿港海防同知鄧傳安倡建。

序號	書院名稱	創建時間	創建地點	備註
16	藍田書院	1831年（道光11年）	位南投街（今南投縣）。	南投縣丞朱懋，延請南北投、水沙連兩堡士庶議建。
17	學海書院	1837年（道光17年）	位艋舺（今臺北市）。	原名文甲書院，1837年（道光17年），淡水同知婁雲倡建未行。1843年（道光23年）同知曹謹成之。1847年（道光27年），總督劉韻珂巡臺至此，改名。
18	登瀛書院	1880年（光緒6年）	位臺北府治（今臺北市）。	臺北知府陳星聚建。
19	蓬壺書院	1886年（光緒12年）	位縣治赤崁樓之右（今臺南市）。	臺灣知縣沈受謙建。
20	英才書院	1887年（光緒13年）	位苗栗縣治（今苗栗縣）。	
21	宏文書院	1889年（光緒15年）	位臺灣府治（今臺中市）。	
22	明道書院	1893年（光緒19年）	位臺北府治（今臺北市）。	臺灣布政使沈應奎建。
23	崇基書院	1893年（光緒19年）	位基隆廳治（今基隆市）。	

其中崇文書院可謂是臺灣真正書院之嚆矢，連雅堂《臺灣通史》云：「臺灣為海上新服，躬耕之士，多屬遺民，麥秀禾油，眷懷故國，故多不樂仕進。康熙四十三年，知府衛臺揆始建崇文書院。……各縣後先繼起，以為諸生肄業之地。」崇文書院設於臺灣府治，其後續建之各書院遍及全臺，總計清統治臺灣212年期間，臺灣各地書院的設置共45所，遠比連雅堂所說的為多。茲援引黃秀政〈清代臺灣的書院〉論文所統計之表為例說明之：

縣屬	康熙	雍正	乾隆	嘉慶	道光	咸豐	同治	光緒	合計	備註
臺灣縣	2	3	1	1	1	1		1	10	臺灣府附郭，包括今臺南市縣。1887年（光緒13年）改為安平縣。
諸羅縣		1	1		2				4	
鳳山縣		1	1	2	2			2	8	
彰化縣			2	3	6	1		1	13	原包括中部地方。1887年（光緒13年）後，重劃行政區域，面積大為縮小。
淡水廳			1		1				2	
澎湖廳			1						1	
噶瑪蘭廳				1					1	
淡水縣								2	2	臺北府附郭，包括今臺北市、新北市。
臺灣縣								2	2	臺灣府附郭，包括今臺中市縣。
基隆廳								1	1	
苗栗縣								1	1	
合計	2	5	7	7	12	2	0	10	45	

　　由上表可知，清代臺灣書院設置之分布情形，康熙年間大抵以南部為主，因其是臺灣最早開發地區，且是與行政中心有關。乾嘉以後擴及至中部地區，此亦代表臺灣政經中心逐漸北移。清末，臺灣建省，北部已全面取代中南部，成為臺灣首善之地，故書院大部分設置於此，這也是與清朝開發臺灣由南到北的情況相符合。

三、書院（含西式）簡介舉隅

書院是臺灣過去重要的歷史古蹟，臺灣目前還保留不少完整的書院，若從文化資產的角度視之，參觀書院其實是未來一條可行之路，重點是政府要予以重視，且各項配套措施要先做好。茲以新北市之明志書院、彰化市的白沙書院及和美的道東書院和噶瑪蘭的仰山書院、高雄的鳳儀書院、草屯之登瀛書院與淡水的理學堂大書院等爲例，稍作說明書院值得參訪之處。

1. 明志書院：座落於新北市泰山鄉明志村，1763年（乾隆28年）所建，爲一歷史悠久的書院。明志書院創辦者是清代貢生胡焯猷，他於淡水新莊一帶拓墾有成，富甲一方成爲富豪。爲教育家鄉子弟，胡焯猷慨捐莊園房舍，於1763年創辦義學，題名明志，並捐出水田80畝的每年田租收入600餘石，作爲義學經費。淡水同知胡邦翰感其義行，稟請將其義學改爲書院，並於翌年得到閩浙總督楊廷璋撰文表彰，正式獲得書院敕封。1765年（乾隆30年），淡水同知李俊元將明志書院

圖6-2　位於泰山鄉的明志書院。

遷往廳治竹塹城的南門內，使得書院原建築逐漸破敗，迄日治時期完全毀壞。後地方人士有感於原有書院蕩然無存，愧對先賢胡氏創辦書院之熱忱，於是籌資重建一祠，奉祀「紫山朱夫子」，旁祀「貢生胡焯猷」，而胡氏後人亦每年都會來此祭拜先人。

明志書院造型古樸，燕尾高翹，「明志書院」四個大字雖經風雨沖刷，斑剝磨損仍然依稀可見。廣場上有同治年間所建之惜字亭，正廳東壁矗立楊廷璋於1764年（乾隆29年）所撰之碑誌，碑高136公分，寬66公分，字跡依稀可辨。明志書院雖歷經歲月風霜，但文教氣息濃烈，站立書院前，彷彿可遙想當年學子的琅琅讀書聲，也見證了清代北臺灣教育之遺風。

2. 白沙書院：位於今彰化市孔子廟右側的民生路上，其前身為彰化縣義學。1745年（乾隆10年），彰化知縣曾曰瑛鑑於彰化建縣多年，迄無書院以培養人才，乃改彰化縣義學為白沙書院，其後又經歷任知縣興修而奠定初基。唐宋以降，書院為維持開銷，均有學田之設置，藉所收租穀運用，以達到培育人才之目的，白沙書院亦不例外。該院早在義學期間，就置有學田，另一筆學田由墾戶張達京所捐置；此外，主靜書院的學租，也是經費來源之一，其後，彰化、南投本地士紳，亦有多人捐獻者。

白沙書院創建後，當時的彰化知縣曾曰瑛即曾〈手定規條〉，但此一學規久佚，內容如何，不得而知。1811年（嘉慶16年），楊桂森任彰化知縣又撰〈白沙書院學規〉9條，以勗勉諸生，迄今尚存，允為書院最重要之文獻。其條文為：1.讀書以力行為先、2.讀書以立品為重、3.讀書以成物為念、4.讀八股文、5.讀賦、6.讀詩、7.作全篇以上者之學規、8.作起講或半篇之學規、9.六七歲未作文者之學規。

臺灣自1740年（乾隆5年）分巡臺灣道劉良璧手定海東書院學規以來，各地書院繼起，內容雖不盡相同，但文字深奧則大體一致。唯獨楊氏所撰，能打破慣例，代以口語化文字，深入淺出，務期學生能

明白了解易於接受，此爲白沙書院學規最大之特色。由於白沙書院學規明白易懂，其後臺灣各地不少書院紛紛效尤，如南投藍田書院、草屯登瀛書院；甚至遠至噶瑪蘭廳的仰山書院，亦奉白沙書院學規爲圭臬。

3. 仰山書院：1812年（嘉慶17年）開蘭知府楊廷理所建置，以蘭陽地區開發之晚，能在設廳之後兩年內創設，委實不易。仰山書院以景仰宋儒楊龜山而得名，龜山爲楊時晚年隱居之所，當時學者咸稱之「龜山先生」。仰山書院初建於廳治西文昌宮左，楊廷理先建三楹，未幾而圮。1819年（嘉慶24年），通判高大鏞草創章程，始聘楊典三爲主講，開啓蘭陽文風之端，入學肄業者最多達240餘名。1824年（道光4年），通判呂志恆於東首臨街建一門樓，題名「仰山書院」。

1830年（道光10年），署通判薩廉乃就原建之址，架築三楹以爲安硯之地，外達官廳內增廚灶，旁有隙地可植花木。仰山書院雖成立於1812年，但因府庫空虛，未能實際供應訓課學子，迄至1830年才使蘭陽學子有一進取仕階之學習場所。此期間，福建巡撫孫爾準於1826年（道光6年）按部入蘭，見諸學子均有向學之意，乃抽發子、史書46種，運存仰山書院，以爲諸生課讀之便，對提升蘭陽地區童生之素質，甚有裨益。

蘭陽文風肇始於仰山書院，而書院之設則歸功於歷任篆守之力爭學額有以致之，其中「仰山社」之推波助瀾更增其壯闊之勢。在書院之內，爲增進學子好學之風，主其書院事者，邀集好學之士百數十人，相與訂盟，另組「仰山社」，每歲定期於4月集會，以文會友。如此類似「學業研究團體」，對蘭陽地區文化之提升，功不可沒，也異於臺灣其他地區之書院，誠爲書院史之一大特色。

4. 鳳儀書院：位於高雄鳳山市鳳崗里城隍廟邊的「鳳儀書院」，是目前臺灣所保存清代書院中，規模最大的一座，亦是鳳山市最早的一所民間興辦的學校，1985年政府將其列爲3級古蹟。鳳儀書院創於1814

年（嘉慶19年），由知縣吳性誠發動捐款、捐地，再由候選訓導歲貢生張廷欽所建。鳳儀書院位於鳳山縣署（今曹公國小所在地），共計屋37間，正中廳事3間，左右官廳房各2間，兩廊學舍12間，講堂3間，頭門5間，義倉9間，聖蹟亭1間，規劃相當完善，另外，尚附有試桌，為古代學童求學歲試之處。原建築前有照壁，左右各有一門進出，左門上題「登雲路」，右門上題「步天衢」，落成時曾刻木碑為記。鳳儀書院之經費，主要為院田歲收，收支尚餘裕，可保學生無後顧之憂。書院於1891年（光緒17年）由舉人盧德祥重修一次，日治後一度成為鳳山郡役所員工宿舍，光復後由公務人員使用，因份子複雜，隨便砌磚隔間，環境乏人管理，早已失昔日書院風貌。

鳳儀書院原始規模宏大，設備齊全，堪稱清代南臺灣書院之最，也是臺灣府以南最主要的文化重鎮，於臺灣書院史上有其重要的研究價值。以古蹟與研究立場而言，因閩粵移民拓墾之地緣關係，鳳儀書院同時容納閩南及客家兩個族群之學童，據《鳳山縣采訪冊》記載，閩童與粵童各有不同的廊號供考試之用，對研究清代書院發展而言，此為彌足珍貴之史料。當然，鳳儀書院最重要之價值在於其建築，書院從創立始，除光緒年間修繕一次外，舉凡木造結構、磚石牆體以及屋頂，均為清代嘉慶年間原物。這些木結構的細部，依稀仍可見當時的雕琢線條、刻工技巧和油漆彩畫的色彩與題材。就臺灣建築史論，鳳儀書院成為嘉慶年間泉州派建築之指標，亦是一座可以作為時代風格比較的代表性建築，因此更顯得珍貴。

按《鳳山縣采訪冊》詳載，清代有許多石碑或木碑嵌在鳳儀書院牆上，這些碑文內容足可顯示書院當時的建制與組織，惜現今已遍尋不著了。另值得一提的是，屋脊上鳳形之鐵條，據學者推測應為鳳凰的泥塑剪黏。鳳儀書院名稱源自「有鳳來儀」，象徵文風鼎盛、文采輝煌之意。但亦可能和所在地「鳳山」有關，因此鳳儀書院與鳳山之關係應是密不可分的。遺憾的是，書院現況很遭，地方政府雖有心修

復，但土地、經費、遷移等難題，無法快速有效解決，因此修繕維護工作仍在延宕中。

5. 道東書院：1857年（咸豐7年）彰化縣線西堡「景徽社」訓導阮鵬程於自家宅後設立私塾「問字處」開班授課，後因場地過於狹小，在推展和美地區文化教育前提下，始有設立書院之念。同年阮鵬程召集秀才陳嘉章；鄭凌雲、黃興東、黃仰貴、王祖培、黃際清等地方士紳集資興建書院，阮擔任經理，士紳陳茂、王祖培、黃際清等人奔走募款，地主黃利祥、黃鍾烈、黃英協助捐土地，最後於當時彰化廳線西堡和美庄興建書院，取漢代大儒馬融期許弟子鄭玄「吾道東矣」的典故，命名爲「道東書院」。

道東書院經費多半由當地士紳捐獻，如同治年間，主要經費來源即由商紳林日豐號與林金盛號所捐租。1871年（同治10年）書院擴建，由阮傳芳、黃鍾麟等秀才任重修董事，聘請匠師彩繪廟堂，增建牆垣，規模略具。1886年（光緒12年），書院曾遭祝融之禍，正殿受損，乃由師生與地方士紳募款重建，於翌年竣工。日治時期，日軍於書院設立憲兵屯駐所，後撤離改爲日語講習所。1899年，和美公學校設立，曾暫借書院上課。1905年，日本實施土地登記法，將書院登記爲祭祀公業。由於道東書院年久失修，建築日漸傾頹，1920年，出身書院的和美區長許長泮倡議重修，樣貌煥然一新。1930年聘請黃文鎔於書院內主持「漢文研究會」，藉此以文會友，勉力維持平時祭典，進而定款立法，以爲後人崇祀之準則。許並撰〈沿革誌〉，目前〈沿革誌〉木碑仍位於正殿左右兩側。

戰後，書院因乏人管理，一度遭居民佔用，院內文物亦遭失殆盡，1981年始由和美鎮公所接管及維修，1985年，內政部指定書院爲2級古蹟。2005年依原貌重修，並增添照牆、半月池、欄杆等原先所無之設施，現已煥然一新。道東書院占地2,500坪，爲一間二進四合院建築物，第一進爲門廳，第二進爲講堂，前埕有半月池及惜字亭，

外是圍牆與照壁，符合書院規制，旁邊尚有一座「敬字亭」，亭高二層。內埕東西兩側有廂房，作為學舍及祭祀廳，後緣兩側有磚砌圓門通往後堂耳房。

另外，門廳也值得一看，前殿面寬三開間，左右兩旁龍虎牆為泥塑，屋頂是硬山燕尾翹脊，裝飾有鰲魚的泥塑造型，有「獨佔鰲頭」之意，正脊中間有一葫蘆，代表福氣，並有鎮煞意味。正殿是講堂，也有祭祀功能，供奉宋儒朱子，當地人稱其為文廟，東廡祀檀越長生祿位，西廡祀福德正神。正殿內有1889年（光緒15年）所置之「梯航絕學」古匾，為前清進士莊俊元所書，壁之左右兩側刻有書院沿革與誌文。正殿圓形木柱與日治時期重修時之彩繪，是書院最值得欣賞之藝術佳作，仍保留1931年重修時之作品。前殿門楣「道東書院」匾，係1925年重修時鹿港書法家王席聘的墨寶，彌足珍貴。正殿內講堂上方還有「師渡慈航」、「會聖之精」等古匾，都是極富歷史價值之文物。

6. 興賢書院：建於1823－1824年（道光3、4年）左右，俗稱文昌帝君廟，迄今已有近190年歷史。期間雖經風雨摧殘，但原貌依舊，曾是當地作育英才之所，為兼具文祠、社學之地方書院。興賢書院前身是「興賢社」，為白沙坑莊恩貢生曾拔萃所創。興建之初，名為文昌帝君廟，至道光中晚期，有粵東名儒邱海講學於此，開班授徒並設月課講學，以教育學子，文風大盛遂改名為興賢書院，書院內現仍供奉邱海牌位。1881年（光緒7年）永靖貢生邱萃英及士紳賴繩武發起重建書院，並由邱萃英擔任山長。1920年，地方人士為延續漢文化，特聘黃溥造至書院傳授漢文，長達17年。1924年，黃與弟子成立「興賢吟社」，迄今仍活躍詩壇。

興賢書院匾上金漆已落，僅剩雙螭木雕窗供人憑弔，正廳內部狹小，內祀有文昌帝君神位，旁有邱海陪祀，供桌後有一古色古香之神轎。原本亟待修護的興賢書院，在921大地震中嚴重受創，正廳頹然

傾倒，磚牆斷裂，屋頂坍塌，文昌帝君塑像倒在瓦礫中，唯書院旁之敬字亭倖存。踏入門檻，書院前紅磚龜裂，大門斑駁露出原木顏色，彷若訴說著歲月的滄桑，而原先繪有文魁圖案，如今亦只剩輪廓，呈現一片敗落景象。

7. 文開書院：1824年（道光4年）興建，1828年（道光8年）竣工，自此成為鹿港文教發祥地。此書院為紀念明末大儒——臺灣文獻初祖沈光文（字文開），故取名為文開書院，亦為清代官方所建之大型書院之一。書院成立後，曾向海內外蒐購經書共計兩萬餘部，30餘萬冊，供士子研讀。同時又延聘名師授課，置獎學金以振興文風，文開書院為繼臺南首府之後，全臺最早的學府之一。

圖6-3　為紀念明末來臺大儒沈光文的鹿港文開書院。

書院周圍70丈，前列3門，門豎石坊，進為前堂，階高3尺，中祀朱子。因書院創建具歷史紀念意義，故特別以同時有功於臺灣文教的寓賢8人配祀。由此進入即為講堂，乃歲考之處，以甬道相通，覆以道捲棚軒，左右夾以兩室是為後堂，乃山長居住之所。書院最盛時有學舍40間，前有客廳後有齋房，規模相當宏敞。書院原有〈鄧傳安

氏新建文開書院記〉，今已不存。日治時期書院曾被迫停辦，改名爲「北白川宮紀念堂」，後因乏人管理，僅剩殘牆頹壁。1975年，書院遭祝融之災而焚燬，原本屬於單簷歇山式建築，不僅外門磚工精細，後廳牆面向內縮入，幾乎成爲前廳的附屬軒，此設計爲全臺獨一無二的建築例子，亦因回祿而化爲斷瓦頹垣，令人不勝感慨。

8. 藍田書院：初建於1831年（道光11年），由南投縣丞朱懋延請地方士紳議建，地址在南投街東的壽康庄，取「樹人無殊種玉」之義而名「藍田書院」，迄今已170餘年歷史，是南投重要古蹟。書院講堂中祀文昌帝君，內祀朱子，旁爲齋舍，兩翼廂房爲諸生肄業之所。清末曾屢遭坍塌之苦，後重修乃復原貌。藍田書院因接受白沙書院補助，具半官方色彩，有時彰化職官亦會前來巡視。日治初，書院右廊曾遭兵災焚燬，後修復，正殿祀文昌帝君，前殿奉至聖先師，旁祀朱子神位。

　　1957年，藍田書院經修繕後，與孔廟、文昌祠、濟化宮合爲一處，爲臺灣省政府指定爲古蹟。1985年11月，內政部指定爲國家3級古蹟。1991年8月，因修復施工，發現久已遺失的〈新建藍田書院副碑（捐題碑）〉以及〈道光丁未年冬月立的重修碑記〉，爲書院之珍貴史料。書院旁有南投縣政府立的大理石碑記，詳述書院之沿革。山門左右題聯：「藍自青出多雋秀，田爲嘉稼慶豐收」，正殿前廳大門亦有對聯：「藍本於青人才可染，田宜乎力孝弟同科」，濃郁書卷味不言可諭。此外，書院之古匾亦爲一大特色，計有道光朝的「天上文衡」、同治年之「文明氣象」及「奏凱崇文」、「丕振斯文」、「瑞氣如珠」等，至今仍保存完整。

9. 登瀛書院：是目前臺灣全島保存最完整的書院之一，其前身是1743年（雍正12年）朝廷爲教化平埔族所設立之「土番社學」，後因漢人子弟求學日多，在1848年（道光28年）草屯當地士紳莊文尉、洪濟純等首倡，集資5,800圓興建，位置在草屯新庄田園之內，取「十八學

圖6-4　目前臺灣保存最完整的書院之一──草屯登瀛書院。

士登瀛州」典故，名爲登瀛書院，迄今亦有160餘年歷史。登瀛書院
和藍田書院一樣，亦接受白沙書院贊助，爲草屯北投堡義學。

　　清代時期，書院內有碧峰社、玉峰社、萃英社三種與士子有關的
結社，三社各有成員和學田。1883年（光緒9年）書院因年久失修，
乃由士子李定邦、林錫爵、簡化成等，募款2,300圓予以修復。1985
年11月，內政部指定爲國家3級古蹟。書院的護牆、照牆與東西廂均
保存完整，比藍田書院規模還大，地方也寬敞許多。由於書院獨立於
稻田之中，規模宏敞堪稱雅致，亦爲全臺現存書院所少見。

　　登瀛書院爲一單進雙護龍的三合院建築，門開在東西兩側，廂壁
上有書卷狀雕飾，古意盎然。前埕外有燕尾翹脊照壁，中間是花圃，
惜字亭設在花圃裡。正殿爲三開間的講堂，屋頂是燕尾脊，剪黏雙龍
護塔的雕飾，美輪美奐。正門前有四足雲龍圖案的御路石，神龕上方
懸有「文運重興」、「學教敦倫」等匾額，「登瀛書院」四個古樸大字
則掛在正門上方。登瀛書院又名文昌祠，奉祀五文昌帝君，右邊供奉
朱子神位，左邊則祀會昌建福大魁夫子神位，神牌聯題：「文運天開

奎璧聯輝昭盛世，昌明聖教璣衡重煥壯雲衢」。門楣及正殿之樑柱，都有鼓勵向學的對聯，正殿和廂房有許多閩南式花紋磚及樑上的構築，別具特色。尤其壁上的萬字形花紋磚和木雕彩繪，更屬少見，把書院之氣氛營造的很好，頗值一看。

10. 磺溪書院：倡建於1887年（光緒13年），完工於1889年（光緒15年），是清末文教建築的傑出作品。磺溪書院由大肚士紳趙順芳所倡建，之所以命名為磺溪，乃因書院緊鄰大肚溪，每當洪水氾濫後，但見巨石泥沙滔滔而下，故取名磺溪。日治初期，日軍近衛師團曾駐紮於此，對建築稍有破壞。臺灣光復後，書院因長期失修，早已殘破不堪，院內古物亦遭偷竊一空。1988年，臺中縣政府開始著手調查修復，完工後雖煥然一新，但與原貌略有出入。

　　磺溪書院為一四合院格局，講堂之前有拜亭，兩側護龍為齋舍，整體結構介於民宅與孔廟間。第一落門廳兩翼山牆向外斜出，正面較寬闊，講堂兩側山牆正中闢有花瓶門，均為民宅難得一見之造型。拜亭築於臺上，臺高60公分，類似孔廟之月臺，只是規模較小。此外，書院屋頂的精緻與華麗極為少見，第一落屋頂的屋簷自中間向兩翼逐次降低，分為五個段落，層次分明的向兩側降低，中央三段則各自為獨立式做法，有六個燕尾，左右兩端為歇山式屋頂。中央屋頂的主脊高出屋面甚遠，另覆蓋小屋頂，留有通風孔隙，形狀的繁複與壯麗，在臺灣建築史上非常特殊。

　　以細部裝飾和磚製言，磺溪書院表現出另一層中國建築細膩之巧，每面窗戶四周，都有趣味盎然的磚刻，講堂兩側的磚柱亦刻有圖案，充滿石雕藝術之美。此外，還有以青、紅磚交砌而成的線腳，工夫精細；尤其講堂兩側的過水基腳，深雕磚刻更是難得之作。書院門口有雕工絕佳之一對石獅子，拜亭上有「雅歌孝友」古匾，與講堂內於1889年（光緒15年）的「經天緯地」古匾，俱為書院之稀有古物，十分珍貴。

圖6-5　建築風格十分特殊的臺中磺溪書院。

　　清領時代，臺灣除眾多傳統書院外，隨著臺灣開港西學東漸，西方傳教士亦在臺灣興學傳教，其中最有成績及影響最大者，莫過於馬偕博士在淡水所創建的理學堂大書院，此書院可說是臺灣西式教育的啓蒙地。

11.理學堂大書院：爲加拿大基督教傳教士馬偕博士於1882年（光緒8年）所建，因經費是來自於加拿大牛津郡的鄉親贊助，故校名特別取

「牛津學堂」（Oxford College）以示感謝及不忘本之意。淡水理學堂大書院是臺灣西式教育之前驅，也是以後淡江中學、臺灣神學院與眞理大學的發源地，因其重要，目前是國定古蹟，座落於淡水眞理大學校園內。

　　牛津學堂是座中西合壁的四合院建築，原有兩進兩護龍，其中一落已拆毀，故現在僅存一正堂兩護龍。屋脊兩側爲中式寶塔裝飾，但門窗卻是西式圓拱造型。正堂屋脊中央是座十字架標誌，而正堂本身爲三開間主屋，左右皆有護龍，門楣有題字「理學堂大書院」，門窗爲西方圓拱式，窗戶上楣還有磚砌的拱形雨坡、紅瓦斜屋頂，屋頂上有三扇老虎窗，屋脊上也有中式寶塔裝飾，屋簷則有西式女兒牆。女兒牆又稱壓簷牆，爲建築物屋頂週邊的矮牆，狀似欄杆，除作爲山牆的裝飾外，也有防止雨水從正面流下的功能。

圖6-6　由馬偕博士所建，位於眞理大學校園內的牛津學堂，是臺灣西式教育的發源地。

四、書院的功能及意義

　　基本上，過去臺灣的書院，有其教育和祭祀之雙重社會功能，若干書院流傳之文化祭典，臺灣一直保存至今，如祭孔、春、秋兩祭和送字紙等儀式，以其有尊崇教育和淨化人心之作用。其中當然以祭孔儀式最為重要，在祭孔典禮中，要陳設音樂，跳八佾舞，並由主祭官敬呈牲酒等品，以表達對孔子的尊敬及尊師重道。漢明帝時，朝廷開始規定各地方學校一定要舉行祭孔典禮，以後即成定制，於是祭孔成了全中國最重要的文化活動，後世因之迄於今。此外，自漢朝起，每年農曆的2、8月，政府官員、士子儒生都會聚集於孔廟祭孔，稱為丁祭。昔時臺灣的書院也會在春、秋二季舉行祭典，祭拜該書院供奉之神明。目前草屯的登瀛書院與南投之藍田書院，都還保有春祭與秋祭之古風。

　　書院除教育功能外，祭祀亦是重要功能，所祭祀者當然都與教育有關的神祇，如至聖先師孔子、宋朝理學大家朱熹、相傳是中國造字聖人的倉頡、以及民間最常拜的文昌帝君等。孔子是中國古代最偉大的教育家，也是書院教育的先驅，所以自然成為諸多書院供奉的神明，如澎湖馬公的文石書院、屏東的屏東書院都以孔子為主神祭拜，後來這些書院都成為當地的孔廟。至於朱子，也是自古士人學子崇奉的大師，朱子不但是宋朝理學大家，他建立白鹿洞書院，也是中國早期書院的代表人物，尤其科舉制度實施後，朱子的《四書章句集注》一書，更成為赴考士子的必讀經典，影響後代科舉考試至為深遠。另一供奉神明是倉頡，倉頡是傳說中黃帝時代的史官，他仰觀天象、俯察萬物，創造象形文字，是中國之造字者，後人尊其為「造字聖人」，文字與教育關係密切，甚至可以說，無文字就無教育，故當然要虔誠祭拜倉頡。

　　然今日臺灣應試考生最常祭拜的，反而是大家耳熟能詳的文昌帝君，每到大考季節，文昌廟一定是考生擁擠，人來人往川流不息，有的是考生自己誠心祈禱；有的是父母代為求願，而且還要準備金榜題名

的吉祥物品，如蔥、菜頭、神明水等等。一般人常誤以為文昌帝君是唐代的韓愈，其實不是，文昌帝君常祭祀者有五尊神祇，包括梓潼帝君、孚佑帝君、文衡帝君、朱衣神君和魁斗星君，在民間五文昌帝君是讀書人祈求功名之神。

梓潼帝君為張亞子，唐朝人，曾居住四川梓潼縣，因對五代十國的後蜀教育有偉大貢獻，死後被尊為梓潼帝君，現在我們一般廟宇所祀奉的文昌帝君就是梓潼帝君。孚佑帝君即傳說中的八

圖6-7　五文昌帝君之一的朱衣神君。

仙呂洞賓，是道教的重要人物。據傳呂洞賓自幼天資聰穎，記憶超人，書讀過目不忘，以其資質當為士子楷模，後人遂將其列為文昌君之一。文衡帝君即三國時代的關羽，關羽不只以其忠義精神流芳百世，其個性亦允文允武，尤喜讀《春秋》、《左傳》，皆能背誦如流，後代儒家尊稱其為關西夫子或文衡帝君。朱衣神君據傳係北宋大儒歐陽修主持科考時，常覺其後有穿紅衣之人指點文章，只要紅衣者點頭之文章，都為出類拔萃之佳篇奇文。故歐陽修言：「文章自古無憑據，惟願朱衣暗點頭」，後世就把這位朱衣神君視為主管考試之神明。魁斗星君又稱魁星爺，北斗七星前四星為魁，後三星為斗，故魁有第一名之意。讀書人應試都希望考第一，成為魁首，所以祭拜魁斗星君。另一說為魁斗星君並無特定人物，但其相貌極醜，有隱含人不可貌相之意。

臺灣書院之創，雖大致起於民間，但官府亦甚重之，不少著名書院之學規，都是由地方官員所親訂，如分巡道劉良璧曾手訂海東書院學規五條：明大義、端學則、務實學、正文體、愼交游。道光年間巡道徐宗幹，更力整學規，提拔人才，入院肄業，每夜必至，以與諸生問難，訓之以保身立志之方，勉之以讀書作文之法，一時諸生競起，互相觀摩，及門之士，多有成材。故書院之制，有清一代，實爲臺灣教育之中心，迄於臺灣割日爲止。日治時代，「公學校」（國民小學）日漸普及，取代原有之書院制，書院也就跟著式微了。

第七章

百工技藝——臺灣的傳統工藝

一、傳統工藝發展回顧

臺灣的民間傳統工藝，可說是臺灣庶民文化的縮影，由於民間傳統工藝之特色，在於樸實無華以實用性著稱，所以舉凡日常生活的居屋住宅、飲食器皿、宗教寺廟等，都是傳統工藝組成的一部分，是以傳統工藝，實足以反映庶民的經濟生產、製作技術、習俗信仰與生活美學等觀念。基本上，除原住民的工藝外，臺灣的傳統工藝，幾乎是源自於閩、粵移民臺灣後所形成的。經過數百年的發展，揉合臺灣鄉土諸多條件需求，產生出自己獨特的工藝文化。

回顧百餘年來臺灣傳統工藝的發展，很明顯的可分為三個階段：從清朝到日治是第一階段，日治中期至戰後的七〇年代為第二階級，七〇年代後迄今，則為第三階段。日治中期以前的臺灣工藝，以傳統漢人傳進之技法為主，變遷相當緩慢。當時臺灣工藝開始利用本地所產的材料，兼以學習若干原住民的手藝，在形制風格上產生演進，例如編織法的改變（竹編中三角孔的編法、螺捲形的編法等）、原料的廣泛運用，以及天然染料的應用等，都是漢人在與原住民相互學習過程中，擴大臺灣本土質材的運用；而原住民的工藝技術加入漢文化元素後，亦演變成另一種臺灣特有的文化。此外，荷西等國雖然統治臺灣的時間不長，但其對臺灣的工藝發展也有些許的影響，如鹿皮的皮革使用等。總之，經過多元文化的薰陶，臺灣傳統工藝的特色以及主體性也正慢慢醞釀形成中。

日治時期，因近代工業技術的突飛猛進，工藝於此階段，逐漸轉型到工業化，電力的使用，改變了工藝技巧及生產體系，一些產業走向合作社、公司的組合，甚至與國際市場接軌，且此時工藝生產也產生多元交融的現象，比如漆器的製造，就有來自日本以及大陸福州的兩個系統，在臺灣兼容並存。上世紀的二〇年代，是臺灣傳統工藝發展的高峰，從日本引進的西洋技法，以及從大陸禮聘而來的匠師，都對臺灣藝

匠使用的工法、工料、設計以及形制產生不小的影響。日治中期以後，現代科技的快速進步，將臺灣工藝帶往工業化的道路邁進，工藝產業也受到新的材料、生產方式和行銷與管理等方面的衝擊。以大甲帽蓆為例，此時編織的材質，不只使用到「大甲草」等天然原料，也逐漸加入紙類以及化學纖維等多元材質；並透過在日本的商社行銷到世界各地，此亦奠定臺灣以後中小企業行銷全球的基礎。

五〇年代國府遷臺後，原本揉合異國文化原素的臺灣工藝，因國府帶來大陸的傳統工藝傳統，而與臺灣的工藝形成落差，很多工藝產業被迫停止生產。且因五〇年代的臺灣，是個物資貧乏人民窮困的年代，政府屬行節約政策，嚴禁鋪張浪費，致使此期臺灣工藝的發展，呈現質與量均大幅滑落的現象。不僅如此，工藝發展的方向也出現斷層的現象，比如金屬加工廠，在臺灣當時還無此技術下，即大量生產銅、鋁器工藝品，一昧追求仿古時尚，成為一種文化之斷裂。如「景泰藍」與唐三彩，雖然雕工細琢，藝術價值高，但因無法與臺灣人民的生活連結在一起，致使臺灣工藝發展，留下一段遺憾的「空窗期」。

七〇年代始，因退出聯合國與國際孤立的打擊，臺灣內部出現一股尋根的本土運動。1982年，文建會制定〈文化資產保存法〉，積極重新找回失落的傳統技藝，加上現代化過程中對文化設計的概念，才有今日臺灣工藝發展的面貌。基本上，在臺灣工藝發展的進程中，那些與民間信仰、歲時、地方節慶、民俗生活等連結較強的工藝，比較不容易改變和淘汰。目前臺灣保存較好的傳統工藝，與寺廟、家具、染織及陶瓷等較有直接關係。

寺廟可被視為一座精彩畫廊，裡頭充滿著彩繪、匾聯、泥塑、交趾陶、剪黏、石雕、木雕、鑿花、磚作、祭具、燈籠等工藝品，是臺灣工藝發展數量最可觀的一部分。家具為日常生活的必備東西，傳統工藝精製的案桌、櫥櫃等，因作工精細雕飾精美，市場需求仍大。此外，如染織工藝，因可直接變成身上穿戴的衣飾，亦深受大眾歡迎和喜愛。至於

陶瓷器，一直也都是市場的主力產品，欣賞、收藏、贈禮皆相宜，因可直接用於生活上，是臺灣發展較好、較有特色的工藝。

展望未來，臺灣傳統工藝欲更上一層樓，勢必要往「文化創意產業」的方向發展，意即在堅守傳統技藝手法時，也要加入新元素、要有創意。換言之，在走向科技化的時代，傳統工藝要懂得利用科技的方式來詮釋，塑造出臺灣工藝特有的魅力。而所謂臺灣工藝的魅力，就在於那些大陸已經消失，但臺灣依舊保存不輟的好東西；比如門神彩繪、漆器、交趾陶、琉璃等等。這種魅力是「溫柔敦厚」、也可能是工藝創作的題材，或是相當獨具臺灣地方特色的「特殊性」，它是臺灣傳統工藝文化、工藝生命力的展現。

二、原住民的工藝

「工藝」是源自於人類生活上的實際需求，故有人類以來，即有各種工藝不斷的發明，世界上各個族群都有屬於自己的工藝文化，這也顯示每個族群的宗教信仰、經濟基礎與生活習俗和自然環境等狀況。是以工藝頗能代表族群的文化內涵，是非常重要的文化資產。早在漢移民未來臺灣以前，臺灣島上世居的原住民，已擁有自己特殊的文化特色與工藝風格，他們在織布、陶藝、木雕、竹編等生活用具或禮俗祭儀上，均各有擅長，且原住民工藝都是自給自足的家庭手工藝，其實用價值是百分之百絕對的。

基本上，以工藝分類來看，排灣、魯凱、達悟、布農、阿美等族，較長於捏陶；排灣、魯凱、卑南的木雕很精緻；泰雅、賽夏、排灣的傳統織布非常有名。此外，泰雅和排灣、魯凱更勝於綴珠藝術，其中排灣族的琉璃珠，更是琉璃藝術的一種，排灣族人將琉璃珠視為身分地位的象徵，具有趨吉避凶的作用，製作簡單紋飾色澤多采亮麗，甚是美觀大方。這些工藝不但是族人的經濟來源，供日常生活所需，更與其宗教信仰等儀式有密切的關係。

圖7-1　排灣族的衣飾色彩亮麗美觀。

　　另外，原住民也是臺灣的雕刻高手，臺灣原住民各族，不管是平埔族或高山族，都有其雕刻工藝。平埔族人喜歡在其房屋的門檻或樑柱上，雕刻各種人物及幾何圖紋作為裝飾，此即所謂的門柱木雕。另外，平埔族的木板雕刻多以陰刻為主，但亦有浮雕者，陰刻之人物均為半形式化，且戴有各種飾物，如耳飾、頸飾等。平埔族木雕類型似屬於平面者，其與排灣族之立體雕刻風格大異其趣，富有太平洋木雕藝術之色彩。

平埔族除家屬雕刻外，在器用上亦施以雕刻，如製陶的拍紋板、木盒、針線板、木杯、竹杯、竹筒、飾物等等，均刻有幾何圖紋或寫實的花紋。平埔族中噶瑪蘭人的木雕造詣也頗高，噶瑪蘭族的木雕刻劃，主要以人物、動植物的圖像爲主，除皿、匙、盤外，皆爲平板浮雕，並以陰刻爲主要技法。不僅如此，噶瑪蘭族的木雕在平埔諸族中，算是保存較多的，且自成一體。在風格上，它具有亞太地區木雕的特色，在內容上，反映出噶瑪蘭人追求美滿生活和光輝生命的象徵意義。

而在臺灣南部、東部的排灣、魯凱、卑南及蘭嶼的達悟等族，都有浮雕及立體雕刻，尤其排灣族的雕刻藝術，已有相當高度的發展，排灣族的木雕擁有豐富強烈的民族特色，給人一種粗獷，豪邁質樸的感覺。樸拙的人像雕刻，承襲族群悠久的原始藝術，木雕多爲在平面上將立體形態表現出來，具有繪畫特性，且運用於屋頂的樑柱上，也實用於日常生活器具，如木皿、穀筒、織布機、連杯、木盾、梳子等。其木雕藝術所表現的主題，以神話傳說、狩獵生活、祖靈崇拜爲主，是以排灣族木雕內容，以人像、人頭、蛇紋、野豬、鹿紋、人蛇同形、重圓紋、太陽紋、人體生殖器官等紋樣居多。

至於北、中部諸族，對雕刻比較不重視，只有若干線刻與凹刻，僅在裝飾物、樂器、武器或煙管上刻有簡單的幾何圖紋。且其紋飾雕刻藝術性亦不高，產品也不多，不若南部諸族在雕刻藝術上之傑出表現。南部諸族之雕刻，是屬於象徵的，乃至寫實的雕刻藝術，雕刻種類有凹刻、浮雕、透雕與立體雕刻等，而雕刻的器物範圍廣且多，尤以排灣族爲盛。其器物種類有築物、傢俱、用具、武器、宗教器物以及玩賞雕物等。雕刻物以材料來分，以木雕爲主，兼及石雕、骨雕、竹雕、貝雕和角雕等，排灣族的雕刻物最多，其代表雕刻有門楣、木桶、祖先柱的浮雕和飲食器具。飾物用具的透雕或立體雕刻，如連杯、煙管以及祖先像與木偶等爲全雕，最常見的雕像爲人首與雙蛇，其次爲裸身人像、動物及蛇紋、菱紋等。至於魯凱族的雕刻藝術與排灣族差不多，唯種類較

少，卑南族則較簡化，阿美族的雕刻多為器物飾雕，少有板柱、浮雕等。位於蘭嶼的達悟族最著名的是漁船雕刻，另匕首的浮雕也很漂亮，器物飾雕與玩偶皆甚精緻。

　　一般說來，臺灣原住民的雕刻，較具有原始藝術的特色，沒有虛偽造作，造型真摯而坦率，並具有巫術等神秘氣氛。尤其排灣、魯凱等族的雕刻藝術，其造型與太平洋地區和中國古代的藝術有諸多相通之處，這些特色包括蹲踞人像、相疊人像、正反相對人像、人頭蛇身人像、肢體相連人像等。所以，排灣族的木雕風格與太平洋、美洲與中國大陸古代文化，也許有親緣的關係，此更凸顯出臺灣原住民藝術在學術上的重要性。

圖7-2　原住民的木雕作品，造型簡單質樸大方。

　　在臺灣原住民中，賽夏族與泰雅族則以編織技藝精湛為人所稱讚，原住民之編織技藝向來是臺灣傳統工藝文化中最具特色的一環。原住民的編織工藝可分為女子的織布和男子的編器兩部分，依泰雅族的習俗，女子以學會紡織為成人的必要條件，如果織布技術超群者，還有特權在胸、手、足、額刺以特定花紋，以示榮耀的象徵，成為青年勇士競逐的

對象。傳統上，賽夏族和泰雅族的織布以苧麻為材料，經過一連串繁複手續後，使其變白成為織布用的線。他們織布的工具，是種有背帶置於織者背部以拉直經線的移動式水平編織，稱為腰式水平織機，織者坐於地，腳頂機身，布頭綁在腰間，織機雖簡陋，但織出之成品卻細緻而美觀。一般原住民的紡織技法有「平織法」、「斜紋織法」和「夾織法」三種，賽夏與泰雅擅長夾織法，他們於編織過程中，以白色麻線為經線，插入有色線為緯線，夾織出三角形紋、菱形紋、方格紋、Z形紋、幾何形紋等多種圖形變化，布的顏色以紅、白、黑為主，通常白色為底色，紅色構成衣服圖案、紋飾的元素，黑色則用來搭配或襯托，製品除傳統服飾、被單、披肩外，也開發出一些實用小飾物，價格不貴，深受大家的喜愛。

除女子織布外，賽夏族男子的編織竹器亦是一絕，因此竹籐編織技藝，對賽夏族的男人言，可說是一項基本的生活技能。賽夏族竹籐編織手法有三角編、方格編、斜紋編，以及難度較高的單螺旋捲編法。使用材料有桂竹、黃籐、柳葉、月桃等，編織器具有背簍、魚籠、煙草袋、籐帽等，都是非常實用的日常器具。其中最值得一提的是，矮靈祭時使用的臀鈴，臀鈴是種矮靈祭時使用的領舞樂器，上半部呈三角形狀的竹或籐類編織品，下半部則是綴飾的部分，編織過程結合了竹編與籐編兩種技術，為賽夏族最富特色的編織工藝品。總之，編織工藝是原住民婦女主要的家庭副業，原住民婦女以其巧藝，編織些實用的小物件，如手機袋、零錢包等，不僅為傳統技藝賦與新生命，也為部落的經濟發展，帶來不無小補的助益。

相較臺灣其他原住民，魯凱族的「石板」工藝特別令人讚歎！石板對魯凱族而言，不但是主要的建材，更是創作的素材。上天賜給魯凱族的石板，除可做石屋、石桌、石椅外，石雕更是魯凱族人的一項傲人藝術。為了表示對祖先懷抱的崇敬之意，他們的石雕常以人物和百步蛇的圖騰為主，再搭配著線條簡單的幾何圖形，構成相當具有族群特色的

雕刻藝術。在刀工藝術上，花蓮秀林鄉的銅門番刀也是值得介紹，「番刀」象徵原住民的社會地位，更是原住民不可或缺的生活工具。銅門番刀除鋒利耐用外，主要以特殊外型取勝，其刀鞘設計爲單面結構，刀鞘以一片木頭構成，另一邊則鏤空，其間以鐵絲或小鐵條牢牢釘住；握柄處則以銅線纏繞，握起來既舒適，又有防滑防潮的功能，既創意又美觀，頗能展現原住民的藝術風格，深受泰雅族人及登山客的喜愛。銅門番刀不僅是原住民的好幫手，其優美威猛的造型，近年來更成爲愛刀人的收藏品，即便在機械鋼刀流行的今天，銅門番刀仍有其市場，默默傳承著原住民這項古老的技藝。

三、傳統工藝簡介

臺灣傳統工藝，是明清時期閩粵移民帶進來的，其工藝形式基本上沿襲自中國，但久而久之也漸漸有了臺灣自己的地方特色。臺灣傳統民間工藝短小精緻，很少矯揉造作，且沒有嚴格的傳承或規範約束，常隨時代而更新，故工藝產品創新多變化。以廟宇爲例，除傳統吉祥的龍鳳、麒麟外，臺灣人還會加上香蕉、鳳梨、魚蟹等，甚至洋人也可入圖案，此充分說明移民冒險渡海來臺，塑造臺灣人自由融合的自由精神。臺灣傳統工藝包羅萬象技巧高超，各項工藝成品匠心獨運別具一格，舉凡剪黏、陶瓷器、交阯陶、木雕、編織等工藝，都創意十足，擁有自己的特色，且運用層面廣，不論在宗教文化或藝術品及生活器具等方面，均有非常重要之影響力，茲列舉12項工藝爲例，大致說明臺灣的傳統工藝及其特色：

1. 剪黏

又稱「剪花」，原本只是交阯陶的代替品，約於清朝中葉傳入臺灣。剪黏的「剪」，是指把陶碗、玻璃剜成適當大小，師傅可以先在工作室完成，而「黏」則包括可與剪同時完成的小型塑像，或到現場直接貼上廟宇泥塑圖案者，如果製程中有遇到人物的造型，其臉部會特地用

陶土塑形燒製完成。五彩繽
紛的剪黏是傳統廟宇屋頂最
耀眼的裝飾，原本素樸簡單
的屋脊，有了剪黏裝飾後，
立即顯得活潑生動金碧輝
煌。

圖7-3　剪黏是廟宇屋頂最耀眼的裝飾。

剪黏的做法是匠師先以
灰泥塑造物件之雛型，然後
將陶瓷片或玻璃作適當之剪裁，貼黏其上，即構成一幅藝術作品。這
是一種結合泥塑、鑲嵌、剪裁、彩繪等多項技藝的藝術，常用於傳統廟
宇的屋頂或樑柱；或民宅古蹟之窗櫺等處。此外，剪黏也常用來模仿製
作複雜的交趾陶效果，以較為便捷的工藝製作出色的藝術作品。現在廟
宇工程都由建商包辦，灌模製成的成本低效率高，許多剪黏師因沒頭路
而紛紛轉行，使得剪黏技藝逐漸失傳。我們應該要好好保留此項工藝，
否則以後臺灣廟宇的造型都規格裝潢一致，再也沒有自己的風格與特色
了。

2. 交趾陶

屬於低溫彩釉軟陶的交趾陶，源自於唐三彩，為南方系的多彩陶
器，自唐、宋以來即一直流行於中國南方。明、清時代的交趾陶釉彩，
因受西洋琺瑯質彩的影響，從三彩、五彩發展到今天所見釉彩瑰麗的多
彩交趾陶。交趾陶係融合塑造、燒陶、繪畫於一體的藝術，由於顏色、
質感與泥塑相近，故常被誤以為是泥塑作品。交趾陶製作過程繁複，包
括選土、配土、造型、素燒、上釉與釉燒等步驟，一點都馬虎不得。它
是以低溫燒製而成的一種彩釉軟陶，具有唐三彩的氣質，而顏色古雅、
線條質樸更是其特色。然也因低溫燒陶，並加鉛為助熔劑，故質地鬆脆
不利保存，及表面有鉛毒為其缺點。

交趾陶是臺灣傳統建築中最常見之民間工藝，因為它有豐富的色

彩變化，內容常為吉祥福慶、神話傳說、民間傳奇或歷史故事，常用於寺廟或傳統民宅裝飾，以作為祈福教化之用。交趾陶做法以雕塑為主，較常使用手捏成形與壓胚成形法。手捏成形的基本技法是以泥塑的捏、塑、堆、貼、刻、劃等六種技法交相運用，常見於寺廟裝飾用之半雕作品；至於壓胚成形則常用於限量生產的立體工藝品。

　　清朝，源自廣東嶺南的交趾陶隨移民將其技法傳至臺灣，在臺灣的廟宇建築大放異彩。交趾陶之創作題材以人物為中心，輔以其他動植物搭配題材，即可設計成精緻的故事作品。交趾陶多設置於寺廟之牆堵、屋脊、山牆或照壁上，以華麗小件作品居多。臺灣的交趾陶製作以嘉義最負盛名，嘉義是臺灣交趾陶工藝的勝地，清末，出身嘉義的交趾陶大師人稱「葉王」的葉麟趾，堪稱一代名匠，他是臺灣交趾陶的第一人，被後輩尊稱為祖師爺。其交趾陶作品曾於法國世界博覽會展出，讓各國參訪者驚豔不已，譽交趾陶為臺灣絕技，從此嘉義成為臺灣交趾陶的故鄉，日本人甚至將臺灣的交趾陶稱為「嘉義燒」。目前臺南佳里的震興宮及學甲的慈濟宮，還保存「葉王」作品百餘件，成為鎮宮之寶。近年來，因建築風格改變，使得交趾陶幾乎從傳統建築中消失，並淪為剪黏工藝的一部分，然也因此才得以延續至今。幸交趾陶在本土意識高漲的今天，又逐漸受到重視，在一些傳統藝師努力下，賦予現代美學觀念和造型趨向實際，使這項快要失傳的民間工藝，又重新復甦且有發揚光大的跡象。

3. 陶瓷

　　論臺灣當今最有名之傳統工藝，當屬陶瓷了，尤其是鶯歌陶瓷更是名聞遐邇享譽中外。陶瓷之製作是先把陶土加水和成漿，然後再注漿入模做成形體，等它乾後經窯重新燒製而成。有些作品會施釉、著色彩飾。陶瓷用途甚廣種類繁多，有建築陶瓷、藝術陶瓷、衛生陶瓷、工業用陶瓷和日用生活陶瓷等等。臺灣陶瓷重鎮除鶯歌外，新竹、苗栗、南投等地，也都是頗負盛名的陶瓷工藝地區。

圖7-4　有「臺灣景德鎮」之稱的鶯歌陶瓷。

鶯歌陶瓷之所以有名，與該地適合燒陶的土壤有關，鶯歌位於新北市與桃園交界的大漢溪畔，地層中蘊藏豐富適合燒陶的黑褐黏土，因此早在清嘉慶年間，已有來自福建的吳岸、吳糖、吳增等人，以手拉坯和蛇窯柴燒在鶯歌的尖山附近燒陶，製造瓦缸、磚、碗盤等粗陶，從此開啟了鶯歌2百餘年的燒窯歷史。

日治末期，臺灣逐漸工業化，鶯歌陶瓷業者也開始採用機械化和專業化的生產方式；1939年更從日本引進「四方窯」，方正形的四方窯以煤炭為燃料，升溫容易，溫度分布較均勻，不僅提高鶯歌陶瓷的品質與效率，更讓鶯歌窯業走向現代化的里程碑。光復後，鶯歌因鄰近人口稠密的臺北都會區，縱貫鐵路交通運輸亦便捷，使得鶯歌陶瓷業者獲得迅速發展的機會，一躍成為臺灣最主要的陶瓷重鎮。上世紀六〇年代起，鶯歌陶瓷業者又引進瓦斯為燃料的梭窯；及可達100公尺的快速隧道窯，帶動鶯歌陶瓷業者更進一步發展。以瓦斯為燃料的「梭窯」，溫度平均、品質穩定、產品精美，使鶯歌原本以生產生活陶瓷，擴大生產至

衛浴、建築陶瓷，其後又進一步以仿古藝術陶瓷及工業陶瓷，無論質與量，稱霸臺灣陶瓷界，有「臺灣景德鎮」之稱，其產品廣受歐美、日本等國的重視。

在鶯歌窯業走向工業化生產的同時，窯場本身也開始自我轉型，許多窯場朝向附加價值更高的裝飾藝術發展，像創立於1972年的「市拿陶藝」，以仿故宮典藏明清時代官窯為主要產品，不僅贏得「現代官窯」的封號，更帶動鶯歌製陶的精緻化。近年來強調品味和個人風格的許多陶藝家紛紛進駐鶯歌，他們以工作室的型式，發展精緻的鶯歌陶藝文化，除提升鶯歌特有的陶瓷水準外，也以文化創意產業，帶動鶯歌的經濟發展。

鶯歌的尖山埔路，是一條擁有2百多年歷史的老街，它也是鶯歌最古老的陶瓷街。從日治時期迄今，尖山埔路一直是鶯歌陶瓷文化的代名詞，舉凡賣生活陶瓷、藝術陶瓷或裝飾陶瓷的陶藝館，櫛比鱗次的林立於老街的兩旁。近年來老街更力求轉型，除展示陶瓷製作的陶藝生活館外，更多的是陶瓷藝術家的個人工作室、街頭表演區以及咖啡廣場等，尖山埔路儼然已成為一條融合傳統陶藝和歐式浪漫風格的現代陶瓷藝術街。

4.燒窯

臺灣窯爐種類形式繁多，有蛇窯、包仔窯、登窯、四方窯、八卦窯等古窯，其中苗栗幾乎保留臺灣所有傳統的古窯，使苗栗成為臺灣窯的大本營，名副其實「窯的故鄉」。蛇窯是因長條型的窯身而得名，它是屬於直焰式窯爐，窯內不設隔間，窯身可長達百餘公尺，由於蛇窯具有結構簡單、建築費用低廉、燒窯燃料省等特點，所以從清代傳入臺灣後，蛇窯就成為臺灣最普遍的窯種，以前幾乎遍及全臺，主要用在燒製陶器。苗栗竹南蛇窯可說是臺灣目前最具代表性的傳統蛇窯，該窯興建於1972年，是陶師林添福參照中國古龍窯改建而成，期間曾一度因窯業蕭條而關閉，直到1994年，社會又開始對「柴燒」有興趣，林添福藉

「重燒古窯柴燒」再重新出發，讓沉寂多年的蛇窯，再現往日風華。林添福以生產精緻手工民俗工藝陶爲主，作品渾厚自然，深受中外收藏家喜愛。林添福兒子林瑞華更是青出於藍，在幾十年的研究改良下，除保留傳統風格外，更融入現代窯爐優點的化十窯，以不同溫度的柴爐燒出瓜皮、流水、流瀑、冰裂等技巧高超，予人不同感覺的作品，將柴燒窯帶入一個嶄新的境界。

除了竹南，公館也是苗栗另一個陶藝重鎮，公館的陶土含有豐富鐵質，適合燒製如大水缸、甕、缽、茶具、花盆等日用陶器，公館陶曾是公賣局酒甕的主要供應地，在臺灣對外貿易起飛的年代，隨著國外「裝飾陶瓷」的風行，公館地區的陶瓷業者紛紛轉爲外銷爲主的生產形態，爲臺灣賺取可觀的外匯，也開啓了公館陶瓷業的黃金時期。苗栗還有頗具特色的西湖金龍窯，它是由人稱「福州師」的燒陶大師李依五由福州來臺傳藝，後代子孫即在苗栗成立了金龍窯，主要生產爲水缸、花器、生活陶等器具。金龍窯是臺灣少數仍沿襲傳統福州式製陶技藝的窯廠，全部都是以手工拉坯、擠坯和拍打法製陶，品質極佳，甚受好評。近年來，金龍窯也在傳統柴窯燒陶的基礎上，融入現代陶藝技法與觀念，跳脫傳統生活陶器的窠臼，嘗試結合傳統柴燒陶的自然美感與現代造形的現代陶藝，已取得相當不錯的成果。

此外，苗栗亦是臺灣登窯的原鄉，登窯是由幾個長方形窯室連續排列而成，故有「目仔窯」或「坎仔窯」之稱。登窯一般是依山而建，窯體係由燃燒室、窯室、素燒室和煙囪四部分結構形成，因窯室是分開的，故裝窯與燒窯可同時進行。登窯以燒製陶器和磚瓦爲主，位於大安溪畔火炎山麓的華陶窯，是臺灣傳統柴燒登窯的代表。經過長時間的高溫淬煉，相思木落灰在陶器的表面，烙印出金黃珠沙的天然色澤與紋路，加上苗栗陶土特有的粗獷質感，使華陶窯作品不論花器、茶器或食器，都散發出厚實、溫潤的鄉土味，以及來自土地無窮的生命力。

提到蛇窯除苗栗外，南投水里蛇窯也十分有名。水里蛇窯創立於

1927年，南投製陶師傅林江松有鑒於水里地區燃料取得方便，且陶土質佳，於是舉家遷徙水里，砌築窯爐生產陶器至今。水里蛇窯是目前臺灣現存最長，也是南投陶最具代表性的傳統柴燒窯。蛇窯屬於直焰式窯爐，窯內不設隔間，窯身可長達百餘公尺，遠望有如一尾長蛇，故一般習慣稱為「蛇窯」。水里蛇窯早期以生產家庭日用陶器為主，所生產的大水缸更是堪稱一絕。水里蛇窯從1982年以後，開始轉型為文化教育的角色，使蛇窯得以全新的風貌重生。1993年底，又正式成立了臺灣第一座水里蛇窯陶藝文化園區，透過古窯觀光、陶藝教學及DIY手工自製陶藝，讓古窯新生。

南投除了水里蛇窯有名於時外，南投本身的南投陶也頗負盛名，南投陶創立於清嘉慶年間，是利用牛運堀的黏土燒製磚瓦和日常生活陶器。其後因需求量多，至咸豐年間，南投窯業已相當發達，不僅頗具規模，且能充分供應南投地區日常生活所需的陶器。日治時期，從日本聘來製陶藝師教導，更讓南投陶器往精緻路線發展，當時南投陶不僅改進燒窯煉土設備，生產機器化外，主要是銷售量大增，享譽海內外，其中以集集、水里等地為生產重鎮，而產品也從以往的生活陶器，轉化為甕缸、花瓶、磚瓦為主。現今南投窯業，以觀光休閒和個人工作室的陶藝創作為發展方向，配合社區營造已取得不錯的成績，形成一股新的陶藝文化。

5. 製錫

錫是人類最早使用的金屬之一，中國早在商周時代即開始用錫，由於錫是一種具有銀灰月光般的光澤，質地堅韌且價格低廉，所以常作為民間日用品或祭祀用具，如天公爐、公媽爐、神明爐、神燈、斗燈、祝壺、祝杯、錫盤、燭臺等。臺灣的錫器工藝是清朝隨著移民，從閩、粵傳進來，是以早期臺灣南部臺南、嘉義、鹿港等地，都有所謂的「打錫街」，因為製錫全憑手工，故稱之為打錫，可見其時製錫工藝之興旺。打錫多以石模、銅模或鐵模灌注胎體，經過冷鍛、針花、雕錫等方法塑

型。錫器模型完成後，還需冷鍛及焊接組合，有些宗教用的錫器，還要用不反光的粉漆並貼金箔，以示吉祥之意。

臺灣民間宗教盛行，全省各地廟宇眾多，祭祀法器需求量高，如此為製錫工業提供了廣大市場，其中製錫業以鹿港最出名，可能也是鹿港寺廟多之因素使然。當時鹿港寺廟林立，法會所要用的天公爐、燭臺、祝杯、錫盤等需求供不應求，因此從事錫製商家，如雨後春筍般接二連三的成立。清朝時代鹿港的車路口，是臺灣錫器的集散地，生意最旺時有錫舖6、70家之多，其中的順元興、合春、再興、協春等商號，都是遠近聞名的大錫舖。日治後期的皇民化時期，因日本人嚴格限制臺灣的民間信仰，鹿港錫業因時代環境使然，才逐漸走向沒落。

6.刀具

說到臺灣的金工工藝，刀具是頗具代表性的傳統技藝，臺灣刀具之所以有名，因為它都是純手工打造的，最有長久歷史的即屬士林名刀。士林名刀又叫八芝蘭刀，早在1870年（同治9年）由郭合創立，已是百年老店。士林名刀是以白鐵包鋼，刀身如竹葉形，刀柄以牛角包銅片，狀如茄子形，造型特殊，被稱為「茄柄竹葉刀」。士林名刀鋒利無比，耐磨耐用，刀刃可折收，攜帶方便，其牛角包銅片的手柄，觸感細緻，拿握順手，用於剝竹筍、採檳榔、剃豬毛、補漁網、園藝插花等都十分便捷。日治時代，士林名刀即已獲獎無數，唯在全自動化製刀的年代，風光一時的盛況已不再，目前只剩郭合後代所開的「郭合記」與郭合徒弟後代所經營的「士林名刀」兩家店，依然堅持手工打造，但已改良用鎢鋼取代白鐵，加強刀子的韌性及強度，且不易生鏽。此外，後來居上的金門鋼刀也很有特色，利用兩岸互相砲擊年代，大量砲彈的金屬品，磨製成鋒利之鋼刀，銷售自用兩相宜，這恐怕是當年兩岸劍拔弩張所預想不到的吧！

7.玻璃

臺灣曾是玻璃產業王國，曾經是世界耶誕節燈泡輸出的最大供應

國，玻璃產業為臺灣的經濟發展，立下不少的汗馬功勞。說到臺灣的玻璃工藝，令人馬上想到「新竹玻璃」，因為新竹地區蘊藏豐富天然氣，以及燒製玻璃的矽砂原料，在日治時代全力扶植下，新竹已是臺灣玻璃產業的重鎮。由於玻璃可塑性強、透光性佳、質地堅硬又價格低廉，為民生不可缺少的必需品；兼以其晶瑩剔透的質感，更具工藝之巧及藝術之美。

臺灣玻璃產業曾一度因人力短缺和原料枯竭而不振，所幸近年來，臺灣玻璃工藝更上一層樓，即往琉璃藝術發展，許多藝術家也紛紛投入琉璃藝術的創作，其中以金馬影后楊惠姍和張毅導演夫妻檔合作的琉璃工坊最為有名，1987年，「琉璃工坊」成立，他們希望透過新的創作媒材，重新展開藝術創作之路，渴望以中國傳統琉璃之美，在現代巧思融入創意下，讓琉球藝術發揚光大。至於選擇「琉璃」作為創作對象，是希望經由琉璃創作過程，來傳遞傳統工藝之美，及其對歷史文化的豐厚內涵。經過他們鍥而不捨的努力創新，終於將琉璃藝術提升到一個更高的境界，也開啟了華人世界琉璃藝術的新世界。

琉園為王俠軍所成立之工作室，與琉璃工坊一樣，都是採用琉璃脫蠟鑄造的工藝方法創作，鑄品精緻、紋

圖7-5　臺灣的「吹玻璃」技藝名聞遐邇。

飾清晰、工藝靈活，可以製成相當複雜的藝術造型，使臺灣在水晶玻璃藝術的成就，爲中外各界所推崇。另外，琉園爲進一步推廣琉璃藝術，1999年還成立了「琉園水晶博物館」，以水晶玻璃爲主題，收藏來自世界各地優秀藝術家們的個人作品，也將臺灣水晶玻璃「脫蠟鑄造法」的技法呈現世人面前，而現場開放式的吹製工作室更是館內一大特色。除展示功能外，該博物館還兼具收藏、展覽、教學、資訊、演講、活動各種功能，可說是一綜合性的玻璃藝術館。

8.編織

臺灣的編織工藝以竹編、草編最爲出色有名，草編源自於平埔族道卡斯族的藺草編織，清代的大甲、苑裡、通霄等地婦女都會這項手藝。日治時期苑裡婦人洪鴦創新藺草編織，使用創新方法編織的草蓆、草帽大賣全臺，使大甲成爲臺灣編織工藝最負盛名的地方。編織材料大都以天然纖維爲主，如蒲葵、稻草、藺草、月桃等，流程包括編製、紮扣、縫拼、纏繞、分割、染繪等步驟。

除大甲外，南投竹山也是臺灣編織工藝的另一重鎮，竹山因竹林甚多盛產竹子，早在日治時期，總督府即在竹山成立「竹材工藝傳習

圖7-6　苑裡的藺草編織曾是臺灣一絕。

所」，有計劃的促進竹山地區的竹編工藝，初期均以編織些實用品為主，後期逐漸走向精緻藝術化。光復後，竹山因原料取得容易，價格又便宜，故竹編業仍歷久不衰。上世紀六〇年代，政府為獎勵地方產業，及培育竹藝人才，特別成立了「竹山加工區」，輔導出口貿易及加工技術，成功的為臺灣的竹編製品，打開海外市場，產品外銷至香港、日本、東南亞、歐美等地，在六、七〇年代，形成另一波黃金時期，竹山也因此成為臺灣最大的竹器生產區。目前竹山的竹編工藝，已成功轉型由日用器具轉為精緻藝術品，將竹山製之成品口碑，推廣至國內外。

9. 木雕

　　說到木雕，大家就會想到有「木雕城」稱呼的木雕故鄉，苗栗三義小鎮。三義是個小山城，因擁有質地極佳的樟樹原始林，樟樹砍伐留下之樹根，只要稍加磨平、磨光再上漆，即成為讓人愛不釋手的木雕藝品。三義木雕興起於日治時代，鄉民吳進寶與日本人江崎合夥成立的「東達物產實業株式會社」，從事天然奇木的雕刻加工業，大量生產珍奇異木的外銷出售，從而開啟三義木雕的黃金歲月，最盛時，經營木雕藝品的商家超過千家以上。經過幾代人的努力，終於使三義打響了名號，也成為臺灣木雕的代名詞。

　　早期三義木雕以刻神像為主，近年來則轉型以藝術品為中心，純木雕藝術品深受大家歡迎，是以有個人風格的藝術品更是銷售奇佳，各個藝術家進駐三義，個人工作室沿著水美街直至神雕村，不僅形成一條木雕街，更打造成一木雕專業區。現在的三義木雕博物館即座落於神雕村，博物館典藏許多臺灣當代木雕名家的作品。神雕村不但風景優美，其藝術氣息濃厚，更是吸引無數遊客瀏覽參訪的好去處。

　　此外，面對大陸的低價惡性競爭，地方政府與木雕業者，為進一步帶動地方觀光產業，發揮地方藝術文化特色，將原本行之有年的「木雕嘉年華」活動，擴大舉辦為「木雕藝術節」，想不到獲得廣大群眾熱烈的迴響。為此，主辦單位乘勝追擊，於1997年和2000年，又接連辦了

「國際木雕藝術節」和「三義千禧木雕藝術節」；後亦接著有「2001臺灣三義木雕藝術節」、「2002臺灣三義木雕藝術節」等活動，將三義木雕的聲名炒到最高點。如今三義木雕節已被交通部觀光局列為臺灣12大節慶活動的5月份代表慶典，也是喜愛木雕藝術者不可錯過的盛會，更是三義人引以為傲的年度盛事。

臺灣另一與三義齊名的木雕小鎮為鹿港，鹿港木雕之所以有名，是因為其技術傳承自泉州派的「唐山」古風，刀法細膩、講究傳統；一般雕刻採取繁複鏤刻之精雕法，神態靈活細膩，古意盎然。鹿港木雕歷經百餘年發展，鎮內各種木雕店林立，唯鹿港木雕與三義不同處是，鹿港因為「三步一小廟，五步一大廟」，故木雕多以神桌、神像、神轎與佛具和日常生活品居多。鹿港木雕業多為家傳事業，嚴格遵守師徒傳承制，因此有許多百年老店，鹿港的木雕在建築構件裝飾、神像雕刻與神轎製作，都有相當高的水準表現。

10.彩繪

臺灣是個民間信仰相當興盛的地方，全省各鄉鎮廟宇林立，而廟宇的美觀裝潢與傳統彩繪的好壞有非常密切的關係，是廟宇中裝飾性極強的藝術，也是畫師繪製於樑、柱、斗拱、牆面等處的畫作。有關廟宇壁畫，常畫作品有目蓮救母、舜耕歷山、桃園結義、三十六將官、武侯奉表等；以及歷史掌故、民間傳奇、花鳥走獸、山水美景等，這些都是畫師常於廟壁或樑柱彩繪的素材，它們建構了臺灣廟宇建築不可或缺的一部分，也塑造臺灣傳統彩繪藝術的精華。

彩繪一般分為「傳統彩繪」與「擂金彩繪」兩種，傳統彩繪以白色為底色，再以黑墨描繪圖案輪廓，然後塗上五彩顏色，這種彩繪的優點是速度快、色彩豐富，但較難持久是其最大缺點。擂金畫法則是先把樑柱或牆壁漆以黑底，再以墨汁勾出輪廓，以金箔勾線嵌邊再繪上顏色，整個壁畫係以黑色和金色為主，擂金法較費時耗工，但持久性較長是其優點。

廟宇眾多的臺南是臺灣傳統彩繪的重鎮，臺南的傳統彩繪多是父子傳承或師徒制，有些是親戚關係。臺南的彩繪畫派有二：一為潘麗水家族；一為「祿仔仙」陳玉峰，兩派各有師承，在臺灣寺廟彩繪各自有一片天。潘麗水一派畫風，人像為其主題，所繪人像臉龐飽滿圓渾，態度祥和沉靜，潘麗水在彩繪藝術的成就，使其獲得1993年教育部民族藝師薪傳獎，成為臺灣傳統彩繪上，第一位獲此殊榮的彩繪藝師，這是肯定其在傳統彩繪界的巨大貢獻，潘氏家族的彩繪傳承，目前傳至潘岳雄第三代，臺南有甚多廟宇如鹿耳門天后宮、三山國王廟，其壁堵彩繪都是他的傑作。

　　至於陳玉峰，其作品亦遍佈全臺，其中臺南的大天后宮和陳德聚堂的壁堵彩繪，可謂是其最著名之代表作。陳玉峰之子陳壽彝，得自父親真傳，彩繪作品色彩較濃，但不流於俗豔，所繪人物，比例適當，表現傳神，現今臺南孔廟、興濟宮、大天后宮等處，都有他的佳作。陳玉峰外甥蔡草如，以其受過西畫訓練及傳承舅舅陳玉峰傳統國畫，在門神、佛像、山水花鳥等彩繪創作，亦青出於藍自成一格。

11.漆器

　　漆器是項古老的工藝，其功用是保護和裝飾器物的，利用天然漆的特性，使器物更加美麗堅固。臺灣早期漆器，原料大多從福建輸入，使用漆器的範圍亦甚廣，如傳統的佛像彩繪、貼金、櫥櫃、桌椅、梳妝臺、禮籃、謝籃、茶盤、珠寶盒等。日治時期，因為日本人在臺灣廣植漆樹，帶動臺灣漆器的蓬勃發展。1916年，日本漆藝家山中公，在臺中開設「山中工藝美術漆器製作所」，廣邀日本及中國師傅來臺傳藝，產品以日用品居多，如家具、方盤、花瓶、煙盒等。值得一提的是，山中工藝所製作漆器以雕刻、鑲嵌、彩繪磨顯等技法，表現富有臺灣風味的日式漆器，被稱為「蓬萊塗漆器」，為日本當時特別宣傳的臺灣觀光產品。由於「蓬萊塗」漆器銷日成功，讓總督府覺得漆器技術有在臺灣傳習的必要，1928年乃在臺中設立「臺中市立工藝傳習所」，內置漆工、

木工兩科，並聘請山中公來教學，透過建教合作的方式，奠定臺灣漆器技術的基礎。

　　光復後，因漆器價格昂貴，一般民眾使用漆器者少，但有些漆器產品如家具等，仍為不可或缺之物。於是當時一些在臺灣的福州漆器師傅，自行開業承製漆器，種類多樣精美，甚獲觀光客及僑胞和外籍人士的青睞，使漆器在四、五○年代盛極一時。六○年代，日本因國內工資高漲，漆器材料缺乏，臺灣漆器遂成為日本人的最愛，開始大量外銷日本，締造臺灣漆器工藝的輝煌時代，榮景全盛時，全臺從事漆器生產工廠有三、四十家，主要集中於臺中豐原地區。直到八○年代，臺灣漆器產業因外移至大陸和東南亞國家，臺灣本地漆器行業才漸趨沒落。

　　漆器製作程序有二：分為製胎和塗裝兩階段。製胎是漆器製作前，先以木器、竹器或銅器，作為塗裝時之內胎，再以夾苧技法將生漆與棉布層層相疊，形成堅硬胎體，其後經過一番刮灰、髹法、加飾等流程，打磨推光而成，可以充分展現脫胎漆器質地輕巧、耐用、造型多變等特色。胎體完成後，再進行漆器的塗裝工作，並以雕漆、雕填和鑲嵌作裝飾。雕漆是在漆質乾硬後，於表面進行刻花的裝飾。雕填為將不同配色圖案刻除，再填上其他顏色；至於鑲嵌則是在漆面上附貼不同的材質。

12. 刺繡

　　刺繡手藝在中國已經年代久遠，古時稱「女紅」，是中國傳統婦女必備的手藝工夫。古代刺繡常以繡花針，輔以各種五顏六色之細線，一針一線細心的繡出龍鳳、鴛鴦、花鳥等圖案。過程不但要心細手巧，還要展現藝術的美感。古代刺繡作品常用於結婚、祭典、新居落成等吉慶喜事場合，廟會慶典、傳統戲曲戲服，也是常見刺繡之處。

　　臺灣早期刺繡稱為綵繡，包含刺繡與剪綵拼布。刺繡是先在織品上繪好圖樣，再以各種針法及金銀彩線，繡上圖稿所需的顏色和輪廓；剪綵拼布則是先選擇布的質料與顏色，再以細針手工縫綴成圖案。基本上，刺工都會將這兩種手藝交互運用，讓作品更有立體感。刺繡作品因

為幾乎都用在吉慶場合，配合中國人喜愛大紅大紫喜氣洋洋的感覺，所以都以紅、藍等鮮艷顏色為主。最常繡龍鳳、麒麟、鴛鴦、福祿壽三仙圖樣，具有濃濃的民俗味道。

臺灣刺繡因受閩繡影響，大致都遵循古風少有創新，直到鹿港「巧昕立體繡」的許陳春，將花燈製作技巧，運用於刺繡之上，進行立體刺繡的創作而聞名。許陳春的立體繡是以傳統刺繡法為基礎，經由巧思賦予繡品立體造型，運用多元的工藝技巧，使繡品活潑多元化。如她運用繡線、布及針為媒材，以特殊技法讓八仙立體化，使八仙綵更形出色，端午香包她也是別具巧思，讓香包造型更采多姿。

此外，像宜蘭壯圍的元成繡莊，是臺灣極少數仍秉持手工刺繡的繡莊，其擅長戲服、宮燈、繡旗之縫製，所繡人物、蟠龍圖案均栩栩如生十分生動。另宜蘭市的金官繡莊也是如此，金官繡莊以手工細膩精緻而聞名，八仙長綵、桌裙或歌仔戲服，都是它的拿手絕活，在刺繡藝術隨著時代變遷已大多機械化的今天，幸賴還有少數繡莊堅持傳統手藝，為臺灣刺繡藝術守住最後的傳承，其貢獻與犧牲值得吾人予以肯定。

四、傳統工藝的危機與未來

臺灣是個擁有豐厚人文資產與獨特技藝的島嶼，這些帶有濃厚地方色彩與個人風格的傳統工藝，是臺灣豐富的文化資產。工藝是一種藝術，但也是種實用器具，實用的基礎決定在顧客的喜愛與市場的需求，所以顧客與工藝匠師關係非常密切。因著這層關係，臺灣傳統民間工藝具有以下幾點特色。1.傳統工藝因與庶民需求密切，容易受市場榮枯之影響，或興盛或沒落。2.它是以實用為基準所產生具美感的東西，而非純藝術創作的藝術之美。3.傳統工藝既然是以日常生活的需求為主，有時為遷就地域性，而有其獨特的造型，傳達生活美學遠甚於強調意念之美。4.傳統工藝有別於工業量產，它是注重個人化、少量生產的產品，因此其價值即在於它的稀有性、手工製作、具有地方傳統及人文精神，

同時注入個人特有的創意與風格。

　　然不幸的是，在傳統力量逐漸式微，新生事物快速變遷的今天，臺灣過去的傳統技藝，確實遭到機械化、工業化潮流的重大衝擊。不僅如此，最大的挑戰是來自中國大陸及東南亞等地區，以低廉粗糙的工藝品，大量傾銷海內外市場，嚴重破壞市場的供需平衡。在無利可圖的情況下，臺灣業者生產線的持續外移，造成國內傳統工藝發展的潛在危機。另方面，在觀光業的推波助瀾下，臺灣傳統工藝的技術與品質，雖獲得海內外一致的肯定，但從事傳統工藝，通常需要付出相當的勞力與時間，時下年輕一代多不願從事，而現有的師傅又普遍年事已高，因此傳統工藝恐有失傳之虞。

　　幸賴還有甚多有心人，不願臺灣的傳統技藝失傳，他們堅持傳統，但也不斷創新，希望在時代遞變下，仍能發揚臺灣的傳統技藝，且重新賦予它新生命。在傳統與現代結合下，開展臺灣傳藝的新里程碑。尤其在近年來因觀光業的發展與懷舊之風的興起，傳統民間工藝成為觀光熱門景點，許多民間工藝因之起死回生，除上述所舉12項傳藝外，臺灣其他的傳藝如文房三寶、油紙傘、手工棉被、銅鑼、製鼓也均如此。

　　觀光熱潮帶來了人潮和商機，剎那間全臺各地刮起了民間工藝坊或個人工作室的風潮，而民俗村與文化園區亦隨處可見。在這些場所常是美食、休閒、知性的結合，強調體驗DIY的樂趣，但參訪下來常讓人有熱鬧有餘，但風味不足之感。因為這些活動缺少了最重要的實際居民生活感，像是刻意設計的櫥窗來展示文化，以迎合消費者的好奇與需要。事實上，觀光業的發展，不該僅是經濟需求而已，而是包含對整個產業以及當地社區，作一整體性的規劃。遊客亦希望經由精緻的表演或展覽介紹，能更深入的了解在地傳統工藝的歷史與文化，所以社區營造必須加強觀光基礎設施和品質，使遊客能感受到文化之旅的喜悅及收穫。以傳統工藝言，「精緻化」是未來必然的趨勢，所展示的工藝製品，不但要有鮮明的地方特色，同時還要符合當代人喜歡少量、個性化的作品。

總之，臺灣傳統工藝與觀光相結合的策略是對的，此舉也確實爲傳統工藝帶來生機與商機。問題是在經營上，如何能做到態度是生活的、思維是感性的，實施又是理性的目標，使臺灣的傳統民間工藝能浴火重生，再創另一美好的未來，這就有待於政府與民間，業者與民眾，大家一起來努力達成。

第 八 章

民間信仰的寄託——寺廟

一、民間信仰與寺廟之形成

在臺灣的各種宗教裡，以佛、道教和民間信仰最為普遍，而由廟宇的分布演變，也可看出臺灣先民拓墾開發的軌跡。眾人皆知，臺灣為一典型的移墾社會，在臺灣開發史上，移民於拓殖過程中，基於原鄉情結和心靈寄託，常將故鄉信奉神祇帶進臺灣，故每開發一地，必先建廟安奉神祇，其後更以寺廟形成聚落中心。有趣的是，來自不同地區的族群或移民，他們所信仰的神明也大不同。例如泉州人供奉廣澤尊王，漳州人則以開漳聖王為信仰主神；安溪人信奉清水祖師，同安人則崇敬保生大帝，客家人當然信仰三山國王，臺灣各地寺廟林立，基本上即在此情況下形成的。

據1919年臺灣總督府的調查，臺灣的寺廟宗祠已超過萬餘座，各廟所奉主神達百餘種。寺廟分佈以臺南、嘉義、臺中最多，花東地區較少，這也吻合臺灣開發的年代及先後順序。開發早之地區，經濟繁榮寺廟也較多，是以寺廟之多寡與地方發展關係十分密切。寺廟為一靜態機構，倘無人加以經營，是無法發揮作用的。臺灣人慣以寺廟為信仰中心，所以各種宗教團體相繼成立，如神明會、轎班會、莊儀團等，其功能除推進地方發展外，也有維持社會治安的作用。神明會可謂寺廟之前身，即聚落供奉某一神祇，在財力不足以建廟前，民間即以神明會的方式輪流供奉，迨地方經濟許可後，再建寺以供奉之。此情形在本省開發較晚地區常見到，如臺北市大屯山麓十八份之奉清水祖師；北投保德宮池府王爺廟之建立均屬此類。

其次在商業雲集地區，各行業為互助互利，乃藉神明之奉祀以組成各同業團體，此種團體對奉祀之神有相當的義務，如雲林北港朝天宮、彰化市南瑤宮等廟所奉之主神媽祖，為適應當地需要，遂分成大媽至六媽，而每一媽各有新舊媽祖會產生，此種神明會之擴張，實與地方發展有密切關係。寺廟既為移民信仰與聚落發展的中心，用心經營使其香火

鼎盛乃理所當然，及至經營成功後，在廣興廟宇以酬神，由寺廟之建築與財產，亦可窺見地方經濟之榮枯。一般而言，寺廟財產來源有三：一為信徒所捐之香火錢、土地等。二為寺廟定期向其四周商販所收香資。三為地方官員撥付之義渡、泊船等收入；以及信徒之零星捐獻。基本上，寺廟財產之增減，與地方經濟盛衰和經營管理是否得宜，有相當的關係。

　　清領時期，臺灣寺廟發展頗為興盛，日治時代，日本人曾企圖將其本國的神道教傳入臺灣，並強力推行所謂的「寺廟神升天」的宗教同化政策，一度使臺灣的寺廟宗祠遭受很大的威脅。臺灣光復後，因憲法保障宗教信仰自由，臺灣民間寺廟信仰又蓬勃發展起來。1949年國府遷臺後，大陸各種宗教亦傳播來臺，天主、基督教及世界各新興宗教亦大量傳入，臺灣宗教之複雜與多元性遠遠超過大陸，不僅信仰宗教人口劇增，各種宗教也得到政府合法的保障，即便是曾遭受打壓的一貫道，也已合法化了。

二、寺廟奉祀之各類神祇

　　臺灣是個多神信仰的移墾社會，人民信仰的神祇多且雜，但民間多把儒、釋、道三教觀念融合，而以寺廟的型態呈現，已成為民間信仰的主流。舉其大者，臺灣民間信仰的主神有孔子、關帝、媽祖、釋迦佛祖、觀世音、鄭成功、開漳聖王、廣澤尊王、城隍爺、玉皇大帝、三官大帝、保生大帝、清水祖師、三山國王、五谷王爺、文昌帝君、福德正神、玄天上帝、義民爺、太子爺、地藏王、張天師、有應公等等。除孔子、關帝、媽祖、釋迦佛祖為大家耳熟能詳外，茲舉幾個臺灣香火鼎盛的神祇略敘於下。

1. 玉皇大帝：道教崇祀的天神，也是漢人民間信仰中位階最高的神明。玉皇大帝源自古代對天的崇祀，原為自然神，後來經由道教信仰加以人格化，成為主掌天庭統領萬神的天神；又稱玉皇、玉帝、上

帝、天公、天公祖等。玉皇信
仰原本沒有供奉神像，民宅往
往在正廳樑上懸掛天公爐，早
晚燒香祭拜；一般寺廟也會在
廟前放置天公爐，民眾入廟參
香時，先於天公爐燒香敬拜，
然後才入廟拜神。

　　基本上，民間敬拜天公的
信仰極爲普遍，但臺灣早期主
祀玉皇大帝的寺廟卻不多見，
直到清末以後才漸漸增加。玉
皇大帝的誕辰是農曆正月初9，
民間稱爲「天公生」，民間於這
天會備妥香燭花果，於子時燃
炮慶祝。一般在進行成年禮或
婚禮等重要生命禮俗時，也都
會拜天公以祈求神恩庇佑。

2. 開漳聖王：漳州人崇奉的鄉土
神開漳聖王，原名陳元光，唐
朝光州固始人。西元669年（唐
高宗總章2年），泉潮間居民
苦蠻獠之亂，請朝廷遣將帥鎮
駐以靖邊疆。高宗命陳元光之
父陳政戍閩，元光隨往，後政
死，元光繼之。681年（永隆2
年），潮州人雷萬春勾結蠻苗作
亂，元光率兵平定，並於其地

圖8-1　臺灣民間信仰位階最高的神
　　　　祉——玉皇大帝。

圖8-2　漳州人崇奉的鄉土神——開漳聖
　　　　王。

闢草萊，招流民，勤守望，使泉、潮、汀三州號稱樂土。686年（嗣聖3年）朝廷於其地置漳州，命元光兼領其地。711年（景雲2年）蠻寇復叛，元光追剿受傷而卒。事聞漳州民眾為其建廟於雲霄縣。716年（開元4年）詔立廟，建盛德祀之坊以表之，宋時曾加封多次，並及其父母。陳元光廟除漳州府外，福州、泉州、潮州等地也有廟，陳元光不僅是漳州人的保護神，也是陳姓的祖神。

3. 保生大帝：原名吳本，宋朝泉州府同安縣人，有稱大道公、吳真人，為同安人之鄉土神。吳本生於979年（宋太宗太平興國4年），卒於1035年（仁宗景祐2年）。生前不茹葷，不受室，以醫為業，濟人無貴賤，一生救人無數。死後，鄉人感念其德，製肖像建祠供奉於鄉里。1166年（乾道2年）賜廟額慈濟，1419年（明永樂17年）封為昊天醫靈妙會真君萬壽無極保生大帝。其後，同安人向外移民，也會在當地建廟祠祀，如臺灣即有其廟百餘座。

圖8-3　泉州同安人的鄉土神——保生大帝。

4. 清水祖師：俗姓陳，法名普足，通稱祖師公，是安溪人的鄉土神。清水祖師是福建永春縣人，其生年不詳，出家大雲院，得法於大靜山明禪師。1083年（宋神宗元豐6年）安溪大旱，眾請往禱雨，比至，雨隨霈足，眾為築清水巖居之。居巖19年，鋪橋造路造福鄉里不遺餘力，是以深受安溪人愛戴。1101年（建中靖國元年）示寂，鄉人建塔刻像祀之。1134年（紹興4年）為築清水別巖，後代政府累封為昭應惠慈廣濟善利大師。清嘉道年間，臺灣茶葉種植日漸推廣，茶鄉安溪

人大量移民來臺種茶，清水祖師信仰也隨安溪移民傳來臺灣，其廟多見於產茶及製茶區，全臺共有60餘所。

圖8-4　深受臺灣人信仰的城隍爺。

5. 城隍爺：崇拜的是城隍，有關城隍之起源，各家說法不一，有謂為古代保護人民生存之城池；也有說地方官死後為居民所奉祀者。1369年（明太祖洪武2年），以城隍保障居民安全，乃詔封京師及其以下各級政府城隍。1387年（洪武20年），太祖詔劉三吾曰：「朕設京師城隍，俾統各府州縣之神，以鑒察民之善惡而禍福之，俾幽明舉，不得倖免。」進一步將城隍擬人化、制度化，以鬼神為協助政府治理百姓的工具。明鄭時代，臺灣即有城隍廟，入清以後仍維其制，凡守土官入境，必赴城隍廟祭拜，宣示將清白任官而後履任。每年7月15日中元節祭厲時，守令必先迎城隍爺為主祭，並告誡人民需孝順父母，遵守法律，不得為非作歹，否則會受到城隍爺責罰。基本上，元朝以前之祀城隍，係出自報恩心理，尚符《禮記》祭義，明清以降，以鬼神禍福為愚民之術，實為神道趨向庸俗功利之始，並非正道。

6. 王爺：臺灣民間信奉的瘟神信仰，又稱王爺公、千歲爺、代天巡狩。王爺是閩南地區眾多男神的通稱，可能為瘟神、功烈神明、自然神等，但其神稱最早可能與瘟神信仰有關，王爺最早為行瘟與解瘟之神，後演變為一地之保護神。臺灣早期王爺廟的建立，與中國福建沿海地區送王船的習俗有關，許多歷史悠久的王爺廟都因撿拾王船建

廟。另在早期流行瘟疫時，民眾爲祈求平安而舉辦王醮，並造王船將瘟王送走，後演變成固定的祭典。除舉行王醮驅瘟外，中南部從雲林到屏東地區，更定期迎請王爺代天巡狩，其儀式不一定與瘟疫有關，而是定期接受上天視察，構成臺灣重要的王爺信仰習俗。

7. 廣澤尊王：泉州移民崇拜的守護神，全號爲「威鎮忠孚惠威武烈保安廣澤尊王」，簡稱廣澤尊王、保安尊王。傳說廣澤尊王姓郭，爲郭子儀後代，籍貫福建泉州府南安縣詩山。因家貧至陳家牧羊，但所牧之羊無論賣掉多少隻，總數皆不減。陳家請教於風水師，卻因態度傲慢而得罪風水師，風水師乃將陳家羊欄爲風水寶地之事告知郭童。後郭坐化於石上即將「昇天」，其母聞訊趕到，只來得及拉下一隻腳，此即今郭聖王神像盤一腿，下垂一腿的由來。郭童去世後，因傳說屢現神蹟，詩山一帶民眾便建廟祭拜，稱爲郭廟或將軍廟，爲今廣澤尊王信仰的祖廟。廣澤尊王外形十分特殊，由於十多歲即飛昇成神，所以容貌如孩兒。廣澤尊王信仰從泉州遍及閩南，泉州人渡海來臺後，也將廣澤尊王信仰帶至臺灣，目前信仰廣澤尊王寺廟多集中於臺灣中南部地區。

8. 文昌帝君：職掌科舉功名、祿籍文運的神祇。又稱梓潼帝君、文昌公、靈應帝君等。文昌本是天上星宿，爲北魁（魁星）之上六星的總稱，道教尊其爲主宰功名利祿之神，故叫「文星」，民間俗稱「文曲星」，職司文武爵祿科舉之本，受到士人崇奉。另有一說言，文昌帝君爲唐代文人張亞，從浙江到四川梓潼縣教書，由於人品與文學修養均佳，死後被奉爲「梓潼帝君」。元代將文昌帝君納入祀典，明清兩代躍登爲主掌教育及考試的神明；後又逐漸發展出「五文昌」系統，將關聖帝君、孚佑帝君、魁星、朱衣神君納入文昌信仰中。清至日治時期，臺灣文昌帝君重要的祭祀活動爲農曆2月初3文昌聖誕舉行，每逢當天，民眾會帶蔥、芹菜、燈燭、桂花等，祈求帝君賜予聰明、勤學、前途光明及富貴等心願達成。

9. 三山國王：山嶽神祇，是粵東客家人傳統的守護神。三山國王的敬奉始於隋朝，崇拜對象為潮州揭陽縣的三座山嶽「巾山」、「明山」和「獨山」。據傳三山國王威靈顯赫，因此被潮州客籍人士奉為守護神。他們以農曆2月25日「巾山」王爺的誕辰為統一祭典，並將三山國王給擬人化。「巾山國王」叫連杰，「明山國王」稱趙軒，「獨山國王」謂喬俊。至於塑像安排，以「獨山國王」居中正位，「巾山」和「明山」國王分居左右。2、3百年來，臺灣民間以祂為主神的廟宇已近200座之多，其中被政府列為2級古蹟的臺南市三山國王廟，創建於1729年（雍正7年），至今已超過280年歷史。

10. 三官大帝：俗稱「三界公」，是天地水三界道教的神明，在臺灣民間善男信女的心目中，祂是僅次於「天公祖」的神明。臺灣民間的傳統古厝之祖廳正樑，習慣上會懸掛一個「天公爐」，而次樑則懸吊一個「三界公爐」，信徒要早晚焚香膜拜，以示對此神格之尊敬。三官大帝出自於古代的天師道，以符籙及神鬼為人禱祝祈安和驅邪治病。三官中天官為紫微大帝，為人祈禱賜福，地官為清虛大帝，為人祈禱赦罪，水官為洞陰大帝，為人祈禱解厄，由此可見三官大帝係專司治病保命之道教三位一體神格。「三界公」之中，以「天官」最受歡迎，因為天官主司賜福，所以被認為「福神」，從而「天官賜福」之民俗年畫都出現於農曆春節。臺北近郊的關渡宮左側有個「五路財神洞」，其中的「天官財神」即五路財神之首。另外，民間於農曆春節貼於門楣上的「五福符」，每張均畫有「福、祿、壽」三星，其中之「福星」也是賜福「天官」，可見「天官」在臺灣民間受歡迎喜愛之程度於一般。

11. 玄天上帝：又稱上帝公，北極星的神格化，是早期臺灣的航海神，為神話中北方的龜蛇神。此外，道教又將北方七宿的「玄武」神格化，而為驅邪鎮煞的「玄天上帝」，亦稱北極佑聖真君、真武大帝、帝爺公、上帝公等等。昔時臺灣對外交通依靠帆船，夜間航行以北極

星定位，所以主祀「玄天上帝」的眞武廟達450座之多，爲臺灣民間10大祀神之一。其神像造型爲左足踏龜，象徵踏「鬼」，右足踏蛇，象徵踏「邪」，而七星劍和太極指，都是斬妖驅邪的法器與動作。

12.土地公：即福德正神，祂是臺灣民間信仰中最富「草根性」，也與臺灣土地不可分割，所謂「田頭田尾土地公」，幾乎大家朗朗上口，若再加上其配偶「土地婆」，其神口數可說位居臺灣第一。土地公的正式稱謂除福德正神外，尙有土地公伯、福德爺、大伯爺、大伯公等；在墓地者又稱「后土」。基本上，土地公是個土地神祇的總稱，也是不同地域的大大小小土地神明的統稱。一般而言，在臺灣土地公常被民間當作農業社會的五穀、六畜、漁業增產神、商業小財神，以至於村落的守護神。可以說，社會上各行各業的守護祂都有份，所以臺灣民間的善男信女，也都以「做牙」來回報致謝土地公，這是頗爲有趣之現象。

三、信仰行爲

(一)祭拜儀式

宗教信仰是人與神之間的事，其間涉及祈求、指示與感應諸事。但因神像係由木雕、泥塑或金屬鑄成，只是一種象徵，不能眞的對人有所指示，因此必需要有一些儀式來作爲人與神的溝通輔助。基本上，人神溝通所使用的工具，包括線香、香爐、詩籤、筊等。線香是以竹片削成細枝，糊以香末晒乾製成。祭拜時，先點燃3支線香，再向神明祈求完畢後，插於香爐。香爐則是祭拜不可少之物，爲插線香之用，其材質有石製、陶製、瓷製或金屬製不等，爲各廟宇必備之物。筊是以木頭製成半月形狀，兩邊修整齊，上塗紅漆，放乾即成。

信徒在祭拜神明時，先準備牲禮素果鮮花，安置妥當後再點香拜拜，俟酒過三巡再進行祈求。祈求時口中默唸所求何事，希望神明指點迷津，其後再卜筊或抽籤詩。卜筊若兩筊呈一陰一陽，則表示合，即獲

神明同意；若二者皆陽稱笑杯，表示不置可否；若是二者皆陰，則表示神明不同意。至於籤詩抽出後，放置神案上，敘明所抽之籤號，再以筊卜是否此籤，若得合杯確定無誤後，則由寺廟安排人代為解籤，其解釋則根據《詩籤解》。卜筊是人神間的溝通儀式，這種溝通是由信徒自己與神明溝通，不藉第三者之乩童來完成，所問之事大多與自己運勢或家庭有關之事居多；而籤詩則需要靠第三者解籤人來完成，當然籤之好壞與自己的運勢也有莫大關係。

籤詩內容，一為文人扶鸞請神降臨口述，由鸞生筆錄而成，形式上雖言係神明所述，實際上多是鸞生自己構思而成；另一為由廟宇主事中之學養深厚者，就古人詩句較通俗者加以整編而成，所以詩句多淺顯易懂。籤解有兩種類型，一為圖文配合型，如北港朝天宮所印之《聖籤圖》，即配以太陽、月亮、寶鏡等圖繪佐以文字解說，讓求籤者很快會意吉凶；第二種是純文字敘述，所解無非與功名、生意、婚姻、事業、疾病、遠行等之吉凶有關。

除私人祭祀外，尚有政府官員或寺廟本身所舉辦的正式祭典，此祭典分上祀、中祀、群祀三種。上祀須備樂、舞、牲用太牢（牛、羊、豬）。基本上，上祀多用於祭孔廟或文昌廟、武廟。中祀祭以太牢，不備樂、舞，祭天后媽祖用中祀。其餘神祇之廟如城隍廟、延平王祠、龍王廟、昭忠祠、鄉賢祠等，皆在群祀之列。

(二)遶境與進香

民間信仰行為，除在廟宇內進行祭拜儀式外，大規模的戶外群體活動，也是廟會的一大盛事，其中又以遶境和進香最為重要。所謂「境」是指都市中的某一區域，雖非政府管轄的行政區分，但在民間各種社會活動中，卻自成一個群體的活動單元。如清代之北港街，即分為公館、仁和、益安、福安、賜福、三益、華勝七境。每一境在日常生活自成一單元，也往往有屬於自己的廟宇。遶境即是本境信徒迎請該境神明至轄內各街巡遊，並接受信徒路祭、隨香的宗教活動。

遶境通常全區總動員，舉辦時間以該區寺廟主神之誕辰為主，或在誕辰當天，也有在前幾天進行者。以北港朝天宮為例，其遶境活動一年有兩次，分別是農曆元宵節和農曆3月19、20兩日。遶境範圍包含北港及北港溪以南之嘉義縣新港鄉南港村，幾乎是清代笨港的全部範圍。遶境活動是件繁複的事，所以事先要有周全的準備，通常會選值年爐主、副爐2人，其下設委員若干人，分項辦事。主要工作項目為擇定遶境日期、神輿出入廟的時間，連絡並確定參加遶境之各相關寺廟；安排各寺廟、團體遶境之先後順序，以及遶境路線和集合、解散時間地點。此外，印刷張貼遶境公示，估計經費預算，清點全境丁口數，估算每丁分攤丁錢，徵收丁錢、結算和公布賬目等。

　　遶境過程陣容龐大，幾乎所有神明均出動，而各陣頭、藝閣、樂隊、儀仗、民間劇團也都使出渾身解數來共襄盛舉。神輿之後，跟著大批隨香人潮，當神輿經過自己家門時，則鞭炮四起，大家虔誠頂禮膜拜，接著分發平安符，庇佑闔家平安順利。臺灣民間相信神明遶境，可以驅邪帶來平安吉祥，而參加遶境更可得到神明的加持與保佑，因此家家戶戶均熱心參與，將遶境活動視為全境年度大事，有些地區也會藉此邀請親朋好友前來作客，大家一起來感受遶境之熱鬧氛圍。遶境活動確實是地方盛事，除全民動員外，也將當地宗教、民俗、演藝等作一徹底展示，所以吸引各地人潮前來參觀，無形中亦為地方帶來商機，對促進地方繁榮實有相當助益。

　　至於進香活動的目的，是興建廟宇不易，要十分慎重其事，建廟一定要考慮到風水的選擇和神尊的香火。選擇好的建廟地理，是希望能找到結穴之地，讓廟宇興旺，神尊香火則希望從最受敬仰的神廟處取得香火，讓神威更加顯赫。臺灣民間信仰有所謂的分香、分靈，神像雕刻時，所置入之香灰取諸於何廟，即為何廟之分香；而被分香之廟，就是新塑神像的祖廟。因為新廟神尊的神力不足，為增加神力必須回祖廟進香以增強自身靈力，因此乃形成廟與廟間的互動，此即臺灣地區進香活

圖8-5　臺灣民間信仰常見的遶境進香活動。

動頻繁的原因。

　　基本上，進香活動是遶境活動的延長，特別是在其中還包含了「刈火」的儀式。刈火是分香廟宇向祖廟尋求靈力支援的宗教儀式，當進香隊伍抵達祖廟時，先將神像迎入祖廟神龕接受信徒參拜；在次日清晨向祖廟主神舉行拜祖典禮。拜祖典禮通常在清晨5時開始，首先舉行消災點燈拜斗會，接著誦經祈求國泰民安風調雨順等，約1小時儀式完成，儀式結束後，進香隊伍離開祖廟前，要舉行刈火儀式。此儀式首先要將神像及香爐請出，其後誦經團誦經，再由祖廟住持請火，讀疏文後，在祖廟的長明燈取火，於祖廟香爐點燃，再由進香廟宇執事人員於祖廟香爐中燒疏文及金紙。燒畢，由祖廟住持將香火放入進香廟宇之香爐內，如此重複三次，貼上封條儀式即告完成。刈火儀式完成後，進香廟宇之執事人員即高喊某某神，返回原來廟宇了，待安抵自家廟後，還要巡遶街庄後才進廟，安置神像蓋上黃布。接著廟方會舉行添火儀式，由主事者卜筊時辰，將刈火帶回之香灰，取適量添置本廟各殿香爐中，取下掛在神龕之黃布，整個進香活動至此才算圓滿結束。

四、寺廟的建築結構

宗教信仰的所在地寺廟，除肩負民眾信仰所托外，也是提供遊客觀賞、參訪、進香的重要場所。茲舉臺灣最早和最著名的三間寺廟爲例，略敘寺廟之歷史與建築結構。

1. 澎湖天后宮：約建於1604年（明萬曆32年），荷蘭東印度公司司令官韋麻郎（Wijbrant Van Waerwijck）所率領的荷蘭聯合東印度公司艦隊，在前往漳州求商之際，因遇上颱風而登陸今澎湖馬公天后宮以避風雨，時明朝在澎湖的遊兵已撤，於是荷人乾脆占領澎湖，作爲與中國通商之據點。後明朝派沈有容出兵澎湖驅荷，荷蘭不敵退出，現天后宮尚存「沈有容諭退紅毛番韋麻郎等」之石碑，足證在1604年以前，天后宮即已存在。

　　1622年（明天啓2年）東印度公司司令雷爾生（Cornelis Reyersen）再度前往澎湖，於風櫃尾興建城堡爲基地，後仍遭明朝驅逐，此期間在荷蘭人繪的「澎湖港口圖」，即畫有「中國寺廟」媽祖廟。1664年（明永曆18年），天后宮曾被荷蘭人燒燬。1683年（清康熙22年），施琅進兵澎湖，擊敗鄭氏守軍劉國軒，明鄭投降。施琅認爲能進攻取勝，全賴媽祖顯靈相助，於是奏請康熙皇帝加封「護國庇民妙靈昭應仁慈天后」。1684年（康熙23年），康熙正式加封媽祖爲天后，從此，媽祖宮又稱爲「天后宮」。

　　澎湖天后宮曾歷經乾隆、嘉慶、道光、光緒幾朝重修，現今之樣貌係1922年所重建。由於天后宮曾遭中法、中日甲午戰爭破壞，毀損嚴重，因此馬公臺廈郊商倡議募款重修，並聘請廣東潮州匠師藍木負責重建工程，沈有容石碑即於此次修復中，從祭壇中發現出土的，目前存放於後殿「清風閣」內。天后宮面向港口，座北朝南，廟宇順坡而建。1922年的改建，將明代的單進兩落三開間格局，改爲兩進三開間，即三川殿、正殿和後殿，左右附以廂房。由於歷代建築規制，

對於建築的進深、立面寬度開間和高度，都有一定的規範，因此，廟埕與三川殿交接處設有多角形石階，循階而入廟，其正殿和三川殿有1.5公尺的臺階落差，此爲臺灣地區廟宇建築之獨例。

三川殿爲三開間，燕尾屋脊，屋頂以翠綠琉璃瓦鋪設，殿左右與護龍相接。正殿供奉媽祖，左右護龍分別奉祀註生娘娘及節孝烈婦的「節孝祠」，此祠爲1838年（道光18年）澎湖通判魏彥儀所捐建。後殿清風閣爲2層閩南與粵東風格建築，2樓綠釉花瓶欄杆採西洋式樣，是當時文人聚會之所。由於澎湖天后宮由康熙皇帝加封爲「天后」，並入祀春秋祭典，所以廟內「與天同功」之御賜匾額，就顯得彌足珍貴。另外，廟內4幅廣東匠師朱錫甘的「擂金畫」，在臺灣地區也十分少見。總之，天后宮之雕樑畫棟，雖因年代久遠及島嶼型的自然環境，表面彩繪有些許剝落，但仍呈現出古色古香之樸實特色。

2. 臺南大天后宮：興建於1683年（康熙22年），臺灣入清版圖，靖海侯施琅鑒於臺灣先民深仰媽祖之靈異，爲收復民心，乃奏請清廷將寧靖王（朱術桂）府改建爲天妃宮，並以媽祖顯靈庇佑清水師爲由，奏請朝廷誥封媽祖。翌年康熙准奏，加封媽祖爲「天后」，稱廟爲「大天后宮」，由留鎮臺灣總兵吳英鳩工募修，清帝派禮部官員主持祭典，與澎湖天后宮同時納入春秋祭典。1763年（乾隆28年），大天后宮擴建，拓地2畝，構築官廳三進；1778年（乾隆43年）又進行全面整修，其後嘉慶、道光朝亦修葺多次。

臺南大天后宮並非始於清初建造，根據謝國興〈祀典臺南大天后宮創始淵源〉一文考證，其興建時間當在17世紀鄭成功入臺前，可能是1582年（明萬曆10年），係全臺創立最早的媽祖廟。大天后宮規模共有五進，即三川門、走廊、拜殿、正殿和後殿，地勢逐漸升高，展現空間運用之完美架構。自廟埕步上石階進入三川門，門廳兩壁之彩繪和造型特殊之舉樑木雕，均爲獨步全臺的一時之作。正殿和拜殿的石刻龍柱爲道光年間所刻，正殿前丹池石壁，嵌有4件螭首石刻，相

傳爲寧靖王「一元子」園亭遺物，具有古宮殿式建築之特色。

後殿爲父母廳，崇祀媽祖雙親，寧靖王朱術桂之神位亦供奉於此。右側觀音殿之觀音像，係臺灣知府蔣元樞所督造，廟後有一「龍目井」，至今井水仍汩汩不斷。臺南大天后宮有全臺最多的古匾200多方，其中以康熙的御匾「輝煌海滋」、雍正之「神昭海表」、乾隆之「佑濟昭靈」、嘉慶的「海國安瀾」、道光頒「恬波宣惠」、咸豐的「德侔厚載」以及光緒之「與天同功」等匾最爲尊貴，而後殿的「一六靈樞」匾則最古樸。

大天后宮配合地勢，建築由前往後節節升高，壯麗宏偉氣勢非凡，尤其拜殿擁有全臺最高大的捲棚式屋架，爲現存臺灣廟宇之孤例，搭配重簷歇山之屋頂，比例優美曲線昂揚，堪稱廟宇建築之上乘。而廟內之石刻、木雕、彩繪等工藝亦精美絕倫，豐富的歷史文物，如古碑、御匾等，都是彌足珍貴的文化資產。臺南大天后宮是臺灣第一座由官方所建之媽祖廟，深獲臺灣民眾的信仰，廟中除有多位清朝皇帝的御匾外，1895年（光緒21年），臺灣民主國成立後，劉永福曾設總統府於此。

3. 鹿港龍山寺：相傳創建於1653年（明永曆7年），由肇善禪師所建，爲臺灣早期佛教聖寺之一。1784年（乾隆49年）鹿港開港，成爲臺灣與大陸通商的第二港口，大陸移民來臺日多，龍山寺信眾也日益增加。1786年（乾隆51年），武官陳邦光倡議，泉州七郡縣民響應，將龍山寺遷建，由士紳林振嵩、許樂三主持遷建工程。1829年（道光9年），龍山寺重修，至1831年（道光11年）竣工，此次重修奠定今日之規模。1852年（咸豐2年），龍山寺再度重修，並增建拜殿，至1858年（咸豐8年）修建完成。此次重修有鄉紳獻匾「慈靈顯應」、「普濟群生」置於正殿；1858年（咸豐8年）再派梁如金至浙江寧波鑄鐘運回龍山寺，安置於正殿，此銅鐘重約千斤，爲全臺第一大鐘，其聲音宏亮，10里外可聽聞，「龍山曉鐘」即爲鹿港八景之一。

　　1904年，日本將龍山寺改爲日本本願寺之分寺，並廢除龍山寺之名。1921年因火災，神像和建築物均燼之一炬。1936年，龍山寺動工重建，於1938年完工。龍山寺佔地1,600餘坪，爲三進二院七開間的建築格局，由前而後爲山門、五門殿（含戲臺）、正殿（含拜殿）、後殿。山門是佛寺院門，屋頂採重簷歇山式；五門殿爲五開間，再加上兩側龍虎翼廊，實爲七開間的立面，屋頂有三個獨立的燕尾脊。

　　寺內有三對龍柱，分立於五門殿、拜殿和後殿。龍柱上除了雲紋、岩石雕刻外，每根龍柱各有五隻鶴飛翔其上，象徵「十全十美」，雕工蒼勁有力，是臺灣龍柱的經典之作。另外，龍山寺戲臺也頗值得介紹，其屋頂爲歇山頂建築，戲臺頂部有八卦藻井結構，直徑長達5.5公尺，全由拱斗組合而成，中心頂點爲金龍盤曲的彩繪，爲全臺首屈一指的作品。正殿亦爲五開間，兩旁以八卦門連接，屋頂爲重簷歇山式，殿宇非常高聳，高度近12公尺，總計使用52根柱子，是臺灣傳統建築中使用柱子最多的建築之一。1986年，龍山寺重新修繕，屋頂、屋瓦重做，正殿主樑抽換，採吊脊方式處理。正殿、拜殿橡木改鋼骨結構補強，前埕亦鋪花崗岩石板。1999年「921」大地震時，龍山寺亦遭受波及毀損一部分，2001年再進行大規模修復，以保存國家文化資產。

　　由澎湖與臺灣這兩間最早的天后宮，和鹿港龍山寺之建築，可知臺灣寺廟的建築格局與裝飾。基本上，爲敬拜神明，廟宇建築除在雕刻彩塑不遺餘力外，石龍、龍柱、木雕、彩繪、剪黏與交趾陶等，都是臺灣廟宇的藝術精華。所以參訪廟宇，有些門道是必看的。首先要看廟宇之格局，通常寺廟之格局與奉祀之神格有很大的關係，此外風水與地形環境也有影響。臺灣一般廟宇因規模大小不一，有單殿式、雙殿式、三殿式和多殿並連式四種。

　　寺廟格局也會影響空間機能，寺廟是信徒對神明膜拜之所，其空間如廟埕、前殿、正殿、後殿、戲臺與拜亭等配置及動線安排，對進香或

祭祀等活動，均至關重要。此外，鐘鼓樓也是廟宇不可少的建築物，所謂「暮鼓晨鐘」之謂也。鐘鼓樓常置於正殿的前廊，左懸鐘右吊鼓。有些寺廟會特別興建獨立空間的鐘鼓樓，外觀華麗，屋頂形式非常講究，如萬華龍山寺的鐘鼓樓，平面是六角形，屋頂有如轎頂，外觀造型十分特別。

基本上，寺廟眞正的藝術精華，還是表現在其他的裝飾上，寺廟外觀屋頂的脊飾，是寺廟給人的第一印象。脊飾通常由剪黏、泥塑或交趾陶等各種工藝做成，是豐富寺廟天際線的最大功臣，精彩的脊飾多集中在前殿與正殿的正脊與垂脊處。正脊上最常見的有雙龍搶珠或福祿壽三仙等題材，垂脊則通常以捲草或鯉魚吐水草裝飾居多，使脊線增加美觀變化。另外，在脊堵內，是裝飾最漂亮，題材最多樣的地方，其中以雙龍搶珠、人物坐騎、雙鳳或八仙造型最多，兩側及背面以花草較常見。

參觀寺廟第一眼仰望脊飾，第二眼即平視廟之門神，門神繪於前殿門板上，是寺廟的守護神，臺灣廟宇門神最常畫的是神荼、鬱壘，如臺南法華寺，另外，如不韋馱、伽藍則爲佛教寺院的護法及守護神；唐太宗時代的秦叔寶、尉遲恭是最常見的中門門神，此外，哼哈二將與四大天王也常出現於佛寺中門。基本上，不同的主祀神要搭配不同之門神，它具有趨吉避凶與威嚇的作用。門神兩旁有龍柱（又稱蟠龍柱），臺灣龍柱發展久遠，早期龍柱較小，雕工樸拙；晚期龍柱較大，雕飾亦趨華麗，觀察龍柱外形的材質與雕刻，可看出歷史背景與審美角度的轉變。

龍柱附近常有石雕、門枕石、抱鼓石、石獅與雕花柱，豐富的石雕強調寺廟的入口意象，讓人一眼就能感受到寺廟建築的重要性。石雕因不易損壞，看石雕要看其技法之變化，石雕不僅是寺廟保存最古老的物件，除藝術價值外，更富歷史意義。石雕外，木雕也是寺廟中的藝術表現重點，寺廟的木雕令人看了眼花撩亂，其實所有的木雕，都有其結構上的功能，如各殿正面簷下的吊筒、獅座、員光、托木，以及天花板下的藻井，都是精雕細琢的藝品，不容錯過。

進入正殿，寺廟主神都會安置在中央，兩殿及後殿則置配祀神明，每尊神明都有其特殊造型及配件，匠師的藝術風格與技法全在其中，相當值得一看。主神上方及左右，常會懸掛很多匾聯，就表現形式言，它是一種書法藝術；從內容來看，它又是廟宇珍貴的史料。除此之外，寺廟中還有各式各樣的彩繪，這是傳統廟宇發展悠久的「彩繪」藝術，除門神外，樑柱與壁堵也是彩繪表現之所在。

五、廟會祭典

廟宇是臺灣人生活的重要成份，雖然現在臺灣越來越都市化，宗教信仰也漸趨淡薄，但廟宇仍是臺灣人生活中不可或缺的一部分。在臺灣早期那個物資缺乏的年代，一般人生活貧乏且不安定，廟宇遂成為人們心靈的寄託，而廟會活動則是生活中少數的娛樂活動。臺灣的廟會祭典非常頻繁，每逢歲時節慶、神明誕辰、建醮慶成，廟宇都會舉行祭典以茲慶祝。以神明誕辰為例，在廟宇主神誕辰期間，地方信眾與分靈廟宇都會來向神明上香，表達祝壽之意；另一方面是定期分享主神的靈，這種集中於神誕期間的進香行為，稱為「香期」。

而最熱鬧的節慶，莫過於迎神賽會了，無論城市還是鄉下，每逢當地神明誕辰的祭典廟會之日，一定是全員出動，大事慶祝一番。除了演戲酬神，最受矚目的活動，即為迎神繞境遊行，亦是臺灣民間俗稱的「迎鬧熱」，也就是迎接熱鬧的意思。這種習俗的緣由，可能是因為臺灣人相信，遊行的場面越是熱鬧，就表示對神明的信仰越虔誠，也更可以得到神明的庇佑。遊行隊伍主要由各式各樣的「陣頭」和「神輿」組成，神輿就是抬神專用的轎子，通常附近寺廟的神明也會來共襄盛舉參加遊行，所以在隊伍中會出現許多不同神明的神輿。

至於陣頭，即為參加遊行表演的團隊，一般以舞龍、舞獅、踩高蹺、八家將、宋江陣、跳鼓陣、牛犁陣、布馬陣等最有看頭和最受歡迎。此外還有吹奏各種傳統樂器的南管、北管陣；不過最為特別的是

「藝閣」，所謂藝閣就是讓小孩子穿上古裝，打扮成神仙或歷史人物，坐立於裝潢的美輪美奐的閣臺上供人欣賞，當時有些父母認為讓小孩參與藝閣陣頭可驅邪保平安，所以即使十分辛苦，也不反對小孩子參加。

近年來，臺灣所謂的「3月瘋媽祖」，是臺灣為期最久，最富盛名的香期。其他如保生大帝、玄天上帝、土地公等香期，也都非常有名。香期期間，廟宇都會出錢請戲班來演酬神戲，或由鄉里捐錢做「神明戲」，其目的是祈求天官賜福、合家平安與升官發財的酬謝神明心理。其實，在缺少娛樂的年代，廟會祭典不僅娛樂鄉民，凝聚其向心力，也是在教育未普及的年代，透過戲曲表演，對識字不多的市井小民，潛移默化傳輸忠孝節義觀念的另一種「寓教於樂」的最佳管道。

廟會祭典的野臺戲十分有趣，野臺戲在開演前，文武場會奏出撼動人心的鑼鼓聲，好將觀眾吸引過來，聚集到臺前看戲。戲若演到精彩處，觀眾會毫不吝嗇的拋賞紅包，一有賞金貼掛出來，戲班會放鞭炮答謝。如果是規模較大的廟宇或較大的祭儀，廟方或頭家會多請好幾個戲班來表演，規模較大的為「正棚」是主秀，其他戲班則為「副棚」。正戲上演前，要先報幕介紹演出團體，恭祝神明千秋華誕，並祝福信眾「四時無災賺大錢」，正棚演出後，副棚才能接著開演。

廟會祭典除演神明戲外，鄰近的「交陪廟」也會出動各種陣頭來共襄盛舉，神明的遶境隊伍通常以「報馬仔」帶頭，後面是神轎班、北管、獅陣、龍陣和小法團等陣頭。「陣頭」可分為宗教陣頭、武陣、文陣、小戲陣頭等多種。屬於宗教陣頭的「家將」，是神明出巡的護衛隊，負責驅邪和捉拿，如八家將、五虎將、鍾馗等。武陣則可細分宋江陣、獅陣、龍陣等，其中獅陣和龍陣是臺灣民間最常見的武術陣頭。文陣主要是音樂類陣頭，其中又以熱鬧激昂的北管為主，無論是廟會節慶、神明誕辰或婚喪喜慶，北管都是相當能帶動熱鬧氣氛的音樂，故甚受喜歡熱鬧的臺灣人之喜愛。

此外還有小戲陣頭，亦稱戲劇陣頭，它是從民間歌舞與說唱藝術發

展而來，通常載歌載舞，唱作俱佳，節奏輕快，動作敏捷，表演時還會帶有戲劇情節，說唱逗趣甚是好玩。常見的有〈採茶戲〉、〈桃花過渡陣〉、〈高蹺陣〉、〈素蘭小姐陣〉等。不管是武陣還是文陣，陣頭活動都是臺灣農村廟會祭典不可或缺的一環，所謂「輸人不輸陣」，基於對神明的虔誠信仰，或對神明庇佑的感念，在廟會期間，各陣頭互相來尬陣、鬥陣，是件非常有趣的事。

而在長長的遶境行列中，藝閣也是非常吸引眾人目光的表演活動，藝閣又稱「詩意閣」，一閣就是一齣戲，通常是以真人裝扮成歷史故事的人物，但不做任何表演動作，僅僅傳達熱鬧繽紛的視覺效果。藝閣分為「裝臺閣」與「蜈蚣閣」兩種，裝臺閣是自成一臺的小型藝閣，在臺上設樓閣、布馬景物，以真人扮古裝人物參差其中，如八仙過海、封神榜、八美圖、麻姑獻壽等，大多取材於民間傳說或神話故事。至於「蜈蚣陣」，又稱「百足真人」，屬於裝棚式藝閣。傳說蜈蚣是王爺的開路先鋒，具辟邪除穢、保境安民的神力，因此多見於臺灣中南部掛香遶境時香陣的前導。

總之，廟會是農業社會最快樂的社交聯誼時節，因此每逢節慶或祭典，幾乎家家戶戶都會辦桌宴請親朋好友，一方面邀請親朋好友來一起沾染神明聖誕的喜悅；再方面亦顯示主人的熱誠好客，所以臺灣人的「吃拜拜」、「流水席」，已成臺灣特有的宗教文化之一。當然，在邁入21世紀的今天，廟會活動已不若以往重要，但有些歷史悠久、較具特色的廟會活動，仍被保留下來，且漸漸演變成重要的民俗活動，例如三峽祖師廟每年農曆正月初6的「清水祖師聖誕慶典活動」，其中的神豬競賽，就經常吸引大批中外遊客前往觀賞。且近年來，廟會文化已成為臺灣重要的文化資產之一，年輕人也逐漸重視之，如電影〈陣頭〉的上映及口碑風評，就是最好的證明。當廟會活動注入創新的元素，且與時俱進發揚光大時，可以預見的是，臺灣的廟會祭典不僅不會沒落消失，反而會以新穎的方式，將香火繼續傳承下去。

第九章

別具風格的建築

一、臺灣建築的成因

地文性成因：臺灣為一亞熱帶的海島，因此所有的建築都帶有海島特有的色彩。臺灣的氣候高溫多雨酷熱潮濕，所以建造房屋都以防暑為重點。防暑的首要方法，是讓房屋的方位採坐北向南，但臺灣的房屋卻打破傳統的制約，較傾向於坐東向西的方位，因為太陽有時候通過正上方，有時候偏北，向南的好處比較少，而且房屋向西可以避免陽光直射，反而比較有利。所以在建築的設計上也是儘量避免日光直射，在屋外設有寬廣的屋頂出檐，形成所謂「亭仔腳」的特殊設計。

臺灣人在面向馬路的屋子，通常把一樓面對道路的部分，開放6－12尺作為拱廊或者是柱廊，因為家家相連而且都這麼做，因此每一家的拱廊都互相連接，最後成為躲避陽光的人行步道。公共建築則在每一層樓都圍繞著有柱走廊，不僅可以防曬，而且也不必擔心室內會變暗。至於一般用土墼、紅磚或石頭砌成的屋子，其特徵是牆壁厚門窗小，因為除了木造的房子，其他結構的房舍，牆壁上面不易掏空，兼以天氣並非酷熱難耐，所以普遍沒有開大門窗的必要。而為防傾盆驟雨，在建築結構上，當然需要在屋頂作相當的傾斜以利排水。

人文性成因：1683年（康熙22年），臺灣納入清版圖，到1895年（光緒21年）馬關割臺，共統治臺灣212年之久，所以臺灣在各方面均深受漢文化的影響，而漢文化也成為臺灣文化的主流。於此背景下，臺灣的建築形式，深受漢式建築的影響自不待言。基本上，臺灣所謂的傳統建築，不論結構造型或營造過程，都可說是屬於中國漢文化建築中南方系統的一支，它是由閩粵移民所帶來源自漢文化的傳統建築，當中包含了為數最多的閩南式建築，亦夾雜若干閩東及粵式建築。

漢移民到臺灣後，以開發土地和發展農業為要務，其後，隨著移民潮不斷的湧入，在臺灣日久而落地生根，建立了屬於自己族群的聚落。聚落形成從建築始，早期移民建屋都從大陸聘請匠師來臺興建，其後才

慢慢培養出本地匠師，但因爲是移民之故，受限於環境和建材的不同，反而塑造出擁有自己特色的臺灣傳統建築風格。所以臺灣的傳統建築，雖說脫胎於閩粵，但不全然與閩粵的建築相同，它是有屬於自我的建築文化。

二、傳統建築類型及構造

臺灣的傳統建築，頗能呈現不同的族群風格，一般說來，在臺灣的傳統漢式建築可分四類：即閩南建築、客家建築、福州建築與潮州建築。閩南建築是臺灣最常見的傳統建築，其特色是強調屋脊與屋面之曲線，屋簷較平緩，及至左右兩端才略爲翹起，木屋架的桁樑及短柱多爲圓形斷面，外牆及屋面喜用紅磚與紅瓦砌成，在陽光照射下呈現磚紅之美，所謂「紅美黑大方」，此亦爲閩南建築之一大美學特色。

客家是臺灣的第二大族群，唯其遷臺較晚，大部分定居於桃竹苗與南部高屏近山一帶，客家因與閩南接壤，所以建築形式與閩南相去不遠，但仍帶有一些廣東的建築特色。譬如屋面材料多用青灰瓦，牆面則酷愛大面積的白灰牆或灰磚；當然大多數仍以搭配閩南紅磚爲主，也喜歡用卵石牆基，亦是該建築風格之一。整體而言，客家建築較喜愛簡樸內斂，這可能與客家人平實低調的作風有關。

至於臺灣出現具有閩東風格的福州建築，以馬祖地區最多，此因馬祖地緣接近閩東而受其影響。馬祖寺廟多以三梯狀的牆面爲立面，兩側是巨大的馬鞍形或火焰形山牆，高出屋頂甚多，不易看到屋面，與閩南寺廟相差甚大。而提到潮州建築，目前臺灣僅存臺南三山國王廟爲粵東潮州建築，其屋簷及屋面平直，屋脊的曲度較閩南式平緩，但脊上剪黏繁複華麗，此爲其取勝之處。潮州建築向來以剪黏出名，屋面常用青灰瓦，外壁塗白灰，簷柱不向上抵住桁而停於步口通樑下，此均爲典型潮州式的建築風格和特色。

臺灣傳統建築的主體構造有三：即屋頂、屋身和臺基三部份。屋頂

圖9-1　馬祖是閩東風格的火焰形山牆之建築特色。

除遮風擋雨的功能外，因面積較大，是建築立面的表現重點，傳統建築屋頂的形式頗多，有硬山頂、懸山頂、歇山頂、重簷歇山頂、捲棚頂等等。而結構則包括：1.正脊：正脊兩端最常見的有燕尾脊和馬背兩種做法，燕尾脊是正脊兩端彎曲起翹，分叉如燕子尾，是較高級的做法，寺廟或豪華宅邸常用之；馬背則是兩端不起翹，使垂脊由前坡順勢滑向後坡，形成拱起如馬背般的山牆。2.脊飾：為屋脊表面或上方之裝飾，常見的裝飾物以龍鳳居多，尤其使用在廟宇上。3.垂脊：亦稱規帶，是屋頂前後方向的屋脊，有壓穩屋面的作用。4.板瓦：為片狀略帶彎曲的屋瓦，用於民宅最多，有時亦與筒瓦搭配使用。5.筒瓦：係形如半圓筒狀的屋瓦，常見於寺廟等高級建築。6.瓦當：為筒瓦末端收頭的圓形物，表面多有圖案，材質與瓦片同。7.封簷板：是封住屋簷口的長形木板，可保護屋頂內部其他構件。8.滴水：為瓦當之間的三角形物，是屋頂雨水滴落處，材質與瓦片同。

　　而屋身的主結構為屋架與牆體，臺灣傳統建築的屋架形式，常見的有擱檁式、穿斗式和抬樑式等三種。所謂屋架，指的是撐起屋頂的木造結構，是由與立面平行的「排樓面」及與立面垂直的「棟架面」組合而

圖9-2　風格較平實低調的臺灣客家建築。

成，裡頭尚有桁條、托木、大通、束隨、中脊等名稱和功能不一的內在結構體。牆體主要由磚石或土埆砌成，壁堵是主要部份，常以剪粘或泥塑裝飾。整體而言，屋身為石雕與木雕藝術表現之重點，也是傳統建築的精華所在。臺基則是高於地面的基座，屋身建於其上，架高的地坪可以保護木結構，在多雨的臺灣，尤具有防潮的功能；建材以磚瓦、石、灰、土、竹、木等最常用。

三、臺灣的近代建築

　　臺灣4百年史，是個外來政權更迭非常頻繁的島嶼，荷西、日本曾先後統治臺灣，連帶著亦將其建築風格帶到臺灣來。所以臺灣的近代建築，易言之，就是受到西方近代建築思潮影響下之建築產物，其中包括設計觀念、建築形式、材料運用以及施工技術等等。荷西時期因年代久遠，且留下建築物少，所以對臺灣的影響並不大。臺灣真正的近代化，應該始於臺灣開港與劉銘傳撫臺時期，當然真正近代化的深化，嚴格說來還是在日治時代。近代化的觀念反映到建築上，就出現了近代建築，但並非在近代所建造的都稱為近代建築，重點在於該建築能體現出近代

文化的特色。

　　臺灣的近代建築有兩大系統，一是由西方人直接主導，如領事館、洋行及教會建築等；另一為由日本間接移植的歐風建築。前者數量較少，風格較一致；後者因日本統治臺灣50年，隨著世界潮流趨勢，成為臺灣近代建築之主流。臺灣在日治時期，近代建築大概呈現三個特點：

(一)設計與營造分家：過去的傳統建築是設計與營造不分的，近代建築則是由專業訓練培養出來的設計師負責設計，而由營造廠商專責施工。在日本時代，臺灣大型的公共建築，如總督府、臺北賓館、臺灣銀行等建築物，都是由官方聘請的設計師負責設計，再由日本專門的大營造廠商得標施工、監工。至於民間建築，因有臺灣本地技師參與，施工亦多是當地工匠，故常出現融合本土風格的特色。

(二)新式樣與新材料：近代化使得不同功能的建築種類增多，在外來文化的影響下，也使得建築的樣式更加豐富多元。此外，近代建築大量使用新式建材，如人造石、鋼鐵、水泥、面磚、洗石子等，這些建材有的購自國外，有的由臺灣本地製造。

(三)都市計畫與建築法規：近代建築雖不受傳統建築規制的影響，但為配合都市整體發展，遂有都市計畫概念的產生，新建築物必須遵守相關的建築法規，如建築的高度、寬度與街道的關係等等。說到臺灣的近代建築，若就時間斷限言，大致可分為三個時期：

1.1860～1895年（咸豐10年－光緒21年）為第一階段，此時為臺灣開港和劉銘傳新政時期，也是臺灣受西方影響，開始步入近代化的開端。其時洋人、傳教士紛至沓來，在臺灣蓋教堂、興學校、建醫院，像馬偕所開的醫院（淡水偕醫館），還有其他學堂一類的建築，都是由外人主導的。而此時臺灣正在開展洋務運動，劉銘傳的富強新政，也聘請不少外籍專家顧問，幫他設計各種重大工程及建築物，如教堂、洋行、西學堂、番學堂等等，都是劉銘傳採自外人設計的。

2. 1895～1919年爲第二階段，此爲日本正式接管臺灣到「大正民主」時期，此階段的建築型態有二，先是所謂的明治洋風建築，即日本和風與西方混搭的建築風格，如屋頂爲日本瓦，但屋身卻有一些是西洋式的東西，這稱爲「明治洋風」。後爲晚期文藝復興的建築物，日本明治維新後，在建築概念及設計上，深受歐風影響，其時日本國內很多大型的公共建築，都一昧以蓋歐洲風格爲時尚，此風氣亦帶到殖民地臺灣來。如我們今天所看到的臺北賓館、總督府（總統府）等建築物，都是晚期文藝復興建築的作品。值得一提的是，此期臺灣教會學校的建築亦別具一格甚有特色，它們和早期的傳教建築物不太一樣，如淡水的淡江中學和臺南的長榮中學，都是本期很有屬於自己宗教風格的建築物。

3. 1919～1945年爲第三階段，此爲日本統治臺灣的中晚期，這時期的臺灣建築物呈現豐富多采的特色。建材開始大量採用鋼筋水泥的R.C結構，因爲不習慣灰色的牆面，發明了「馬賽克」來裝飾美化牆面，如臺大、師大的建築物，外觀其實都是貼馬賽克的。其次，這時期臺灣流行仿歐洲風，有不少建築是仿希臘風、仿羅馬風，甚至是仿哥德建築的味道，這些裝飾，重點是引用了一些西方的風格在裡頭。在屋身的顏色方面，也有很大的改變，不再拘泥傳統的紅色，改用淺綠色或白色，如臺北市的火車站和中山堂均如此。

日本統治臺灣末期，因爲厲行皇民化運動，所以在建築形式上，又有了非常大的改變，強調大和民族主義，想要恢復神道、神社建築，所以在光復前幾年，臺灣蓋了一些也是現代建築，但是多了一個像神社的屋頂，帶有若干日本味道的，如高雄火車站、高雄法院等，均屬此類神社建築。整體而言，臺灣的近代建築，可說是形式多樣，內容豐富多元，據李乾朗教授歸納，僅從外觀形式或使用的材料與建築元素來看，大致可分爲洋樓建築、樣式建築、和風建築、折衷建築、和洋混合風建築、興亞帝冠建築、初期現代建築等七類。

1. 洋樓建築：其建築形式是外部有寬敞的拱廊，作為休閒活動空間，也可減少室內的日曬，以適應炎熱的氣候，此建築多為英國式建築，流行於英屬地區。洋樓建築在臺灣出現甚早，多為來臺從事貿易的洋商及傳教士所建，以領事館、洋行、學校為主，如德記洋行、東興洋行等。

2. 和風建築：為日治時期由日本帶進臺灣之日本傳統風格建築，和風建築因仿唐代建築，故與漢文化系統建築有類似之處，但也有不同的地方，如屋脊平直、屋頂的曲線較緩、鋪日本黑瓦、斗栱較壯碩、不施彩繪，整體外觀肅穆清雅。此種建築多用於神社、寺廟，如臺南武德殿即屬此類。

3. 和洋混合風建築：此建築形式是在和風基礎上，融入若干洋式建築的特色。如西式木屋架、地坪不再使用架高的木地板或榻榻米，這些都是受到西式建築的影響；但屋頂仍鋪日本黑瓦、入口玄關仿唐博風式等，猶保留和風建築的元素。和洋混合風建築因結構簡單施工快速，故日治時代不少小型公共建築及住宅都採用此風，如臺北醫院北投分院即是。

4. 折衷建築：折衷主義建築是歷史樣式建築邁入現代建築之過渡，1923年日本發生關東大地震，許多古典壯麗的文藝復興式之近代建築被震垮了，當時民眾對這些缺乏耐震系統的建築開始亟思改良，例如加強磚造等。適時西方現代主義建築思潮恰傳入日本，因此日本建築形態亦隨著現代主義開始發展。唯1920～1930年代的日本，仍有許多建築物遊走於古典歷史樣式與現代主義之間，故稱此期為「折衷主義」（Eclecticism）建築。折衷建築之特色為在平面上仍為對稱形式，立面中央作略高起的三角形牌頭（Pediment），動線在兩翼展開，牆體已減少使用紅磚，但仍會貼上褐色或暗紅色的面磚，似乎仍有一點模仿紅磚的意味。臺灣的折衷式建築物相當多，類型亦有不同，較重要者如臺北帝國大學（今臺灣大學）、臺北高等學校（今師

範大學）、臺北勸業銀行（今土地銀行）、臺北郵政局（今臺北郵政總局）、臺北公會堂（今中山堂）、高等法院（今司法院）等，可謂典型代表。

5. 興亞帝冠建築：日治後期，日本提倡所謂「大東亞共榮圈」口號，掩飾其帝國主義的眞面目。在「大東亞共榮圈」號召下，連建築或藝術也要共襄盛舉，形塑爲一種富有東亞特色的新文化，因此在臺灣形成另一種特殊建築樣式，即所謂的「帝冠式建築」（Imperial Crown）。帝冠式建築可溯至1920年代，日本帝國議會設公開之競圖案，日人設計師下田菊太郎爲凸顯日本帝國的權威，將類似羅馬神殿的建築塑體，蓋上日本城或宮殿屋頂的形式，意味著在西方歐洲之上，蓋著大日本帝國之冠的意思。這種建築結構出現了標榜東方風味的興亞帝冠形式，其實是爲軍國主義宣傳之工具。其建築特色是折衷建築的屋身，加上東方式的瓦頂，代表著至高無上的權威，此形式以官方建築居多，如臺北植物園的建功神社、高雄市役所（舊高雄市政府）及高雄驛（高雄火車站）等，兩者的外觀造型及巨大琉璃瓦屋頂，皆爲帝冠式典型；但民間建築似乎未受其影響。

6. 初期現代建築：20世紀初，西方人基於對理性、秩序的追求，產生了「現代主義」，表現在建築上，是以機能爲主要考量，反對巴洛克式過度華麗的裝飾，改以追求簡化，並運用新材料、新工法來創造新結構。1920年代末期，這股建築風潮亦由日本傳進臺灣。現代主義建築，強調外觀明朗簡潔，注重結構比例均衡，將原先繁複的山牆代以平直的女兒牆，花草紋飾減少，改以幾何的圖案設計；至於外觀形式，則以面磚、洗石子爲主，讓建築呈現一種簡潔理性之美。初期現代建築在臺灣亦以官方建築爲主，然民間一些經濟條件好或接受新觀念之知識份子，其住宅也採用初期現代式建築，著名之臺北市電信局和眾多迪化街建築，即爲此種建築風格。

7. 樣式建築：主要是模仿19世紀歐美流行的後期文藝復興式建築，典雅的歐式巴洛克風格與華麗裝飾為其共同特徵。巴洛克式建築風格在於以洗石子和紅磚為主，如雕塑般立體的外觀，高聳突出的山牆，精雕細琢的各式花草紋飾，透過建築物外觀華麗、繁複、精美、細緻的裝飾，營造出一種流動的視覺，經由光影達到如夢似幻、金碧輝煌之感。日本治臺，亦大量引進此建築形式於臺灣，初時以官方建築為主，後來民間建築也跟進。歐式建築風格多樣，有古典、英國維多利亞式、仿哥德式、法國曼薩爾式及巴洛克式等。不過臺灣因係殖民地及受地域影響，一棟建築物常混合多種風格，較不純粹，只能依外觀作大致的判斷。基本上，臺北公賣局、國立臺灣博物館；新北市之淡水長老教會、臺中市政府等，都屬此種歐式樣式建築。

總之，1930年代的臺灣建築，是屬於過渡時期，一方面引進歐美先進建築技術觀念，如現代建築運動；再方面配合日本「大東亞共榮圈」政策，也出現所謂的「興亞帝冠式」建築，而又有一部分是介在傳統與現代建築交互影響下，形成折衷主義建築等，這些都是時代下的產物，亦係代表那個年代的臺灣建築風格。

四、原住民建築

原住民是臺灣最早的主人，其族群文化豐富多樣，每族都有自己的特色，在聚落形態與建築空間的表現上亦如是。以山地原住民為例，在山地部落通常設立於高山的山腰，後面有背山，前面則急陡坡傾斜，遙遠的前方有溪谷。原住民在山腰間闢幾段長的階梯形平坦地，作為建築用地和穀倉，因為順應自然地形，建築大都依山勢而建，依山面溪，而屋後因土地漸高，遠遠望去，大部分的房子好像是掩藏於地底下似的附屬建物。

而臺灣原住民蓋房子的方式，則是道道地地的「構木為巢」，以泰雅族為例，他們的房子都是就地取材，伐取附近的樹木、竹子和茅草為

建材。蓋房子時，先用樹幹架構為房屋主體的樑柱，然後用木片或竹子、茅草編成牆壁，最後再以茅草和竹子做成的屋頂蓋在屋樑上，就算大功告成了。房屋的格局均為單房，屋內陳設亦十分簡單，牆邊置幾張床，開有一、兩扇小窗於床位上方。至於廚房，在地板上挖個洞，並以火爐使用，如此便是全家人遮風擋雨、生活起居的「安樂窩」了，原住民之樂天知命由此可知。

另外，大多數的原住民也會在屋外蓋一間較小的穀倉，用來貯藏穀物。穀倉的地板用支柱騰空架高，支柱上套有「擋板」以防鼠害，十分有趣而具巧思。原住民的部落，村民之間關係十分團結和樂，如果有一家要蓋房子，全村的人都會前來幫忙，往往不需幾天，新房就蓋好了，新居落成時，屋主會宴請大家，載歌載舞酣暢盡歡而罷。

部落的主要建築物是住宅，通常有主屋，另有穀倉和畜舍。住宅外的建築，鄒族及阿美族有集會所；泰雅族有瞭望樓；達悟族有工作小屋、涼臺、船倉等；達悟族以外的各族曾經有過骨頭架，不過那應該是較為特殊的。原住民建築物的地板型式（地面）有凹陷式（豎穴式、深床式）、平地板式、高地板式三種。布農族與泰雅、排灣兩族的一部分房屋採用凹陷式，採用凹陷式的原因是因為臺灣高山天氣寒冷，而且原住民的房屋建築結構簡單，不會建高屋頂的房子，只有向下發展，以求得足夠的房屋高度，也使室內容積加大。

當然，原住民的住屋還是以平地板式為主，通常是與地盤面等高的泥土地板或鋪石地板為多。原住民採用平地板式，但會在土間（泥土地板）上面擺置床舖之類的裝備，彌補泥土地板的缺點。主屋或工作小屋沒有高地板式，只是為了防潮及鼠害，才會把穀倉架高，使地板下透空，產生良好的通風功能。建築的平面格局通常為長方型，但鄒族的一部分房屋是橢圓形平面，相當原始特別。屋內以單室制最為普遍，複式隔間較少見。至於建築材料以木、竹、石板作牆壁及屋頂，屋頂也有使用茅草、檜木皮等。其中以石板屋最為有名，石板屋是取材自板岩、頁

圖9-3　原住民建築的內部陳設。

岩等黑色石材的建築物，具有冬暖夏涼的優點，臺灣原住民族中，排灣、魯凱、布農等族都有石板屋。總體來說，原住民之建築特色，依李乾朗與俞怡萍合著的《古蹟入門》一書，整理出幾點：

1. 與自然環境緊密結合：原住民的生活形態與自然環境息息相關，耕作、飲水、防禦等因素，常是其選擇居住的要件。故其建築常配合環境地勢而建，建材亦就地取材，大體上，以石、木、竹、茅草等為主，因地制宜的建築設計，展現出原住民的建築智慧。

2. 簡樸原始的形式：因受限於地理環境，所以建築使用的工具與技術極為簡單，但很實用。原住民的建築形式頗重功能，除頭目住屋有所裝潢外，一般住家均從簡，呈現質樸原始的風貌。

3. 群居關係與公設建築：原住民的生活形態，是個生產防衛共同的群體，為方便頭目長老的管理，除私人住屋外，尚有公眾會所等公設建築。

4. 墓葬與住屋的結合：原住民的喪葬文化頗為特殊，有別於漢人，他們有其獨特的埋葬方式，排灣、泰雅、魯凱、布農、卑南、鄒族等

族，早期實行室內葬，爲一奇特之墓葬與住屋結合的習俗。

　　基本上，原住民因居住環境與生活習性不同，各族群建築亦有所不同，茲簡介九族之建築形態如下：

1. 泰雅族：分佈於臺灣中北部山區，建築形式依當地環境不同，主屋有平地式及深穴式兩種。材料以竹、木、茅、石皆用，屋內空間以長方形爲主，屋外有穀倉、豬舍、雞舍等附屬建物。部落入口處，有「望樓」設置（即瞭望臺）及骨頭棚（今已未見），這是泰雅族特有的建築類型。

2. 賽夏族：分佈於臺灣中北部苗栗、新竹一帶，其建築形式爲平地式，建材以木、竹爲主。屋身的平面格局，隔成兩個以上的房間，採正入的方式，正中央爲起居間，左右爲寢室或廚房，住屋內部爲複式型隔間，有獨立的炊煮空間，顯然係受漢人影響。

3. 阿美族：分佈於花東海岸平地，建築亦爲平地式，建材爲竹、木、茅，主屋有兩種型式：單室正入式和複室側入式，室內空間有火爐、寢室，並設有矮矮的遮牆；廚房則爲獨立棟，這是頗爲特別的地方。住屋外還蓋有畜舍、穀倉、工作房等。部落中常設置兩個以上的會所，作爲青少年宿舍、部落會議及舉行祭儀之所。

4. 布農族：分佈於臺灣中部山區，部分定居於花東一帶，因爲居住在臺灣海拔最高的山區，故受地理環境的限制甚大。高山腹地有限，部落多爲散村形式，建築亦因陡峭的地勢，挖掘成淺穴式，也有些是平地式，建材多使用當地易取得的木板、樹皮、茅草、石板等。室內空間以單室型爲主，因爲是大家族制，故住屋面積較大。

5. 鄒族：亦稱曹族，分佈於嘉義阿里山區，因部落的管理以長老會議爲首，故建築有高架式的會所，但一般房屋爲平地式。較獨特的是，房子的平面格局是四方護甲式長方形，屋頂爲半截式橢圓狀的茅草頂，此爲其他原住民所未見，材料亦爲竹、木、茅草等；且每個部落都有大集會所（庫巴），供族人開會之用，亦爲特色之一。室內空間爲單

圖9-4　阿美族的家屋（loma'）。

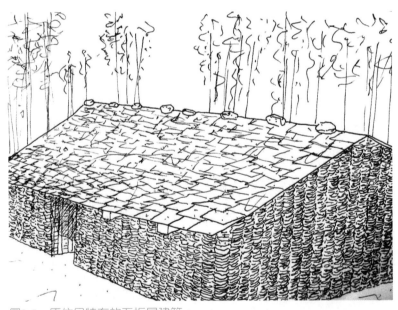

圖9-5　原住民特有的石板屋建築。

室型，並未設火爐，穀倉設置，有在屋內者，也有在屋外。

6. 魯凱族：分佈於臺東、屏東、高雄山區，有嚴格的階級制度，建築
　形式亦因階級不同而有別，頭目的住屋及庭院寬敞，屋樑門柱飾以代
　表身分的木雕，也有召喚集合族人講話的司令臺。一般住屋則較小，

圖9-6　原住民的會所為提供族人集會之所。

除穀倉為高架式外，其餘多為平地或淺穴式，材料以石板、木板為
主；臺東的魯凱族則用木、竹及茅草，室內空間為單室型，屋外有穀
倉、工作房等附屬建物。

7. 卑南族：分佈於臺東平原，因地處平地，故建築形式受漢人影響甚
大，只有會所、女巫靈屋及祖靈屋具原來特色。會所為高架式，其他
則為平地式，材料以竹、茅為主。

8. 排灣族：分佈於屏東地區，有嚴格的地主貴族及佃農平民階級制
度，因階級嚴明，故住屋也有差別。頭目的住屋及庭院寬敞，屋頂橫
樑、門扉、柱子上都會有雕刻，並塗上彩色的裝飾圖案，前庭立有標
石及大榕樹以代表身分，還有高架穀倉及召喚族人的司令臺。一般住
屋規模較小，主屋呈左右延伸的長方形屋舍，前方作為前庭，靠邊有
穀倉、雞舍、豬欄，據說過去曾經有過骨頭架，現在已經看不到了。

9. 達悟族：又稱雅美族，居住於臺東外海的蘭嶼島上，為海洋性民
族，生活習性與本島的原住民差異頗大。聚落位於離海不遠的坡地
上，倚山面海，為防海邊強風，住屋的建築形式為所謂的半穴屋（俗
稱地下屋），半穴屋是達悟族的傳統建築，達悟族人將房子建於地平

面之下，建材爲竹、木、茅、石，排水良好，不怕地震，冬暖夏涼，很適合蘭嶼夏季多颱風，冬季有強烈東北季風的氣候。此外，達悟族的主要建地上，在中央處有主屋，室內空間爲複式型，側邊則有工作場、產室，前方有涼臺、穀倉等附屬建築物。此外，達悟族還有獨特的船屋，林立於海邊，是族人停放獨木舟之處。

圖9-7　蘭嶼達悟族的半穴屋（俗稱地下屋）。

五、歷史建築

上述簡介了臺灣傳統建築、近代建築和原住民建築，其中有不少建築，已成爲古蹟中的歷史建築。如何才能成爲歷史建築，依「文化資產保存法」定義，係指「未被指定爲古蹟，但具有歷史、文化價值之古建築物、傳統聚落、古市街及其他歷史文化遺蹟。」而要成爲歷史建築，有其一定的標準，依據歷史建築登錄及輔助辦法第二條規定：

1.創建年代久遠者。 2.具歷史文化意義足以爲時代表徵者。 3.表現地域風貌或民間藝術特色者。 4.具稀少性，不易再現者。 5.具建築史上之意義，有再利用價值及潛力者。茲以高雄阿蓮鄉吳厝爲例，吳厝位於高雄市阿蓮鄉，其建造約於清初至中葉之際，係高雄地區現存傳統民宅

中年代較久遠者，吳厝屬於典型泉州式樣，保存了來自原鄉的建築風貌。

　　吳厝之建築形制大抵仍維持創建時之兩進雙護龍（大廳的兩側各有臥房及廚房成一字型，稱為「正身」，在正身之兩邊向前加蓋廂房成為凹字型，稱「護龍」）的四合院格局，木造結構的建築形式，除右一護龍和右二護龍前半段空間改建外，大致仍維持原樣，精美古樸的木雕亦完好無缺。古厝前落厝頂翹脊，後落改為馬脊（又稱「馬背」：原始功用為壓住屋坡邊緣上之瓦月及增加屋頂重量，以防止二者被風掀掉。）山牆歸帶線原為曲線，匠師後來將之拉為直線，目前直形歸帶線下方仍可見原曲線歸帶。

　　門廳正面壁為「三關六扇門」（廟宇的殿宇或民宅正廳的明間通常關三樘門，每樘安裝雙扇門板，中央為兩扇板門，左右各有兩格扇）。大門滌環板左為琴棋、右為書畫，大門上方置以「獅咬劍」（為傳統建築具有辟邪作用之裝飾題材之一，又稱「劍獅」，常裝置於宅門、牆門、門楣、屋頂等處，意為守護家宅平安）。大廳正面壁亦為「三關六扇門」，廳門滌環板左為春梅夏蓮，右為秋菊冬牡丹。木雕作工極為精細，木造門、窗櫺及石雕、磚雕也精美異常，深具傳統建築工藝之美。

　　就目前尚存的高雄地區傳統民宅研究價值言，阿蓮中路吳厝堪稱是其中較為古老的中型民宅，它見證了臺灣早期開發歷史的建築實體史料，其稀有性不僅僅是年代久遠而已，而是其間所蘊含諸多原鄉地的建築特質，以及其因應地方自然和人文環境而產生之在地化現象。與清朝後期民宅相比較，阿蓮中路吳厝因其開墾初期的建造背景，致使其不論在形式、工法或裝飾之特色、格局及使用形態上，皆因年代久遠而更顯古樸。

　　此外，在母文化影響下，其建築特色更具「原鄉」風格，此由其架構形式及較平緩的厝脊起翹可證之。由於古厝主體建築因未經大翻修而保留了原貌，故深具文化資產價值，但也因年久失修，古厝破敗越來越嚴重，若不及時整修維護，恐有倒塌毀壞之虞。

由吳厝之例可知，要成為歷史建築，並不是那麼簡單，迄於2005年底止，臺灣地區登錄為歷史建築總數已達542件之多，現仍逐年增加中。而歷史建築除自身所擁有的歷史、文化、藝術價值外，如能與所在的地方或社區結合，成為該地區一文化、教育、休憩之中心，不僅能深化人們對歷史建築之了解；重點是，對於社區總體營造，推廣地方文化、提升生活品質、保存地方歷史風格、強化居民對社區的認同與歸屬感等，都有很大的助益。

　　總的來說，建築除了遮風避雨的基本功能外，它應該還有另一層文化或歷史的深義在，不同的族群之間用以區分彼此的，在於彼此互異的文化特性，建築的形式，即是此間的一個極重要之特性。從另一角度來看，對臺灣建築的觀察，也可以作為理解臺灣文化或臺灣人生活方式之途徑。尤其在今日臺灣人已能充分地尋找自身之文化，在民俗、文學、戲劇、美術；甚至政治、經濟、社會之外，臺灣人的居住空間，應當也是表現自我文化的一個重要面向。

　　誠如日本學者藤島亥治郎於《臺灣的建築》書中所言：「臺灣的建築，不僅僅是建築史上的一項資料而已，更具有歷史學和人類學上的價值，……它更可以刺激人們對建築的構想更為豐富。」例如由原住民的建築，讓我們想到利用身邊可獲得的材料，以樸拙合理的手法蓋起屋子；傳統閩南式建築，則是漆著絢爛豪華的色彩，加上複雜厚重的設計，橫溢出濃濃的南國情調；近代西洋式建築，正好反映荷、西、日本殖民統治臺灣的多元色彩，同時也可以作為現代及未來建築發展之原點，故相當值得重視。

第十章

臺灣的民俗節慶

一、民俗節慶的由來與意義

民俗是反映一個地方特有的人文生活面貌，從常民的婚喪喜慶、儀式禁忌到傳統技藝創作，都有其象徵意義。而節慶則爲一族群在特定時間，舉行有紀念意義之活動總稱，當然此種節慶常與自然風土、信仰傳說、勞動曆期有關。民俗與節慶雖然展現形式不同，但往往是密不可分，二者皆繫於人之日常生活，係以人爲主體所發展出來的規律與規範，且經過約定俗成已深化人心，成爲代代傳承的記憶。

民俗節慶爲一群體文化，共同群體的經驗累積是非常重要的，臺灣爲一移墾社會，早期來臺之先民，均以墾地務農爲生，在「看天吃飯」的情況下，使其對天候與風土條件的變化有獨到的觀察。人既然受惠於天，所以重視與天有關的徵兆、規律，從而發展出相對應的民俗節慶，甚至附會出神話傳說來。臺灣的民俗節慶很多都與敬天有關，如代表天之運氣的一、三、五、七、九等陽數數字，分別有春節、端午、七夕、重陽等節慶。而配合耕作韻律，如24節氣中的清明、冬至等，都是人與天關係的落實，藉著人依天之律運轉，將天與人合而爲一。

除對天的崇敬外，人之祭祖祀神，也代表對地的思考與想像。春節祭祖、清明掃墓、中元普渡等儀式，除慎終追遠外，也體現中國人的生前死後之二元宗教價值觀，和對幽冥世界的想像。基於此，臺灣民間有不少節慶是與宗教合流，帶有濃厚宗教意味的。另外，一部分的節慶則頗富傳說色彩，如七夕牛郎織女和端午屈原故事最爲著名。

基本上，臺灣的民俗節慶，有其凝聚情感的社會功能，現代工商業社會，在忙碌之餘，人與人之間的情感是相當疏離淡漠的，大家各自忙自己的事，平常很難聚在一塊。藉由節慶，很多親朋好友可以聚在一起暢談敘舊，如除夕的守歲圍爐、春節的拜年訪友，大年初2之回娘家，清明的全家掃墓，中秋之烤肉賞月，均是現代繁忙社會，親友難得聚合的時機。

此外，民俗節慶也可帶來一部分商機之發展，例如由端午所衍生的各種不同地域之粽子，北部粽、南部粽、客家粽等；中秋之月餅種類，清明的潤餅、元宵之湯圓，透過現代網購或宅配的便利，也往往使商家大發利市大賺一筆。此亦證明民俗節慶確實是由人所共同創造發展，是族群凝聚而成的生活文化，其多樣的面貌、今昔之異同，也見證了臺灣社會快速變遷之形態。

二、重要的民俗節日（歲時節慶）

所謂節日，是指一年當中，由種種傳承所展開有特定主題，且約定俗成的固定社會活動日。節日的類型有其多樣性，以性質言，可分為單一性質和綜合性質兩種，前者是由某個節日的單一目的所決定，如國慶日、元旦、植樹節等，目的單一顯而易見。後者則較複雜，係指那些具有多種目的的節日，這類節日常有多樣之習俗活動，且其目的非單一而是有多重目的的，它賦予節日多種功能，使得節日具有綜合性質，最典型莫過於各民族傳統的新年節。中國各民族過年日期長短不同，習俗亦豐富多元，其中所蘊含之目的也不一樣，所以說，過新年是最典型的綜合性節日之代表。

另外，就節日的內容言，大致可分為祭祀節日、紀念節日、慶賀節日、社交遊樂節日等四種。祭祀節日以祭拜神靈祖先為主，祈求驅邪避凶、豐收平安。紀念節日以紀念追悼歷史上重大事件或緬懷民族英雄及地方上受崇拜人物為主，如「228」和平紀念日、國父誕辰紀念日等均屬此類。慶賀節日性質較多元，基本上以慶祝豐收、祝賀喜慶為訴求，最著名的如原住民的豐年祭即屬此類。社交遊樂節日，內容是較單純的社交活動所舉行的歌舞節日，往往以群體集會的形式舉行。

節日既是一複雜的民俗事象，亦是作為社會文化的有機組成部份，其受到社會文化的制約是必然的。隨著社會文化的變遷，節日活動也不斷發生變化。有一些節日消失了，或者變得不被重視了，如先總統蔣公

誕辰紀念日、臺灣光復節等；但也有些節日產生了，或變得重要起來，「228」和平紀念日最為典型，國、民兩黨對此節日，因牽涉政治敏感，都不得不重視起來。至於「三月瘋媽祖」，近年來大甲鎮瀾宮媽祖的遶境出巡，不僅已是臺灣民間宗教之盛事，更賦予了媽祖誕辰更豐富的文化內涵。

節日起源有三條線路，一是以節日習俗為主，二是以節日日期為主，三是以前兩者相關聯為主。茲舉臺灣社會目前較重要的幾個代表性節氣、節日及民俗節日，作一深入淺出之簡介，與其說它們是節日，其實它們已成為臺灣社會最重要的節令了。

1.春節：農曆春節是一年當中最重要之節日，中國過去春節的期間，因不同時代、不同地區，期間和習俗有所差別。清代以來，一般以正月初1到初5為春節，也有些地區直到正月15日元宵節過後，才算過完年。春節的民間習俗為初1要燃放鞭炮，然後開廳門，接著梳洗換新衣，焚香燈燭燒金紙；門上換新桃符放爆竹，以糕點牲禮供奉神明，名曰開正。然後向祖先牌位行禮、依序向長輩賀歲。早飯後，盛裝至親友家拜年，互相祝福，並準備果盤甜點待客，吃甜代表富貴吉祥，這是傳統禮尚往來的習俗，也叫「拜正」。開正當天，長輩也會率領子孫出遊，到附近寺廟上香或至名勝古蹟遊覽，稱為「遊春」。

初2是回娘家的日子，除了伴手禮外，還要發紅包給岳父母。若回娘家的女兒有小孩，娘家要回送雞腿，或用紅線繫古錢掛在小孩脖上，象徵「結綵帶」增添喜氣。中餐吃團圓飯，約午後返家。初3商店歇業，初4寺廟及家家戶戶，備牲禮燒紙錢放爆竹，名曰接神（「迎神」）。初5大部分商家選擇這一天開張（「開市」），以供品迎財神，又開始一年的工作。年初9為玉皇大帝誕辰，要準備紅龜粿或發粿及牲禮，祭拜天公，俗稱「拜天公」，以祈求家戶平安。

臺灣俗諺：「初一早，初二吵，初三睡到飽，初四接神，初五隔開，初六挹肥，初七七元，初八完全，初九天公生，初十有食席，

十一請子婿，十二查某子轉來拜，十三飲糜配芥菜，十四結燈棚，十五上元暝，十六拆燈棚」，非常傳神逗趣的將春節的各項民俗詳盡道出。此外，春節也有許多禁忌，如忌打掃、倒垃圾，忌說不吉利的話、忌打罵小孩和打破家具碗盤，認爲這會帶來霉運。

圖10-1　臺東元宵節的重要活動「炸寒單爺」。

2.元宵：元宵節是個多采多姿的節日，除了吃元宵以示團圓外，還有以民間故事爲主題的燈會和猜燈謎，熱鬧非凡。農曆元月15日的夜晚，爲全年第一個月圓之夜，因此稱爲元宵，又稱「上元節」或「燈

節」，也稱小過年。元宵節的主要活動為賞花燈、猜燈謎、吃元宵和祭祀。俗諺說：「十三上燈，十八落燈」，燈會通常長達數日，期間寺廟搭建彩棚，展示各式造型的華麗花燈，家家戶戶則在門口高掛彩燈，夜間亮如白晝。猜燈謎是將謎語貼在燈籠上，猜中者贏得獎賞。元宵是應景食品，將糯米搓成湯圓煮食，意寓闔家團圓、圓滿順暢之意。當天也有祭祀的習俗，清晨到廟裡或家中祭拜「三界公」。

臺灣的元宵節，已發展出獨具特色的民俗活動，其中以「北天燈，南蜂炮」最負盛名，係指新北市平溪的放天燈和臺南鹽水鎮的放蜂炮。其他知名的還有臺中東勢的「新丁粄比賽」、臺東的「炸寒單爺」、苗栗後龍鎮的「射炮城」等。1978年，政府將元宵節定為「觀光節」，1991年起在臺北市舉行盛大的「臺北燈會」，2001年起由各縣市輪流主辦，改名「臺灣燈會」，活動期間遊客如織盛況空前，熱鬧程度遠甚過年。

3. 清明：國曆4月4日或5日，為24節氣之一，受中原文化影響，閩南人在清明節祭掃祖墳，以示慎終追遠；客家人自元宵節後開始掃墓，迄清明止。1935年政府明訂每年4月5日為民族掃墓節，今稱為清明節，為國定假日，讓國人掃墓祭祖，維繫飲水思源之傳統美德。

清明節的主要活動為掃墓、祭祀無主孤魂、踏青等。各家備牲禮、製春餅、潤餅等祭祀祖先，又曰春祭。掃墓時，會清理祖先墳墓，供拜粿類、糕餅。祭拜後，會將供品紅蛋的蛋殼剝撒在墓上，代表新陳代謝、送舊迎新之意。接著要掛紙，又稱「壓紙」，閩南人習慣用五色紙（「墓紙」）掛紙，表示此墓有後人祭掃；客家人則用黃古紙壓墓，象徵替祖先翻新舊瓦屋之意。臺灣因地狹人稠，傳統土葬習俗漸被火葬取代，現今很多人清明節是到寺廟或靈骨塔祭拜祖先靈位，但由於清明祭祖、家族團聚觀念仍在，兼以清明節為國定假日，所以每年仍有大量車潮返鄉掃墓。

4. 端午：農曆5月5日，為臺灣民間三大節日之一，又稱五月節或五日節。臺灣北部人習慣稱端午為「五日節」，南部人則稱「五月節」，此與祖籍自福建漳州移民來臺有關。古時稱5月為毒月，是疾病開始流行的季節，故5月5日成了驅邪袪毒去瘟的重要節日。端午節的民俗活動包括龍舟競渡、吃粽子、消毒避疫、喝雄黃酒、佩香包等。龍舟競渡又稱划龍船，古稱競渡，是中國古老的水上競賽。晉宗懷所撰《荊楚歲時記》言：「競渡俗為屈原投汨羅江，傷其死，故命龍楫以拯之。」清高拱乾編修《臺灣府志》亦曰：「所在競渡，雖云弔屈，亦以避邪。」臺灣各縣市每年端午節都有龍舟競賽活動，自1990年代起，新北市新店碧潭舉辦端午賽龍舟錦標賽，更是年度盛事。

5. 中元：農曆7月15日，又稱中元節、中元祭、中元普渡。東漢張陵創「天師道」，祭祀天、地、水三官，後來演變為三官大帝。天官賜福、地官赦罪、水官解厄，分別為農曆正月15日天官誕辰稱為上元日；7月15日地官誕辰為中元日；10月15日水官誕辰稱為下元日，到了唐代即有所謂的「三元日」，成為民間的民俗節日。南朝梁武帝篤信佛教，於538年（大同4年）提倡「盂蘭盆法會」，濟渡六道苦難，報酬父母長養之恩。道教的赦罪觀念與佛教解救倒懸之苦，相互結合，演變成為中元普度、中元盂蘭盆會。中元普度透過法會、齋戒、誦經等儀式，祈求佛祖、地官大帝赦免亡魂、無主孤魂、凶死者之罪孽，因救贖對象為亡者，故農曆7月又被稱為鬼月。

　　民間習俗認為農曆7月為「鬼月」，而7月1日「鬼門開」，這天各寺廟會在廟前豎立帶枝葉的長竹竿，上懸燈籠作為孤魂聚集的標誌，稱為「豎燈篙」。而且鬼門開後，各家各戶要在門口供拜祭品；在供品上各插一枝香，上完二柱香後，燒經衣、銀紙，稱為「拜門口」。農曆7月這個月，孤魂野鬼（又稱好兄弟）在這一整個月得以到人間享受祭祀，因此各地寺廟會在農曆7月舉行法會進行普度，稱為公普；至於各行各業自辦者稱為私普，在自家門口舉辦者稱為家普，其

圖10-2　基隆中元普度的放水燈儀式。

目的都是在祭祀四方無主之孤魂。

　　1968年、政府為提倡節約祭典，革新社會風氣，發佈「改善民間祭典節約辦法」，規定全國普度統一於農曆7月15日舉行，此後全臺各地輪流普度的風氣不再。各地舉辦之中元祭典，各有不同之規模，其中以基隆的中元普度；老大公廟的放水燈（即普度前一天，會以施放水燈方式，為溺斃的孤魂照路）、新竹客家庄新埔義民廟普度、宜蘭頭城「搶孤」（中元普度活動，在超度結束時，會以鑼鼓為信號，開放信眾搶奪孤棚上的祭品，作為分享，也帶來好運作）等處最為有名。7月末為鬼門關的日子，也稱「謝燈腳」，此時徘徊在陽間的孤魂野鬼必須回歸冥府，寺廟也會撤除燈蒿舉行祭拜儀式。

6. 中秋：農曆8月15日，為臺灣三大民俗節慶之一。中秋節主要習俗為祭祀土地公和賞月，《臺灣府志》云：「中秋，祀當境土神。蓋古者祭祀之禮，與二月二日同，春祈而秋報也。」亦即在春耕時祈求土地公保佑，秋收後則要報謝土地公之辛勞。至於賞月可能源起於唐朝，唐詩「秋夜月偏明，西樓獨有情。千家看露濕，萬里覺天清。」即為賞月明證。

中秋節主要應景食品為月餅，元末朱元璋起兵時，以月餅暗藏軍事情報則屬野史傳說，但月餅於明朝成為中秋節大眾食品則係事實。臺灣自1980年代起，因經濟起飛，人民生活日趨寬裕，中秋節賞月之餘，興起烤肉之風，中秋節逐漸轉化為歡聚烤肉的全民活動，親戚、鄰里、厝邊隔壁乃至大型社區多舉辦烤肉大會，成為臺灣新興的民俗節慶。

7. 重陽：農曆9月9日俗稱「重陽節」，古人認為「雙」是陰數，「單」是陽數，因此雙重的「九」稱為「重陽」。1966年，政府以九九重陽有「長久長壽」之意，明訂重陽節為「老人節」。重陽節攜家帶眷或好友結伴登高山，佩戴茱萸、飲菊花酒，已成為民俗慣例。臺灣人過重陽節，另有放風箏、做總忌的習俗。俗諺說：「九月九，風吹滿天哮」；「做總忌」就是祭祖，福建漳州移民在重陽節這天，準備牲禮、菜飯、五味碗、水果、麻糬、發糕、菊花酒等祭拜祖先。部分客家人也在重陽祭祖，其中以苗栗頭份鎮東莊里最為盛大，族人一大清早就已聚集在氏姓公廳裡，由族長主持祭祖大典。

8. 冬至：24節氣之一，又稱冬節。冬至是中國傳統的重要節日，周至漢初，以冬至所在之月份為正月，漢代在冬至舉行「賀冬」慶典，唐代開始有「冬至大如年」的說法。冬至主要民俗活動是敬神祭祖，臺灣人同姓同宗者，大部分在冬至祭祖祠，稱為「進祖」，然後在祖祠擺設盛筵，吃團聚飯，稱為「食祖」。俗諺「冬節不返無祖，過年不返無某」，說明冬至祭祖像過年返家團聚一樣重要。冬至祭祖的供品是湯圓，祭祖後食用，俗諺「冬節圓食落去加一歲」，是說吃完湯圓象徵一年結束，人也增長一歲。

9. 尾牙：農曆12月16日舉行的牙祭，商家祭拜福德正神（土地公）、地基主（好兄弟），並準備豐盛酒菜宴請員工、客戶。明末清初，中國開始有「牙祭」的習俗，商家每月2日、16日祭神祈求庇蔭，稱為「牙祭」。每年第一個牙祭是2月2日，稱為「頭牙」，12月16日為最

後一個牙祭，稱為「尾牙」。尾牙是全年最盛大隆重的牙祭，俗諺說：「頭牙無拜衰一多，尾牙無拜衰一世人」，甚受民間重視。商家會準備牲禮、熟食、零食、金紙祭拜福德正神，祈願生意興隆、財運亨通；並在門口擺長凳，供奉五味碗、銀紙，祭祀地基主。當天另有一重頭戲即「吃尾牙」，臺灣現在有些大企業舉辦吃尾牙時，花大錢租大型場地，請歌星表演抽大獎，老板甚至粉墨登場與員工同樂，成為公司的年度盛事。

10. 除夕：農曆12月的最後一夜，新年的前夕，又稱大年夜、除夜、歲除，臺灣稱為二九暝（或三十暝）。民間習俗除夕要大掃除，將污穢、破爛、垃圾清除，意謂「送窮」，以迎接新年。要貼春聯以避邪祈福。除夕午後，闔家大小在家祭拜神佛、祖先，稱為「辭年」。晚上吃年夜飯，又稱團圓飯、圍爐，餐桌下擺放火爐，四周安放銅錢，象徵「人丁興旺、守住錢財」，年夜飯吃的愈久，表示「長長久久」。飯後，晚輩向長輩叩頭，說吉祥話，長輩分發壓歲錢。壓歲錢的諧音是「押祟錢」，有避凶帶來好運的意思。接著進行「守歲」，此年俗有幾重意義：一是古禮中的驅邪、驅離困厄；二是迎接財神；三是祈求父母長壽、家人有福、來年有新氣象。半夜12點過後，開始燃放炮竹，象徵新的一年開始。

除夕也是債務的終結日，按照習俗，所有債務必須在年終前清償，不得拖欠過年。另外也有許多年俗隱含著「祈福」，如年夜飯必須有「全魚」，但不可吃完，代表年年有餘；發糕象徵發財、發達；年糕則表示年年高升；中國北方人在除夕包餃子，因為形似元寶，象徵招財進寶。臺灣寺廟在除夕夜舉行抽籤儀式，稱為「抽年籤」或「抽四季籤」，以籤詩預卜來年概況，讓大家提早因應。臺灣的年夜飯必有「菜頭粿」（蘿蔔糕），意味「好彩頭」；雞隻必定是全雞，象徵「食雞起家」，這都是頗為討喜的有趣年俗。

基本上，節日和民間庶民文化一樣，之所以能長期存在，是有其

社會功能的。因為社會需要它，而它也確實能反映社會生活習俗。在所有的節日活動中，其實都體現一個中心思想，即人透過節日活動，來祈求嚮往美好生活及放鬆自我。不論在古時或現代，生活壓力是相當巨大的，經由節日活動，不僅稍微舒緩壓力，也可與親友相聚歡敘聯絡情誼，最後再經過自己的期許想望，給自己努力奮鬥之動力，所以說節日是具有如宗教般之影響力與社會文化生命力的。

三、生命禮俗

每個人從出生到死亡，都會經歷「出生」、「成年」、「婚壽」、「喪禮」等基本生命禮俗；此一生命禮俗，不但是展現人生命階段的圓滿，也象徵每種禮俗於生命中的文化意義。古代中國的傳統社會，女人懷胎十月要分娩時，會請「先生媽」或「產婆」來接生。當然現代人都到醫院產檢、待產、生產，比較安全。嬰兒出生後，還有一連串的出生禮俗，如拜床母、三朝報酒、剃髮、滿月、收涎、作度晬等。

現今臺灣社會只剩滿月及度晬還在盛行，滿月亦稱彌月，嬰兒滿月時，生兒子要準備油飯、紅蛋、雞腿；生女兒要備蛋糕等祭拜神明與祖先，並分送親友。臺灣現在還流行「滿月酒」，請客宴會親友，若曾向註生娘娘祈子許願者，還需要到廟裡拜拜還願酬謝神明。嬰兒滿周歲稱「做度晬」，親友送禮來祝福，嬰兒父母則回贈紅龜粿，並且帶著嬰兒祭拜祖先後，選個日子行「抓周」儀式。抓周是將多種物品置於嬰兒面前，隨他任意抓取，以預測將來的職業發展，可說是「中國版」的幼兒性向測驗，唯只是好玩無需當真。

隨著小孩逐漸長大，為求順利成長，許多父母會帶小孩到廟裡，祈求七娘媽等神明保佑。待小孩長到16歲時，父母便會帶著孩子及相關供品，於七娘媽生或神明誕辰時，到廟裡祭拜感謝神明庇佑，讓孩子平安順利長大。而若是孩子出生身體不好或難養時，父母也會向玉皇大帝（天公）或三界神明許願，希望保佑孩子平安長大，倘一切順利，至16

歲或結婚時，也要延請道士誦經還願，並準備豐盛供品答謝，俗稱「作十六歲謝天公」。

現在臺灣舉行成年禮要滿18歲，通常選在國曆3月29日青年節前後，由各縣市地方政府機關、學校或寺廟舉行集體成年禮，邀父母參加一起分享成長的喜悅。古代醫學不發達，人的平均壽命不長，「人生七十古來稀」，故5、60歲就算高齡了。傳統上50歲以上才能稱「壽」，之後每十年做一次大壽稱為「大生日」，家族會在壽星家中聚餐，向壽星拜壽恭賀，古代甚至要演戲來慶生。60歲稱「下壽」、70歲為「中壽」、80歲謂「上壽」、90歲曰「耆壽」，百歲則稱「期頤」。

在古代，女兒逢父母60歲下壽時，依習俗必須為父母準備「壽衣」，供百年之後使用，稱為「問壽」。而在父母親過生日時，壽星親友要準備壽幛、壽聯、壽禮等作為祝賀；出嫁女兒加送雞、酒、蛋等禮物，父壽加送衣、鞋、帽，母壽則送衣、金簪，俗稱「拜壽」或「敬壽」。壽星的家屬要備壽金、鞭炮，與壽星一起敬拜神明、祖先，祈求保佑長壽康泰、長命百歲。

結婚是人生一大事，古時候的人尤其更加慎重其事。古人較今人更重視婚姻大事，除農業社會比較注重倫理道德和人情世故外，經濟因素也是另一考量，光是「聘金」就所費不貲，有些男人從年輕時期就要努力打拼，存個娶老婆本，否則可能不敢娶妻。而太窮的男子，有的只好讓女方「招婿」，入贅妻子家了。

然而，二十而娶、三十而立，成家立業畢竟是每個人的「終身大事」。所謂「不孝有三，無後為大」，故傳統婚禮是關係著家族「薪火相傳」的延續，是重要的生命禮俗。臺灣的福佬、客家與原住民各族群，在婚禮習俗上不盡相同，但都十分注重儀式的莊重和吉祥喜氣。傳統婚姻禮俗有所謂的「六禮」，即「納采」、「問名」、「納吉」、「納徵」、「請期」和「迎親」等六項程序，換成現代的話是「說媒提親」、「議婚」（問名、換庚帖）、「過聘」（訂婚）、「請期」（送日子、完

圖10-3　古代結婚重要流程之一的過聘（訂婚）送定。

聘）和「結婚迎娶」（迎親）。

　　說媒提親在古代社會都是「父母之命，媒妁之言」，多賴媒婆介紹才能促成婚事，現代社會興自由戀愛，通常請現成媒人到女方家提親。而訂婚前男方在徵得女方同意後，便需要開始進行「問名」，所謂的「拿八字」。男方將自己的生辰八字，以及三代祖先姓名、名諱、里居、經歷等寫在紅帖（庚帖）上，託媒婆交給女方，交換女子的生辰八字、三代祖先姓名等庚帖。接著就要舉行訂婚儀式，俗稱「送定」，男方請媒人攜帶禮餅、米酒、桂圓、麵線、罐頭等12項禮物至女方家。女方會將禮餅分贈親友，以示自家女兒業已訂婚，此即所謂的「分餅」。訂婚後，男方將新娘八字送請命相師選定安床、出轎、嫁娶、入房等事宜時刻，寫於紅紙上稱為「日頭」。將日頭、日頭餅和米糖、「金、香、炮、燭」四樣與「蓮蕉芋、五穀仔、生鐵、炭」四樣，託媒人送至女方家，稱為「請期」。另外，在古代婚前禮還有謝天公、安床等習俗，現代人講求簡單，這些習俗就省略掉了。

　　請期過後的重頭戲就是迎娶，古代迎親之日非常隆重，新郎要戴

冠身著莽袍，騎馬或坐子婿轎，以花轎迎娶，新娘則穿戴鳳冠霞披；現代社會男女雙方當然都是西裝白紗禮服、禮車迎娶。當男方抵達女方家迎娶時，會將帶來之供品敬獻女方神明和祖先，新娘則由媒人牽引出大廳，由女方舅父或長輩點燭祝福，敬告女方神明和祖先，最感人的是新娘要跪別父母，常讓觀禮的人熱淚盈眶。

新娘上禮車後，會從車上丟出一把繫有紅包的扇子，由女方家屬派人撿拾，表示新娘從此與娘家舊姓脫離關係。因扇與「善」同音，故丟扇子也有「留善給娘家」之意。當新娘要進入男方家前，要先「踩瓦過火」，即是要踩破一塊瓦片，俗稱「破外口」，即把不好的東西留在外面，把好的東西帶入男方家門；然後再跨過火爐，有為新娘除穢淨身與帶來興旺的意思。入大廳後，就和新郎一起拜堂，由男方母舅或長輩主持，先上香祭拜神明和祖先，接著再拜父母，之後則為夫妻交拜，拜堂儀式即算完成。

最後是由媒人高喊送入洞房，對座吃「新娘圓」（吃甜湯圓），有團圓、圓滿之意。正婚完畢後要辦喜宴，結婚當天由男方宴請親朋好友

圖10-4　結婚最後的程序迎娶（迎親）。

吃飯，過去農業社會，喜宴多在自家門前，請總舖師來外燴，俗稱「辦桌」；現在大家都在餐廳飯店舉辦了。宴席結束後，男方家族長輩端坐正廳，新娘要端茶逐一向長輩獻茶，長輩則以紅包回贈新娘，稱為「壓茶甌」。此時長輩會說些吉祥話，又稱「吃新娘茶」。客家習俗則是新婚第二天，新娘要「見拜」親友長輩，依序敬茶，親友則說祝賀話及回贈紅包。正婚禮的最後一道程序是歸寧，新婚後數日，新郎要帶新娘回娘家作客，稱為「歸寧」或「回門」。新人攜帶伴手禮敬拜娘家神明及祖先，女婿以紅包分贈女方親友，女方家則準備午宴款待。以前習俗女方要準備糕餅和雛雞一對（公母各一）與甘蔗一對，讓新人帶回男方家，象徵子孫綿延甜蜜偕老，現此習俗均已省略。

　　所謂「養生送死」，喪禮也是生命禮俗極重要的一環，中國人篤信風水之說，「死者為大」關係到陽世子孫的禍福榮辱，因此更是馬虎不得。臺灣傳統喪禮以道教儀式為多，但也有採用佛教、基督教或天主教等其他喪禮。以前喪禮以土葬為主，近年來臺灣寸土寸金，且提倡環保，故火葬已成為主流，無論何種形式，以莊重肅穆虔誠之心，對親人往生者的追思與紀念是最重要的。

　　中國古代喪禮是有其一定的流程，首先是發喪，即將親人亡故的訊息向親友發佈告知。接著喪家要在大門張貼告示，以白紙黑字寫著「嚴制」（父死時用）、「慈制」（母死時用）或「喪中」（指晚輩去世，長輩尚在者）等字樣。在將往生者抬入棺內前，家屬要準備6－12道菜，由道士或家屬作勢挾菜餵亡者吃，稱為「辭生」，此習俗今已不用。接下來即是入殮，將穿好壽衣的亡者，依擇日師所選定之吉時，抬入棺木中安置好，稱為「入木」或「大殮」。

　　遺體入殮到出殯前，家屬及子孫要在靈前祭拜守靈。出殯日，清掃廳堂後，要放一大竹籮，籮中放燃燒的火爐、12碗菜、發粿，竹籮旁放米桶。火爐代表旺盛，12碗菜象徵子孫有得吃，發粿表示發財，米桶則有團圓之意。此外還要舉行家祭和公祭，讓親友以及機關團體來拈香

祭拜。死後七日要做法事，請道士或和尚誦經祭祀，稱為「作七」；從「頭七」到「七七」（又稱「滿七」）一共要做七次法事。也有以十天為一旬作法事祭拜，稱為「作旬」，最後為「作百日」。而當逝世滿周年也要舉行祭典，稱「作對年」，此日結束後，才可脫去孝服。往生亡故的第二次逝世紀念日，稱為「作忌」（作忌日），此後年年以此日為忌日，準備供品祭祀亡親。

總之，養生送死可說是臺灣庶民文化中最重要的禮俗，它不僅忠實地反映一個族群或地域的特殊傳統與風貌，也由於它是最素樸的生活經驗，更是最貼近庶民的生活原貌。一個人生命旅程的幾個重要階段，每個階段都有其社會功能和意義在，隨著個人年齡及心智的成長，我們對每個階段都有其社會責任在，也會有不同的體悟。基本上，當我們通過某種儀式進入另一新階段時，扮演新角色，強化當事人心理的認知，並符合社會的期待，這是生命禮俗最重要的地方。傳統社會教導我們，人從生到死，是有其一套縝密的禮俗要遵守，這套禮俗不但是對祖先的尊重，也是對自我生命完成的一種敬意。

民間信仰與宗族組織

一、臺灣民間信仰之淵源

　　臺灣的漢人社會是由閩粵移民所組成的社會，故其民間信仰、宗教禮俗、乃至風俗習慣，無不源自於閩粵原鄉。而閩粵兩省，地形多山瀕海，此環境實影響民間信仰甚鉅。蓋山多則平原少，山坡地多闢為梯田，梯田又名「看天田」，因灌溉所需給水均要看老天爺臉色，故名之。也因如此，閩粵鄉民極恐懼缺水，在此心理下，造成閩粵兩省多水神之情形，如媽祖、清水祖師、三山國王等信仰，皆與水有關。又閩粵兩省瀕海，自古以來，閩粵兩省即為擅長海上活動的民族，然經年於海上與風浪搏鬥，難免心生朝不夕保之感，為求平安遂逐漸發展出對海神之信仰，如玄天上帝、媽祖與水仙尊王。其中尤以崇奉媽祖最有名，媽祖信仰源於福建莆田，後擴至閩粵兩省及全中國，至今中國與臺灣信仰媽祖仍非常普遍。

　　臺灣與閩粵兩省一衣帶水，故自明中葉以後，即有閩粵移民至臺灣從事捕撈或向番民蒐購鹿皮轉賣到日本與大陸之舉，後來因臺灣海峽船難頻繁，每年往返海上，耗時不便又危險，所以興起移民臺灣之念。此移民係民間自發性的行為，因其移民者多為經濟壓力所迫，行動缺乏計劃和組織，故風險極大。於此情況下，為聊慰思鄉之情與克服人類對無垠大海的恐懼，只有象徵家鄉寺廟的神明與香火了。

　　故閩粵移民有一習俗，即每當要揚帆出海貿易、或移居他鄉時，會將其信仰的保護神，主要是媽祖或水仙尊王和其他神祇，供奉於船上，派一名「香公」，日夜燒香，以祈求海上航行平安順利。臺灣海峽風濤險惡，氣候變化莫測，討海人或移民者心理承受極大的壓力，於是就需要用宗教的方式來祈求平安，以袪除心理上的恐懼。除渡海的危險外，明清之際的臺灣，仍是個充滿瘴癘疾病的地方，是故客家民謠〈渡臺悲歌〉即貼切的警告：「勸君切莫過臺灣，臺灣恰似鬼門關，千百人去轉不回，知生知死都是難」的恐怖之地。既是如此，當時閩粵移民臺灣，

在面對這樣可怕環境的時候，自然需要用神祇宗教的力量來安定人心。於是在他們登陸臺灣之際，船上供奉的神明，也就自然的被請了下來，安置於家中，供自己或全家及族人膜拜。歲遷時移後，這些移民開墾有成飛黃騰達後，他們常感念這是神明庇佑所致，為感謝神明，大家乃集資出錢出力，為其所信奉之神明興修建造一永久性廟宇，以後成就更大時，還會將廟宇加以修葺或擴大，此即臺灣民間各寺廟最常見的發展模式。

基本上，明清以來臺灣廟宇與宗教分布的情形，頗貼近臺灣移民的分布結構。大體上，泉州人來臺後，大多棲息於臺灣西部走廊，有貿易之便與漁鹽之利的海口地區。泉州人長於經商，他們事業有成後，為回饋鄉里及神明保佑，他們常不吝巨資捐款興建媽祖廟或水仙王廟。這些廟宇除宗教膜拜處所外，還有其社會功能，如作為郊商聯誼辦公或開會的公共場所，此種形式的廟宇流傳至今仍保留甚多，如臺南的大天后宮、北港朝天宮、鹿港天后宮、臺北龍山寺、霞海城隍廟等。這些廟宇因歷史悠久，香火鼎盛，且位於某個自然經濟區域；或擁有商業網絡的地利之便，至今仍為各地方的信仰中心。

至於較晚移民臺灣的漳州人，鄉俗通常會迎請家鄉最顯赫的神明作為保護神，而其來臺後，亦依循傳統模式，先將神明供奉家中，或設神壇供族人膜拜；及至經濟改善後，再集資興建廟宇，以供奉信仰之神明。而不同來源的人群，迎奉不同的神明，例如同安人尊奉霞海城隍；惠安人信奉青山尊王；安溪人篤信清水祖師；漳州人則大多膜拜開漳聖王；至於客家人泰半信仰三山國王。由臺灣各地這些廟宇的座落處，大致可反映當初移民的遷徙與聚落之分布情況，而在祭祀神明的過程中，可形成之祭祀組織或活動，也逐漸成為凝聚居民命運共同體之媒介。

清中葉後，因神明威名遠播，有些地方終於出現更大規模之祭祀圈，如艋舺清水祖師廟、新竹義民廟之中元節祭典，以及彰化南瑤宮媽祖會之組織等。除上述閩粵族群特定之宗教神明信仰外，中國人還有一

項最普遍的信仰也傳到臺灣來，此即土地公的信仰。中國人只要到那個地方，一定都會祭拜土地公，於是各村各里都有土地公廟，此習俗閩粵人亦不例外，傳至臺灣後，臺灣人也家家戶戶信仰土地公，這充分顯示宗教原鄉的影響力。

土地公外，鬼神信仰在中國也非常盛行，為趨吉避凶和防止惡靈作怪，具有驅邪趕鬼的「王爺信仰」在臺灣十分普遍，臺灣各地都有「大樹公」、「石頭公」這樣的廟宇。而為了不受厲鬼作祟，到處皆有「有應公」、「萬善堂」、「大墓公」等祠堂的設立。另外，臺灣人崇拜忠義精神，除關聖帝君之信仰外，凡為地方犧牲的忠義之士，臺灣人也喜建廟宇紀念他們，如此各地方就有了「義民廟」或「義民祠」，此舉亦可看出臺灣人忠義精神的族群共同價值觀。

二、祭祀圈組織的形成

閩粵移民將原鄉神明供奉於臺灣，不僅造成臺灣人崇敬多神的宗教特色，也形成一種以信仰相同神祇的祭祀圈。於此祭祀圈內，其功能不但有宗教目的存在，更有其社會組織的意義。祭祀圈之祭祀組織，以頭家或爐主的形式最為普遍。鄉民在神明前以投筊方式，選出爐主和頭家，爐主責任重大，他要代表祭祀圈內居民籌辦祭典，頭家則從旁協助爐主打理祭祀事宜。而圈內之信徒，則有義務共同負擔祭祀費用，一般都是以每戶男丁為單位收取丁錢來支付。

基本上，祭祀圈最重要的社會功能，是民間透過神明信仰之祭祀活動，聯絡鄉誼結合與組織動員地方人群，營造更強烈的宗族鄉情意識，它是臺灣民間安身立命的自主性社會組織，除具有祈神納福的宗教意義外，亦扮演安定社會的功能，是臺灣民間基層一種以廟宇為中心，形成居民生存的重要群體。

臺灣文化因一方面承襲閩粵文化傳統，再方面具有開疆闢土的冒險精神，信仰因而在社會上扮演重要角色。臺灣民間社會幾乎每個鄉鎮都

有廟宇，即便離島地區兩、三百人的小島亦有，由此可見宗教信仰之深入人心；而供奉信仰的神祇更多達兩百餘種，此亦可看出臺灣人多神信仰的一面。而信仰行為一般分成個人行為與團體活動兩種，個人行為是信徒以特定的行為方式來與神溝通，並據詩籤詞文來斷吉凶禍福，而思以迎福避凶之道，其辦法常是吃齋、唸經、祈福、還願，供養神明等方式為之，終以消災解厄為目的。團體活動具體展現於信徒對神明信仰之虔誠與熱情，大規模的祭典與進香活動，每年3月大甲鎮瀾宮的媽祖遶境出巡活動，均為宗教信仰團體活動，盛況空前的明證。

三、臺灣社會的宗族組織

宗族組織是以姓氏為單位，而其凝聚力則是靠血緣關係，易言之，同姓之人認為他們有共同的祖先，流著相同的血液，彼此的關係自非異姓者所能比擬。基此心理，以同姓為基礎的宗祠或宗親會，就成為在臺灣社會非常普遍的社會組織。明清之際移民來臺，為保障生存，透過神明祭祀為媒介，形成以居住地為範圍的祭祀圈地緣組織外，也以血緣關

圖11-1　透過神明祭祀，形成以居住地為範圍的祭祀圈。

係，形成各種類型的宗族組織。臺灣漢移民之宗族組織，約可分爲唐山祖與開臺祖爲祭祀中心的兩種類型。

在唐山祖的祭祀組織中，成員爲居住地附近之同姓，以入股方式志願加入，同姓間不一定有清楚的系譜關係，而其祭祀對象，是以唐山原鄉較顯赫之同姓祖先爲祭祀對象，藉此以凝聚同姓情誼。至於其組織運作，係以入股金爲基金，放貸生息作爲每年祭祀之費用，且組織具有法人性質，權利繼承僅限於最初加入者之後代，後加入者無此特權。另一種開臺祖祭祀組織，成員資格就非常明確，它必須是要以來臺祖或其後裔子孫組成之，所以成員間的系譜關係非常清楚。而祭祀對象爲開臺祖或其後代，通常開臺祖之祭祀組織運作，是由宗族祖產留部份作祭祀公業，每年祭祀費用即由此公業中支出，有家族子弟赴科考；或救濟同族貧困者，亦可由公業金提領資助。

宗族組織發展至三、四代後，即開始形成所謂的「公廳」，公廳內供奉開臺祖之考、妣神位，而各房子孫在祖考、妣忌日時，一定要備牲禮虔誠前往祭祀，如果祖先留有產業，則由各房聯合共管，登記爲祭祀公業，以維持宗族之聯繫和公業之經營管理。基本上，宗族組織在臺灣社會非常普遍，其中絕大部分都成立於清中葉後，這也象徵閩粵移民潮大概到清中葉已達高峰，而經過近百年的大移民潮，漳、泉人或客家人大概在臺灣都已落葉生根。經過幾代的經營，事業有成後，在飲水思源光宗耀祖的心理下，成立宗祠或宗親會組織的時機自然也就成熟了，此乃道、咸以後，臺灣宗族組織勃興之歷史原因。

此外，宗族組織尚有另一層文化意識存在，漢移民來臺開墾，心理上其實是有衣錦榮歸之念，奈何家業已在臺灣，隨著來臺日久，代代繁衍落地生根，原鄉情結逐漸淡薄，臺灣本土故鄉之文化意識逐漸與日俱增，因此原本是故鄉象徵的祠堂逐漸沒落，取而代之的是家廟與宗祠的興建，如新竹市鄭用錫家族之鄭氏家廟即屬此類。此舉，亦象徵漢移民來臺後，在文化意識上已有了重大的轉變，唐山已遠，那只是心靈上

的原鄉，而真正的故鄉，是自己在這裡打拼好幾代的臺灣，因此不僅不想離開斯土，連神明祖宗也跟著一起在臺灣生根，這就是最早臺灣意識認同的產生，此認同臺灣意識之心理，以日治時期最為明顯。日本殖民當局初臨臺灣之際，曾予臺灣人選擇國籍之自由，然以祖宗廬墓俱在，政治統治上可以是日本人，但在文化意識上，認同的還是臺灣這塊土地與大陸的漢文化。因此相當多的臺灣士紳，選擇廣建宗祠，成立祭祀公業為凝聚宗族之力量與文化認同之歸依。這就是何以日治時期，臺灣各地宗祠、祖公會、宗親會如雨後春筍般林立，都與此文化心理有莫大關係。

即以臺灣人十大姓氏為例：陳、林、黃、張、李、吳、王、蔡、劉、楊諸姓，各姓皆有宗親會組織。這種奉祀該姓氏源起之始祖，屬於較廣泛、鬆散的血緣組織，其性質類似於祭祀公業。而其功能也是多元的，它兼具宗教、社會、政治三合一之功能，它既是祭拜同一祖先，又是同姓之宗族認同，更有在政治勢力上拉拔傳承的作用，觀乎當今臺灣每逢選舉，同姓宗親的力量不容小覷，即可見一斑。

基本上，臺灣的宗教信仰與祭祀組織，常體現其多重之社會意義，它不但是漢移民精神信仰的寄託，也具有溝通鄉誼、聯絡感情、凝聚族群意識的社會功能；另外，在祭祀圈或祭祀組織的運作上，也有經濟投資的意義在。至於同姓同族間的守望相助，互相提攜，濟弱扶傾等作為，則更具有安定人心、維護治安的深層價值在其中，此對臺灣社會安定的力量貢獻良多。

四、民間信仰的文化意義

根據1919年臺灣總督府之舊慣調查得知，臺灣全省共有寺廟宗祠11,391座，各廟所奉祀主神百餘種，寺廟數目以臺南、嘉義、臺中最多，東部的花東地區最少，此亦反映臺灣開發的情形，即開發年代早，經濟繁榮地區寺廟多，開發晚及偏遠區域則寺廟較少，這亦顯示寺廟與

地方發展的密切關係。不管是宗教信仰的廟宇，或祭祀祖先的祠堂，基本上它們都是屬於寺廟的一種。寺廟爲一靜態機構，苟無人加以經營，則無法發揮作用，臺灣寺廟財產來源，大部分來自信徒之香火錢；兼亦向寺廟四周商家攤販收取香資，也有些是由地方政府贊助，由寺廟之建築和財產，也可窺見地方經濟之榮枯。

事實上，以寺廟爲中心的臺灣民間信仰，除具有經濟性質外，更重要的是有其文化意義。臺灣民間宗教，在基層社會之所以非常流行，其實是有其社會整合的文化功能，它可以說是民衆自發性的文化結社，也是最佳的常民文化。此文化體統合了民衆的生活經驗，發展出世代相傳的民俗文化，其中宗教組織在民俗文化上，更是扮演舉足輕重的角色。

宗教信仰最基本的功能，是它可以統整群衆的社會生活，建立起新的群體組織。這種社會發展型態，在明清時期的臺灣移墾社會上，可以得到充分的印證。基本上，移墾社會除了經濟資源的開發外，主要是以宗教信仰來統合聚落的文化感情，因此，供奉神明的寺廟成了聚落的精神支柱，其對於地區的發展，具有穩定性的調節功能。

總之，以寺廟爲中心的民間信仰和聚落社區相結合，形成臺灣民間社會特定的祭祀圈與信仰圈，這是聚落原本即已存在的精神文化系統，與社區民衆緊密結合的明證。且寺廟本身具有宗教、教育、政治、經濟、社交和娛樂等之多重社會功能在，故其存在價值，不僅在彰顯其社會功能角色，更重要的是，凸顯其民間信仰的文化意義。而有別於西方宗教的唯一性與排它性，臺灣民間信仰卻體現一種多神膜拜的格局，這種信仰模式最大特色爲依舊保持了原始的鬼神崇拜，其支配了民衆的精神生活與社會生活，我們不能低估其影響力。

換言之，即臺灣民間信仰，是有其一套自我的宇宙觀、善惡觀、社會觀、價值觀與人生觀之文化系統。民衆根據這些文化系統，建立了信奉遵守的行爲模式，它是一種自發而成的民間文化。這種民間文化吸納了儒家、道家或佛家的信仰體系，擴充新的生活經驗與文化內涵，建構

了民間信仰結社之成形。臺灣民間信仰，無論是佛教或道教，其與原始佛教或道教最大不同處，是其展現了更包容開放的心態，在教化的前提下，賦予宗教更高的俗世目的，此爲其文化意識最終之境界。

　　總之，臺灣的宗教民間信仰，是比較容易發展出俗世的社會功能，宗教結社與傳統社會是可以合則兩利的相互扶持，共同形成一種應付時代挑戰的文化力量。尤其在當今道德逐漸淪喪，社會失序，人心澆薄迷失之際，以宗教爲主體的文化力量，當扮演更責無旁貸的角色。

第十二章

常民文化——臺灣之戲劇

人類的原始戲劇均起源於神話與傳說，初民時代因對宇宙天地的無知和好奇，常把這些未知之事神格化，甚至圖騰化（Totem）而加以膜拜。不僅如此，人類爲取悅神祇或對祖先的虔誠信仰，也常會藉各種祭祀或節慶，將神祇或祖先事蹟編排故事，舞之蹈之，以呈現給神祇祖先，並祈求庇佑賜福，此儀式乃舞蹈之創始與戲劇之初胚，所以說，原始戲劇是從原始舞蹈演變出來的。

一、原住民的「番戲」

　　臺灣原住民是個擅長舞蹈的民族，在他們的舞蹈活動中，也夾雜著某些戲劇的元素在裡頭，時人稱爲「番戲」，此爲臺灣民間原始戲劇之萌芽。明清以後，大批漢人移民臺灣，亦傳入大陸戲曲到臺灣來，時閩、粵、客家均有自己獨特的戲劇，再參照臺灣原住民的番戲，於這塊土地上揉合。日積月累，融合臺灣的風土民情、移墾故事，展現出有別於原鄉的戲劇風貌，形成臺灣文化視野的一個特殊景觀。

　　長久以來，臺灣原住民村社即有「賽戲」的習俗，「賽戲」基本上保持著原住民自娛群歡的原始歌舞風貌。有關賽戲，《臺灣志略》曾提到，原住民每到秋收之後，村社中人便相約聚會，賽戲飲酒；至於過年時也有賽戲活動。賽戲一般以村社爲單位，每逢賽戲，全村男女都各自打扮豔裝出席，頭目頭上都會插著高又長的鮮豔羽毛作裝飾，大家飲酒作樂，載歌載舞，盡歡而散。

　　賽戲內容不外乎祈禱豐年、追憶生產、戰鬥等艱辛歷程、緬懷祖先業績等。其舞蹈也兼具模仿表演某些事件之過程，似乎在傳達一些故事情節，賽戲雖不是戲劇，但可以肯定，它已經是臺灣民間原始戲劇的雛形。「賽戲」活動，如果要表演給外來者觀賞，其內容就具有一定的表演成分。從這些歌舞表演被稱之爲「戲」觀之，應該是一種有情節的歌舞，甚至可說已是最簡單之戲劇了。

　　清代周鍾瑄在〈番戲〉詩五首及范咸的〈茄藤社觀番戲〉均提及番

戲演出多為女子，她們天真連臂踏歌，歌詞大多為感恩之歌，其中包括感念天恩與追懷祖先兩種。這些歌舞併作的「番戲」表演中，也包含祭祀成分在裡頭，全世界的原始祭祀歌舞都含有戲劇因子，臺灣原住民的「番戲」自然也不例外。基本上，「番戲」的演出皆色彩絢麗，歌聲整齊，舞姿優美，氣氛熱鬧，當是由部落祭祀逐漸發展出來的獨立表演形式，其中已具有戲劇表演的成分在內，只是尚未完全發展成熟而已。

二、布袋戲

臺灣人雖然愛看戲、演戲，但真正發揚光大的，只有布袋戲和歌仔戲。布袋戲亦稱掌中戲，它的原始形式可能源自大江南北流浪賣藝的「肩擔戲」，掌中戲的名稱來自其操作戲偶的技術，而肩擔戲則以其舞臺結構而得名。臺灣的布袋戲，按不同音樂風格可分南管布袋戲、北管布袋戲與潮調布袋戲。南管布袋戲的音樂為泉州調，道白為泉州音；北管布袋戲又稱亂調布袋戲，道白為漳州音，多為武戲；潮調布袋戲也叫白字布袋戲，音樂為較高亢的潮州調，道白為潮州音，潮調布袋戲和南管布袋戲多偏文戲。

布袋戲的歷史由來已久，其活潑生動的對話，個性突出的造型戲偶，博古通今的內容，配合悠揚曼妙的音樂，曾吸引臺灣人如癡如醉的瘋狂著迷，勾起多少人無比溫馨的回憶。傳統偶戲最早的是「傀儡戲」，但在臺灣擁有最多觀眾的卻是布袋戲。它是專以雙手在戲偶上操縱，用食指頂住木偶的頭部，拇指作為木偶的左臂，其餘三指作為木偶右臂，如此便可將木偶運作自如，盡情表演。臺灣布袋戲於清光緒年間，由福建泉州府的陳婆師傅渡海來臺傳授後，才漸漸普及，後又加入臺灣在地的特殊文化元素，成為另具特色及改良的新戲碼，深受臺灣人喜愛。

臺灣布袋戲曾南北風靡，北部布袋戲有兩位傳奇人物，即童全與陳婆二人。童全綽號「鬍鬚全」，沒有成名弟子傳世，故其流派也跟著

失傳；陳婆則香火薪傳，今臺北名班「亦宛然」、「小西園」皆爲派下所傳。「亦宛然」爲李天祿所創，在布袋戲界早已名聞遐邇，闖出一片天，「小西園」戲班創始人爲許天扶，戰前亦風靡臺北布袋戲界，爲數一數二的頂尖戲班。「小西園」班主現爲許王，是許天扶次子，13歲開始學戲，16歲即爲頭手，經數十年歷練，技藝精湛，不論文戲、武戲樣樣精通，口白功力更是一絕，目前「小西園」仍活躍於廟埕的鑼鼓布袋戲班。

臺灣布袋戲的第一個輝煌期，應該是始於上世紀二、三〇年代，後來因爲皇民化運動，日本當局禁止臺灣民俗曲藝的演出，臺灣布袋戲才一度沉寂。光復後，臺灣地方戲曲又重新復甦，匿跡多年的布袋戲又再度站上舞臺另創高峰。許多國寶級的藝師如黃海岱、黃俊雄父子，李天祿、鍾仕璧、許王等人，都是名聞全臺的布袋戲菁英，堪稱「轟動武林、驚動萬教」。其中尤以黃俊雄製作的「雲州大儒俠」史豔文，更是掀起一陣狂潮，在臺灣電視史上創下無可匹敵的收視佳績，雲州大儒俠一共演出583集，這項驚人紀錄至今無人能破。

(一)「五洲園」的黃海岱

　　說到臺灣布袋戲界，北以「亦宛然」和「小西園」稱霸，南以「五洲園」的黃海岱和西螺鍾任祥之「新興閣」爲雙雄。布袋戲在臺灣中南部以雲林、臺南兩地最盛，在諸家名輩中，最具影響力的仍屬「五洲園」的黃海岱。國寶級的布袋戲大師黃海岱，出身於雲林崙背（一說西螺），後遷居虎尾。11歲入二崙私塾習漢文，親炙傳統《四書》、《五經》、詩詞歌賦、章回小說，奠定日後五洲園派以詩詞問答，談經說史，聯對字猜融入劇中說白之特殊風格。15歲入父親黃馬的「錦梨園」布袋戲班爲二手學徒，習得精湛技藝。18歲掌「錦梨園」，首演〈秦叔寶取五關〉，一炮而紅贏得滿堂彩。24歲，師事北管曲館「錦成齋」王滿源，研究北管戲曲，紮下北管大戲唱、唸、戲曲音樂等表演藝術的深厚基礎。

黃海岱20多歲即獨當一面，他擅長操演以北管戲爲本的「正本戲」，及由章回小說收縮入戲的「古冊戲」，並加入精彩逗趣、殺氣騰騰的「劍俠戲」，推出之後蔚爲風潮。1928年，黃海岱父親去世。隔年，25歲的黃海岱將「錦梨園」更名爲「五洲園掌中劇團」，從此「名揚五洲」紅遍全臺。唯未幾皇民化運動起，「五洲園」被迫禁演，迄於光復後才重新復出江湖。臺灣光復後，布袋戲熱潮再起，爲了應接不暇的邀約，黃海岱乃廣收門徒開班授藝，自此「五洲園」徒子徒孫遍佈全臺，派下戲班亦遍及臺灣各地，鼎盛時期，號稱全臺有300多班，超過臺灣布袋戲之半，成爲布袋戲界最大之流派。黃海岱兒子黃俊卿、黃俊雄、黃俊郎等，自小就傳習布袋戲，同爲戲界翹楚，其中尤以次子黃俊雄最爲有名。上世紀的六〇年代，是臺灣布袋戲的黃金時期，百家爭鳴各擁一片天，其中以黃俊雄的表現最爲亮眼。黃俊雄集聲光特殊音效與剪輯科技視覺效果，發展出俗稱「臺灣金光戲」的布袋戲，嶄新的創意與扣人心弦的懸疑情節，釣足了觀衆味口，獲得極佳之口碑。

　　在近四十年前，黃俊雄以「雲州大儒俠」史豔文走紅電視，成爲家喻戶曉的人物，從此「史豔文」即成爲臺灣大街小巷、大人小孩口耳傳誦的代表正義、英雄的化身，由此亦可看出傳媒力量之大。「五洲園」布袋戲現傳承至第三代，由黃文澤領軍，引進現代高科技的聲光技巧，將布袋戲的視覺效果提升到更高的境界，刀光劍影輔以電腦特效，將布袋戲震撼張力擴展到無限。黃文澤在第四臺製作一系列的「霹靂布袋戲」，轟動至今一枝獨秀，又利用影帶宣傳，使布袋戲的影響無遠弗屆。

　　「五洲園」派下還有一位大師洪連生，其擅長演出戲目及形式是相當典型的金光戲，在劇場結構、場次安排及音樂應用，仍有其傳統獨到的功力。黃海岱派下另一出色弟子是「寶五洲」的鄭一雄，他的戲路剛猛，擅長老生、大花等威猛角色，演來雄渾凌厲，動人心魄，

圖12-1　創臺灣布袋戲收視紀錄的「雲州大儒俠」——史艷文。

吸引了大批的戲迷，曾為臺南風頭最盛的名班。其後他又製作布袋戲廣播劇〈南北風雲仇〉，亦風行二十餘年。

　　總之，說「五洲園」黃氏家族之布袋戲，成功駕馭時代潮流，創造特有的布袋戲品牌而獨領風騷絕非過譽。創始人黃海岱除被譽為「國寶」外，更被戲界尊稱為「五洲元祖」、布袋戲的「通天教主」，其所領導的「五洲園」在臺灣布袋戲之地位和影響，這些讚譽皆實至名歸。黃海岱的一生，可說是臺灣近代布袋戲的發展史，從北

管劍俠戲到金光戲，都曾在他的掌中表現出最佳的戲劇效果，其所傳承的「五洲園派」，已爲臺灣布袋戲界立下不朽的豐碑，其個人的輝煌成就，已是臺灣公認的布袋戲「教主」。

(二)戲夢人生——李天祿的布袋戲

李天祿，臺北人，生於1910年，7歲入「同文齋」習漢文，後讀臺北市第二公學，奠定國學初基。10歲從父學藝，師承一代布袋戲宗師陳婆系統。13歲在父親「華陽臺」劇團任副手，磨鍊出一身好本事，爲以後事業打下堅實基本功。1931年，李天祿因私淑「宛若眞」盧水土的平劇叫腔，將自己籌組的劇團取名爲「亦宛然掌中劇團」，隱含亦宛然若眞之義，爲其戲劇人生踏出關鍵一步。臺灣光復後，睽違已久的大陸平劇又帶至臺灣，李天祿初見這種特殊唱腔和身段之平劇，十分感興趣，便大量汲取平劇精華，改進其布袋戲的表演元素，如引進平劇的鑼鼓唱腔、身段，帶領布袋戲至另一領域，人稱「外江布袋戲」，其本人亦以「外江派」的演技精湛而聞名。當時他的布袋戲劇團可說風靡北臺，與「小西園」、「宛若眞」並列爲臺北市三大名班。

李天祿雖已打響名號，但爲求戲劇的突破，他還特別跑到上海去觀摩學習，1947年返臺後，改編了〈清宮三百年〉、〈少林寺〉爲布袋戲上演，轟動全臺，間接也催化傳統布袋戲之質變。爾後布袋戲的面貌隨時代潮流一再改變，呈現不同的風貌，豐富了臺灣人的生活。總計從1945－1955年的十年間，是「亦宛然」劇團的全盛時期，時因「宛若眞」劇團後繼無人而解散，李天祿的「亦宛然」遂與「小西園」並稱臺北城，平分天下。

李天祿除以婉約細膩的演技馳名外，更開風氣之先，1974年起，他先後收法籍班任旅、尹曉菁、陸佩玉爲弟子，開收外國學生來臺習布袋戲之先河，並將臺灣布袋戲推向國際表演舞臺，賦與布袋戲從事文化交流之使命。1978年，李天祿因年事已高，體力漸衰，宣佈封箱

圖12-2　靠兩隻手即可舞出布袋戲的「掌中乾坤」。

退隱。可喜的是，在其法籍弟子班任旅的積極引薦下，李應法國文化部之邀赴法教學，開啓晚年傳奇的一生，也留下「師渡徒，徒渡師」的一段佳話。

　　1984年起，李天祿帶領「亦宛然」團員無怨無悔的付出，在薪傳工作上更是成績斐然。李天祿不吝傳授技藝於國內外個人及團體，如板橋莒光國小之「微宛然」、法國班任旅之「小宛然」等。另外也在士林平等國小、格致國中、文化大學等校，傳授布袋戲技藝及傳習推廣，讓布袋戲在學校紮根，成果均受各界肯定，而在長期耕耘下，弟子亦遍佈海內外，眞可謂桃李滿天下。爲使臺灣傳統文化精華的布袋

戲能永續發展，憑其毅力和使命感，李天祿在萬般艱難的情況下，於1997年籌建全臺第一座布袋戲專業館「李天祿布袋戲文物館」，進行布袋戲文物保存、相關資料蒐集、人才培育等傳統布袋戲推廣基礎工作，該布袋戲文物館未幾即對外開放參觀，唯文物館的擴充尚未臻完備，是令人憂心之處。

1998年，一代大師李天祿逝世，劇團演出及營運，跳脫傳統家族式經營，由第三代弟子負責執行。而眾弟子們亦能體察李天祿薪傳的苦心，努力奮發不辱師門，各個均能獨當一面，成為國內少數年輕一代，有完整能力演出布袋戲的一群，為臺灣傳統布袋戲留下傳承火種。近二十年來，「亦宛然」劇團先後出國巡迴表演二十餘次，足跡遍佈四大洲，堪稱臺灣最佳的文化藝術大使，透過文化表演交流，將臺灣國粹布袋戲推展至世界各地。綜觀李天祿豐富的一生，創「外江流派」，引導布袋戲內發性的質變，將臺灣布袋戲推向國際舞臺且大放異彩。難能可貴的是，他以身作則力挽狂瀾的拯救傳統布袋戲在時代洪流中的微絲命脈，並加以發揚光大介紹於世界各地。他以一介平民，創下極不平凡的文化偉業，為臺灣布袋戲傳承的繼往開來，立下無可搖撼的歷史地位。

總之，臺灣的布袋戲因有黃海岱和李天祿的發揚傳統技藝，使得布袋戲終能薪火相傳下來，成為讓臺灣人至今引以為傲，「只此一家，別無分店」的傳統文化民俗。然傳統布袋戲因受到現代社會生活型態的改變，以及各種聲光電腦多媒體的衝擊，正隨著時光流逝而成為過往陳跡。尤其是年輕一代不肯學習傳統技藝，使得傳承出現斷層現象，這是目前臺灣各類戲曲、戲劇最大的危機與隱憂，倘情況再惡化，很多的文化資產可能因此而失傳。而往昔傳統的布袋戲，一直是文人雅士寄情消遣的一項民間藝術，其劇本大多取材於民間故事或神話傳說，演出內容多為忠孝節義之典範，具有「寓教於樂」的社會教化功能。其間的起伏波折，也正如「戲如人生、人生如戲」的況味，

惜現今的布袋戲，已失去往日那分雅樸的風味，在無情歲月的淘洗之下，臺灣布袋戲的明天將走向何方？值得吾人低頭深思。

三、歌仔戲

在臺灣，另一個與布袋戲齊名的戲劇為歌仔戲，歌仔戲是將福建泉、漳地區流行的採茶、錦歌等歌謠，佐以臺灣的民間小調唱腔，再加入傳統的演出形式，以閩南話演出的一種古裝歌劇，這種古裝歌劇最早是以歌仔戲音樂說唱故事，稱作「本地歌仔」。清中葉，「本地歌仔」又吸收「車鼓陣」的藝術形式，以滑稽調弄的舞蹈身段輔助演唱，變成了「歌仔陣」，迄於清末，歌仔陣大為流行，且從平地逐漸搬到舞臺上表演，觀看的群眾甚夥。

臺灣歌仔戲的源起，約始於日治初期的宜蘭，先是吸收了宜蘭地區的「四平戲」及「亂彈戲」的服裝與身段，豐富了表演的內容與形式，逐漸風行成為地方大戲。最初只有角色兩、三個，類似車鼓戲的形式，復結合民謠中的「歌仔」和戲曲形式，稱為「老歌仔」或「本地歌仔」。老歌仔唱腔多變，曲調多樣，舉凡七字調、江湖調、雜唸仔等，均可入戲，男女角色多由男子擔任，屬業餘性質。1923年後，歌仔戲兼容並蓄，首先向京劇學習臺步身段與鑼鼓點；繼則向福州戲學習布景和連臺本戲，粹取各家精華，不斷成熟進步，最終發展成為臺灣民間最受歡迎的鄉土戲劇。

當然，歌仔戲真正發展成熟，可能要到20世紀的二〇年代，1927年，總督府文教局對臺灣各地劇種作了一番初步調查，結果調查全臺有歌仔戲14團，之前並無歌仔戲之名，由此可知，歌仔戲應該是誕生於1920年代中期。它蛻變於「老歌仔」，逐漸具備生、旦、丑各種角色，其後又結合舞臺、佈景、服裝、伴奏而形成大戲，最後發展成熟為臺灣人最愛的歌仔戲。

歌仔戲初期以文戲為主，其後從上海京班學習武戲，從此歌仔戲也

加入了武戲的劇目。日治中期，歌仔戲曾到閩南一帶公演，頗受好評。皇民化運動時期以及光復初期，認為歌仔戲是哭哭啼啼的「亡國之音」而遭禁演，直到五〇年代初才解禁。於此同時，臺灣歌仔戲又融入了〈都馬調〉唱腔，讓歌仔戲的曲調更加優美抒情，一時間，歌仔戲團又呈蓬勃發展之勢。

當時臺灣歌仔戲團約有500團以上，許多劇團擁有豪華佈景和演員陣容，巡迴穿梭於城市鄉村，每一檔期觀眾常常爆滿，歌仔戲逐漸邁入極盛時期。其後，歌仔戲又與傳媒結合，推出所謂的廣播歌仔戲、電影歌仔戲，將歌仔戲帶入更寬廣的空間。例如，臺視歌仔戲未開播前，楊麗花已在臺北正聲廣播電臺的「天馬歌仔戲團」唱過，資深藝人王金櫻、翠娥也都是唱電臺出身的，廣播歌仔戲當年曾風光一時。

繼廣播歌仔戲後為電影歌仔戲，1956年，何基明導演的〈薛平貴與王寶釧〉一炮而紅，該部電影歌仔戲由劉梅英、吳碧玉主演，上映後轟動全臺，觀眾幾乎座無虛席，惜此旋風未維持太久隨即沒落。1962年，臺視開臺，也開播電視歌仔戲的時代，但真正讓歌仔戲再攀高峰，一直要到1969年，當時中視開臺，招募歌仔戲劇團，名角有小明明、葉青、柳青、王金櫻等，與臺視競爭激烈。1971年，華視開播，亦播出歌仔戲，三臺良性競爭，明星輩出，其中尤以反串小生的楊麗花最受歡迎。1972年，三臺歌仔戲菁英整併為「臺視聯合歌劇團」，推出部部精彩戲碼，將歌仔戲帶至前所未有的巔峰。

七〇年代末期，因電視及觀眾生態改變，廣告難求、新興電影工業崛起、秀場歌廳勃興，使得歌仔戲逐漸失去了舞臺，幸外臺及民間廟會仍有若干表演的機會。所謂外臺歌仔戲，又稱野臺歌仔戲、外口戲或棚腳戲，是屬於在戶外露天的表演型態。六〇年代電視歌仔戲開播，對外臺歌仔戲曾帶來重大衝擊，幸外臺歌仔戲能與民間慶典結合，依附其上從事露天搭臺演出。當時臺灣興建廟宇甚多，廟會活動也不曾間斷，請戲酬神風氣盛行，也給了外臺歌仔戲一個新的表演空間，所以外臺歌仔

戲逐漸成為廟會文化中的重要主角，而外臺歌仔戲依附宗教慶典，亦成為目前歌仔戲演出中為數最大的類型。

外臺歌仔戲的類型有廟會式及公演式兩種，廟會式多因酬神謝願而演出，除了該有的儀式外，最主要是透過外臺戲的演出，招徠群眾前來觀看，增加娛樂效果。外臺戲是以「日」為演出單位，一天演出稱為「一棚戲」，分別演出扮仙戲、日戲、夜戲。扮仙戲在臺灣各地演出習慣不一，大抵北部為「三仙會」、東北部是「醉八仙」；南部係「天官賜福」。至於日戲的劇目，大致演歷史故事、神怪吉慶和傳說故事三類；夜戲則有「奇情」之傾向，細分之亦有戀愛情仇、劍俠和傳統故事三種。

公演式又是另一種野臺式歌仔戲類型，該類型演出的場合較為正式，屬於藝文表演，所搭建舞臺較寬敞，演出時機多半與戲劇比賽或藝文活動有關，前者為劇團主動參與，後者則受邀演出。由於表演地點在戶外，所以也被歸為外臺戲，然就其表演團體和風格言，其實它是包含外臺歌仔戲和現代劇場歌仔戲的性質在裡頭。

八○年代，隨著臺灣民主化的進程，本土意識急遽高漲，民俗藝術和本土戲曲又漸受重視，沒落已久的歌仔戲又有了轉機，透過政府補助與民間學者的熱心，歌仔戲的發展也進入了結合現代劇場藝術的新里程碑。1991年3月，「河洛歌仔戲團」在國家戲劇廳演出，開啟了九○年代精緻歌仔戲的新紀元，畢竟在觀眾水準逐漸提高的今天，傳統歌仔戲要生存，其本身努力嘗試轉型，是有其必要的。

(一)明華園歌仔戲團

在臺灣歌仔戲劇團中，「明華園」是個頗具傳奇的劇團，它是一個以家族成員為骨幹而發跡的劇團，創辦人陳明吉先生育有七子一女，現今擔綱演出生、旦、丑角色者，皆為其第二代子女。其他兒媳子女，有的負責行政經營，有的專管服裝佈景及道具製作，有的對外接洽，有的兼演武生、老生等。由於家族式兄弟妯娌間分工合作，兼以對外吸收很

多學員，使得明華園成了今天國內最具知名度的歌仔戲團。

　　從1929年草創至今，明華園歷經千辛萬苦才立穩腳跟，期間曾幾度面臨改組及解散的危機，但憑藉陳明吉團長的堅持與毅力，終能挺住熬過來了，充分展現該團堅韌的生命力。一度默默無聞，也曾連續三年獲得地方戲曲比賽冠軍，但一直到1983年後，明華園才逐漸在臺灣嶄露頭角，得到各方的注意。

　　為因應社會變遷和觀眾需求，明華園的演出也不斷創新突破，它一改傳統以歌仔調為主的唱腔，而以唸白為主，尤重視丑角功能，以其能帶動全場的滑稽效果。此外，明華園又汲取電影的分場技巧，使劇情高潮迭起生動緊湊。而演員戲服華麗、舞臺聲光效果絕佳，燈光佈景多變快速、排場豪華壯盛，都是明華園演戲之特色。當然這種過於現代化、「金光化」的演出，多少失去傳統歌仔戲的味道，這也是其引人非議的地方。

　　基本上，「明華園」最大的特點是其經營方式，整個戲團由一個三代同堂的家族共同經營，說它是典型的家族企業亦不為過。舉凡從演出、佈景、道具製作、編導乃至宣傳等，均能一以貫之作業，無需假借外人之手。另外，明華園可說是傳統表演團隊，因應市場變遷順利轉型成功的例子，其所編排演出之戲，有傳統與現代結合的特徵，即有著傳統戲曲表演之精髓，又有著現代戲劇編導之巧思，並大膽採用現代的劇場技術，從這個角度觀之，明華園是個傳統家族劇團，也是現代企業化團體。

　　明華園還是國內第一個進入國父紀念館演出的民間歌仔戲團；也是第一個代表地方戲曲在國家戲劇院獻演；更光榮的是代表地主國臺灣，參加「1993年臺北世界戲劇展」並擔任壓軸大戲。這些年，明華園將表演舞臺伸向國際，曾在新加坡、東京、馬尼拉、美加和法國巴黎等地表演，甚獲好評，尤其明華園當家臺柱孫翠鳳，在楊麗花、葉青等老一輩歌仔戲明星退休後，已儼然成為臺灣歌仔戲的代表人物。

㈡歌仔戲天王——楊麗花

假如我們問臺灣中老一輩的人，臺灣歌仔戲的代表人物為何人時，相信絕大多數的人都會說是楊麗花。楊麗花這位歌仔戲的傳奇人物，對臺灣人而言，她就是歌仔戲，歌仔戲即是她。由楊麗花所領軍的歌仔戲劇團，團員包括小鳳仙、許秀年、陳亞蘭、李如麟、紀麗如、潘麗麗、青蓉、洪秀玉等人，均為歌仔戲界一時之選。其實楊麗花歌仔戲之所以能名揚臺灣，也是受電視傳媒之助，1966年，楊麗花首次參與電視歌仔戲演出，從此持續在臺視演出歌仔戲近四十年，迄今為止，已推出百餘部戲碼。

楊麗花歌仔戲最大特色是演出內容多變，不拘泥單一戲路，所以許多膾炙人口的作品，至今仍令人印象深刻。如1979年楊麗花改走「新潮武俠路線」，接連推出〈俠影秋霜〉、〈蓮花鐵三郎〉、〈青山綠水情〉等，因內容清新，觀眾給以熱烈迴響。1988年，楊麗花更以〈王文英與竹蘆馬〉，為歌仔戲贏得第一座金鐘獎。1993年，由楊麗花擔綱主演的〈洛神〉，首開8點檔方言節目先河。1996年，她又以單元劇方式演出〈四季紅〉，將劇情以四個單元進行幽默詼諧的演出，深受觀眾喜愛。2003年，楊麗花將之前的〈王文英與竹蘆馬〉重新製作，推出以優美唱腔、寫實布景取勝的〈君臣情深〉，頗受佳評。

1980年代後，楊麗花也努力提昇歌仔戲品質，使其朝精緻化路線發展，1981年，應「新象國際藝術節」邀請，在國父紀念館演出〈漁孃〉一戲，佳評如潮，也是歌仔戲首次進入現代劇場演出，開歌仔戲於國家藝術殿堂表演的先聲。1991年，楊麗花又在國家戲劇院主演〈呂布與貂嬋〉；1995年，演出〈雙槍陸文龍〉；2000年，演〈梁山伯與祝英臺〉，可說是其近四十年來歌仔戲生涯的告別秀。

回顧近四十年來，臺灣歌仔戲的發展歷史，「楊麗花歌仔戲劇團」無疑有其一定的歷史地位。總結楊麗花及其劇團之貢獻，據楊馥菱研究歸納為：1.創新電視歌仔戲的表演風格。2.演唱曲調廣為流傳，豐富歌

仔戲曲調。 3.嘗試讓歌仔戲結合新科技媒體。 4.推廣臺灣歌仔戲於世界。 5.傳承培育歌仔戲藝術。此五點確實恰如其分的道出楊麗花的貢獻，及其劇團在臺灣歌仔戲史上的地位。

　　總之，歌仔戲是臺灣本土的民間戲曲，其源流可能來自閩南原鄉，最後又與臺灣民間流傳的各種戲曲音樂、民謠或流行歌曲相結合。它以親切的本嗓，熟悉的閩南語對白，通俗的俚語，才子佳人的愛情故事、或民間傳說為素材，綜合音樂、戲劇、文學、舞蹈（身段）於一體的戲曲。基本上，歌仔戲以其強韌的生命力，貼緊臺灣底層庶民草根性的口味，一枝獨秀的屹立於臺灣社會，至今仍是最受臺灣人喜愛的戲曲。

圖12-3　最受臺灣人喜愛的戲劇——歌仔戲。

四、南管戲與北管戲

　　南管與北管，是臺灣兩大傳統戲曲音樂，也是臺灣傳統戲曲不可或缺之要素。所謂的南管戲，廣義指的是在中國南方語系地區流傳之劇種；而現今在臺灣流傳的南管戲，則係專指閩南語系中以南管所演唱的戲劇。臺灣的南管戲包括福建梨園戲的小梨園（七子戲）和九甲戲（又

稱高甲戲）兩種。梨園戲起源於泉州，主要流行於泉、漳及廈門等地，算是中國古老劇種之一。福建的梨園戲分為大梨園和小梨園兩種，其中小梨園是由童伶扮演生、旦、淨、末、丑、貼、外七種角色，是以又稱七子戲、七色戲或七腳戲。

南管戲的劇本均為文戲，內容則以男女情愛為主，無武打動作；唱腔部分使用南管，曲詞和說白均以泉州方言為主，伴奏自然也是以泉州管弦音樂為主，風格優雅纏綿。此外，南管戲的表演形式，如「進三步，退三步，三步到臺前」；「舉手到目眉，分手到肚臍，指手到鼻尖，拱手到下顎」等動作，基本上是受到傀儡戲的影響。南管戲使用的音樂為南管，又稱之為南曲、南音、弦管、郎君樂等名稱。一般而言，南管樂曲有三種：即純粹器樂演奏曲的「譜」、演唱單曲的「曲」；及有詞有譜，可供器樂演奏和人聲歌唱的「指」。

而南管樂器又可分弦樂、管樂和打擊樂三種，弦樂以琵琶為主，另有三弦、二弦等。管樂則以洞簫為主，輔以笛、小嗩吶等。打擊樂以掌鼓為主，另有鑼、拍鼓、鐃鈸等。臺灣的南管樂由閩南傳入，清代泉州移民把南管樂帶來臺灣，最初流行於澎湖、嘉義、鹿港等地，最後在鹿港生根。南管音樂為樂器演奏和清唱，曲調悠揚婉轉，唱曲講究引腔、轉韻。臺灣人因為喜愛南管樂，各地陸續設館學南管，並特地從唐山聘請藝師來臺傳授唱曲及器樂演奏。

日治時期，臺灣的南管戲逐漸改良，加入大量武戲內容，唸白也開始以本地方言發聲，而成為演唱的「九甲戲」、「白字戲」的戲班。戰後，1947年，由郭貓拋所主持的「基隆南管新錦珠」劇團，是臺灣戰後第一個重登內臺劇場的職業九甲劇團，成員幾乎全來自彰化泉州厝的南管「新錦珠」館閣，包括周金蕊、周彩雲及後來整合的「正新麗園」要角王文與周添順等人。由於郭貓拋並非藝界出身，劇團經營不善，乃將劇團賣給臺中人陳圈，最後陳圈成立「臺中南管新錦珠」劇團，其後又吸收戰前的九甲戲演員，開啟戰後九甲戲的黃金時代。

基本上，臺灣的南管戲，除七子戲或白字戲外，九甲戲也是重要的一支，九甲戲承自七子戲，後場已演變成「南唱北打」的形式，即唱南管打北鼓，已不使用梨園戲獨有的壓腳鼓伴奏。陳圈雖是「南管新錦珠」劇團團長，但實際事務由其子陳金河負責，由於組織龐雜，演員理念不合，最後發生分裂。1951年，姚錦源與部分成員另行分家成立「勝錦珠南管」劇團，與「新錦珠」互別苗頭。唯不久「勝錦珠」也弄分裂，旋瓦解，部分團員又合組「新金英」劇團，後來蛻變為純粹的歌仔戲劇團，已非南管劇團。

　　1954年，周水松家族又脫離「新錦珠」，自行成立「南管新麗園」劇團，其後「新麗園」再分出「正新麗園」和「生新樂」，如今「生新樂」已解散，而「正新麗園」也成歌仔戲班。而本尊的「新錦珠」南管劇團，雖努力維持營運，終於還是擋不住時代潮流的趨勢，於1963年宣告解散。其後陳金河雖一度重整旗鼓，組「錦玉鳳南管歌劇團」、「臺南新錦珠」等劇團，但最終仍走向散班的命運。

　　總之，全盛時期臺灣的南管戲班約有百餘團，惜現在均已沒落殆盡，目前活動力較強的有臺北的「閩南樂府」、「華聲南樂社」、「漢唐樂府」；臺中清水的「清雅樂府」、鹿港的「聚英社」、「雅正齋」，以及臺南的「南聲社」等。其中以「南聲社」較著名，該社可說是臺灣最為活躍的南管館閣，曾應邀到韓國、日本、德國、法國、英國、紐西蘭等國表演，對南管音樂的推展貢獻甚大。另值得一提的是，1998年，陳金河的兒子陳廷全，又以「新錦珠南管劇團」為名重組劇團，由母親陳秀鳳、妻子詹麗鈺擔綱，負責以培訓新生代南管人才為主，學習〈昭君和番〉、〈高文舉〉等傳統戲文，並以業餘之姿參與臺灣各地藝文演出，希望為臺灣南管戲傳承香火，保有一線生機，陳氏家族對推動臺灣南管戲之執著精神，委實令人感佩。

　　至於北管戲，又稱「亂彈戲」，與南管一樣是臺灣民間最盛行的劇種。廣義言，北管係指流行於中國北方的戲劇；南管則為中國南方戲劇

在臺灣保存之部分。北管內容包含甚廣，如崑腔、吹腔、梆子腔、皮黃及一些民間小戲、雜曲等，這也是清初花部腔調戲曲的特色。而花部戲曲因為包含有京腔、秦腔、弋陽腔、梆子腔、羅羅腔、二黃腔等種類繁多的腔調，所以也稱為「亂彈」。北管於何時傳入臺灣，可能在乾、嘉時期，此時花部戲曲正盛行，所以很有可能隨著移民潮渡海來臺。當時傳入臺灣的北管戲，除保留花部原型外，也帶來皮黃系統的漢劇和徽調，它們都構成了臺灣北管戲的一部分。一般而言，臺灣的北管戲有福路與西皮兩大系統，依傳入的先後作區分，福路屬於老梆子腔戲路，被稱為舊路，主要樂器為殼子弦（椰胡），信奉西秦王爺；西皮（皮黃）為新路，樂器為吊鬼仔（京胡），信奉田都元帥。臺灣有句俗諺：「吃肉吃三層，看戲看亂彈」，可見北管戲在臺灣受歡迎程度於一般。

清領臺時，北管戲已是臺灣最普遍的劇種，不但職業劇團林立，業餘劇團也相當多，甚至連布袋戲、傀儡戲也用北管作後場音樂，而演員、樂師很多亦是北管子弟，當時臺灣中北部的天師正乙派，不僅深習北管，其科儀中亦使用了不少北管戲的關目排場。日治時期，北管戲在臺灣已十分風行，各劇團間競爭非常激烈。當時比較有名的北管戲班如臺南的「福聯陞」、「壽山班」、「福海班」；臺中黃朝深的「墾地班」，嘉義水上「永吉祥」；彰化「福興陞」、「鹿港班」；後龍「東社班」以及臺北的「金英陞」等。目前臺灣最著名的北管戲班，是王金鳳的「新美園亂彈班」，現仍有演出。

北管戲的音樂，是屬於較熱鬧喧雜的音樂，所以曾被片面地界定為迎神賽會或喪葬之鼓吹樂，確實若以音樂系統言，舉凡迎神賽會或喪葬的陣頭式鼓吹、道教及釋教儀式後場樂；甚至歌仔戲、交加戲之後場樂等，都屬於北管音樂。北管音樂之樂種包括器樂與歌樂，器樂又分鼓吹樂和絲竹樂；歌樂有藝術性的歌曲以及戲曲唱腔，由於曲目來源不一，故北管音樂的歷史較為複雜不可考。

五、皮影戲和四平戲

　　皮影戲是一種利用光影投射原理演出的戲劇，「皮」是指戲偶製造所使用的材質，「影」是戲偶呈現在布幕上的形像。皮影戲產生年代歷史悠久，起於何時已不可考，但知其分佈地區廣大，中國、印度、印尼、東南亞；甚至非洲、歐洲都有皮影戲的存在。在中國，皮影戲也是一種古老的劇種，在宋代典籍裡，對皮影戲的演出情況已描述甚詳，甚至將從事皮影戲的表演者之名字均一一列出。當時曾出現一種稱為「繪革社」的影戲工會組織，可見影戲在宋代已發展成一種具有工會組織的行業。

　　清代是中國皮影戲發展的高峰，鼎盛時期，皮影戲可說遍及全國。依影偶造型、弄影技巧、唱工、燈光、舞臺、樂器等六大因素論，皮影戲大致可分七大影系：1.秦晉影系，2.灤州影系，3.山東影系，4.杭州影系，5.川鄂滇影系，6.湘贛影系，7.潮州影系。臺灣的皮影戲約於清朝中葉隨閩南、粵東一帶移民傳入，是屬於潮州影系的一支。皮影戲在臺灣又稱「皮猴戲」，乃因影偶頭部雕成側面單目，看似猿猴之故，此與潮州影戲同。至於傳遞路線可能先從粵東的海陸豐、潮州、汕頭一帶，再傳到福建的詔安、漳州等地，最後渡海傳入臺灣南部，最初流行於高雄的岡山、鳳山等地。

　　皮影戲在臺灣流傳的範圍雖不廣，但曾盛極一時，最盛時曾有200多團，可見其受歡迎的程度。日治時期，當局曾一度強力打壓皮影戲，但戰後又迅速復原活躍起來，並在臺灣各地巡迴演出。後來由於電影及電視新興大眾媒體的竄起，兼以工商業社會的快速變遷和衝擊，使得臺灣傳統戲劇急速萎縮，皮影戲也不例外，目前僅存不到10團，且大都集中於高雄地區。皮影戲的表演形式，人數約在4－7人間，其中1人主演兼口白、演唱；另外1－2人助演，並控制燈光的變換。此外，尚有1人敲鼓擊板；另1人則打鑼碰鈸，最後1人操弄琴弦。主演者負責曲調

旋律的演唱，其餘之人則必須幫腔及後場應答。主演及助演的地方稱為前場，是操演皮偶及唱曲道白的地方；演奏者所在之處則為後場。司鼓者還必須掌握劇情進度，以鼓聲控制演出節奏，其他樂師則配合演奏樂器。

臺灣皮影戲由潮州而來，所使用音樂和唱腔至今依然沿用潮調音樂。「潮調」也叫「師公調」，常見的曲調有〈鎖南枝〉、〈紅南襖〉、〈雲飛〉、〈緊非〉、〈下山虎〉等三十餘種。各種曲調的風格不同，有悽涼悲傷；亦有輕快娛樂，大抵多由劇中人物在不同心情下演唱。有的曲調由主演唱到尾音時，必須有後場「幫腔」，此為潮調音樂最大之特色。皮影戲偶使用的製作材料是牛皮，臺灣因為牛多，取得甚易，且材質堅韌透明性佳，所以藝閣均用水牛皮來製作影偶，如保存得宜，不受潮霉或火災，常可保存百年而不毀。皮影戲在臺灣雖已式微，但為保存這項臺灣民間傳統戲劇，1993年，高雄縣政府特別在岡山成立「皮影戲館」，負責臺灣皮影戲之保存及推廣工作，使民眾繼續有機會來接觸皮影戲，希望能為臺灣皮影戲留住一線生機。

四平戲又稱「平戲」、「素平戲」、「庶民戲」等名稱，傳至臺灣後亦稱「四棚」、「四評」。四平戲的起源，可能是四大聲腔中弋陽腔系統的地方戲，後來陸續吸收海豐的正字戲、亂彈戲等劇種的身段和聲腔，以及皮黃曲調，慢慢發展而成的新劇種。此劇種流行於閩南、粵東一帶，後由潮州、漳州人於清中葉帶進臺灣。四平戲的表演形式為用鑼鼓、嗩吶等吹打樂器，以武戲為主，後來有所改良，加入弦樂器。

四平戲戲班以某某鳳為名，如「復興鳳」、「小龍鳳」等，演出時在舞臺中央懸掛「當朝一品」四個大字，敬奉田都元帥為主神。表演身段模仿「正音」，道白採土語兼帶粵腔，角色全為男性演員，且角亦由男性反串。臺灣的四平戲流行於桃竹苗客家地區，日治時期亦曾一度風靡於中南部。其他又分為「四平」和「老四平」兩種，通常將四平歸納為客家北管亂彈戲，亦即以客家聲腔、口白演出；老四平又稱「大鑼鼓

點」、「四平本戲」，基本上已完全被改良四平所取代，現今桃竹苗地區老四平戲早已絕跡。

日治末期，因推動皇民化政策，四平戲曾一度遭到禁演，直到戰後才逐漸恢復。由於社會變遷，傳統戲曲的表演空間越來越小，至六〇年代，四平戲也快速沒落。為求生存，四平戲不得不與其他劇種搭配，如在客家庄與「採茶戲」、「外江戲」合演，惜因為是弱勢，最後分別被客家戲與歌仔戲所融化。至八〇年代，僅剩宜蘭「英歌劇團」獨撐，後隨著團主吳貴英去世，四平戲也因後繼無人而宣告結束，所以臺灣目前已無四平戲的職業劇團，而會四平戲的藝人也差不多凋零殆盡。

除上述諸劇種外，臺灣還有一些民間獨特的地方小戲，像傀儡戲、車鼓陣、挽茶歌、跳鼓陣等。傀儡戲又稱「加禮戲」，早在鄭氏時代即傳入臺灣，種類有懸線傀儡、走線傀儡和杖頭傀儡三種。臺灣的傀儡戲，形式多端，內容豐富，有不少劇情是以臺灣傳奇故事入戲，看來備感親切。臺灣現在的傀儡戲，多用懸線木偶，動作細膩，饒富趣味，頗受歡迎。

車鼓陣演出人物通常為一丑一旦，有時也加一副旦，其劇目多為閩南一帶的傳統劇目，如〈桃花過渡〉、〈看花燈〉、〈五更鼓〉、〈陳三五娘〉、〈失戀亭〉等。演出場地不限，演員服裝道具簡單，表演以對唱為主，伴以誇張詼諧的舞蹈動作，是臺灣民間小型的歌舞喜劇。挽茶歌則類似大陸的鳳陽花鼓，往往是就地圍場，故意以驚險的絕技博得觀眾的讚嘆和欣賞，有點「江湖賣藝」的味道。跳鼓陣又稱「大鼓陣」或「大鼓弄」，主要流行於臺灣中南部，「跳鼓陣」相傳源自《水滸》中的宋江陣，至今還留有八家將、宋江陣、疊羅漢等表演形式。

六、臺灣人的戲劇文化

總的來說，臺灣是個酷愛看戲、演戲的移墾社會，明清以後「唐山過臺灣」，掀起一波波移民潮湧入臺灣，這些所謂的「唐山客」，以

閩粵兩省為多，其中主要為泉州人、漳州人及客家人。當年來自閩粵的「羅漢腳」，來到臺灣這塊新天地時，拋妻棄子離鄉背井，生活的孤寂艱辛可想而知。唯一能夠解鄉愁的，便是從故鄉帶來的歌謠戲曲，聽聽故鄉的歌，看看故鄉的戲，成了這些「唐山客」心靈最大的安慰與享受。也因此，代代相傳，養成臺灣人愛看戲、愛演戲的傳統，而其自家鄉帶至臺灣的戲曲，久而久之，也在這塊陌生的土地上，開出了自呈異彩的民間戲曲之花。

基本上，當時傳入臺灣的戲曲，有的保留了戲劇的完整形態；有的為了適應臺灣的特殊環境作局部的調整，如傀儡戲、南管戲、布袋戲等。另外，有的是先吸收大陸民間戲曲的演出形式，或擷取大陸戲劇的某些精華，在臺灣融合、獨立創造發展出來的，如歌仔戲、車鼓戲、挽茶車鼓及跳鼓陣等。至於臺灣人愛看戲曲的程度，《臺灣縣志》一書曾有記載：「俗尚演劇，凡寺廟佛誕，擇數人以主其事，名曰『頭家』，斂金於境內，演戲以慶，鄉間亦然。」當時的臺灣縣，即今之臺南縣、市一帶，是最早漢移民定居之地，其民間風俗特別愛好演戲和觀戲，不管城裡或農村，都一樣熱心演戲之事，而且每次演出都是由幾位「頭家」輪流收錢，並聯戲團演出，已成慣例。

臺灣民間的戲劇演出，大致可分為節日娛樂和祭神兩種，雖然緣由不同，但能大家聚在一塊，欣賞故鄉風味的各種戲劇，亦是人生一大享受。節日演戲大致在除夕、春節、元宵、中元、中秋等時節演出，有些村社，每到除夕都有演出「避債戲」的習俗，演出時債主不得去向債務人催債，否則會引起公憤。另外，在元宵節也有扮戲觀慶的習俗，中元普渡的盂蘭盆會更是重頭戲。一般而言，「頭家」或廟住會請藝人演戲到7月底，俗稱「壓醮尾」。8月15中秋節，更是要歡慶，除祭報當地土地神一定要演戲外，還有「山橋野店，歌吹相聞」的「社戲」。

除年節外，敬天求神等宗教祭祀也常以戲劇儀式演出，這也是臺灣移民有趣的心理，認為神靈同己一樣愛看戲劇，好像聽了戲後，才

能心滿意足的去保佑人民。《臺灣府志》曾云：「二月二日，各街社里逐戶鳩金演戲，爲當境土地慶壽。張燈結綵，無處不然，名曰『春祈福』。」春天以「演戲」給土地公過生日，討他歡喜，帶來吉祥如意。「中秋祭當境土地，張燈演戲，與二月二日同，春祈而秋報也。」春天演戲取悅土地公，中秋時節答謝土地公，仍是以演戲方式爲之。由此可見，戲劇在臺灣這塊土地上的重要性，漢移民透過演戲，與臺灣土地緊密結合，形成塑造臺灣人形象的特殊常民文化。

第十三章

臺灣客家族群及其文化

一、客家移民臺灣史

　　一部臺灣移墾史是由閩粵移民所塑造的，一般言及最早入墾臺灣者，均言與臺灣一衣帶水的閩省，長於航海漁業的泉州人；其次來臺者為漳州人。漳泉移民憑其入臺早、人數多的優勢，漸次形成掌握支配臺灣經濟命脈的「福佬人」族群。在漳泉移民之後來臺者，為來自粵省惠州、潮州、嘉應州的客家人，他們因來臺較晚，只能落腳於接近內山之地從事墾殖，如桃竹苗地區與南部美濃、屏東一帶，這是臺灣漢移民潮之傳統說法。

　　但有一說是，客家人較福佬人早來臺開發，大約在明朝時期就率先來臺，不少客家人深信此說。因為粵省的客家人泰多居處內陸，生活不易，為謀生計或不滿現實生活的客家人，早早就離鄉背井出外打拼，他們其中不少人選擇海上飄泊為船員，甚至淪為海盜。中國海盜為患最猖獗時期是明嘉靖、萬曆年間，時著名海盜吳平、林道乾、林鳳等常出沒閩粵海上，這些海盜中不少都原屬客籍人士，職係之故，其部下很多同鄉客籍是理所當然的。

　　當時縱橫中國東南沿海的海盜巢穴有多處，臺灣、澎湖都是其理想藏匿之地，當初追隨海盜的客家人，原本很多是農民出身，其追隨海盜來臺後，發現臺灣沃野千里，適合農耕，於是興起落腳臺灣，從事墾殖之念，並呼朋引伴號召同屬客家人來臺開墾，故言客家人不無可能較福佬人早先來臺拓殖。

　　另外，從宗教信仰的角度來看，客家人來臺時間也是頗早的，客家人對宗教信仰非常虔誠，在原鄉他們亦奉祀佛祖、媽祖、關聖帝君、觀音、三界公等神祇，但在臺灣他們卻奉祀守護神三山國王，之所以選擇三山國王，是因其屬於「山神」，而山神可以制伏臺灣非常剽悍的「山中之生番」，故被客家人選為守護神，所以常言道：「有三山國王廟的地方就有客家人」即為此意。目前臺灣中南部彰化、員林、高雄、屏東

等地仍有不少「三山國王廟」，其中有些廟宇興建年代可追溯自明朝末期，如員林的「廣安宮」、高雄橋頭的「義安宮」、屏東九如鄉、高雄市的三山國王廟等，依此而論，客家人所流傳的較福佬人率先來臺的說法，確實是不無可能的。

關於客家人確切來臺的時間，最晚當不會晚於崇禎年間，崇禎末清兵南下，兵鏑進犯江南、華南一帶，部分閩粵等省的福佬人及客家人避秦來臺，移居臺南附近拓殖。在西班牙佔領北臺期間，由基隆市亦出現一座三山國王廟看來，當時臺灣北部已有客家人之聚落生活。1661年（南明永曆15年），鄭氏王朝開府臺灣，為與清對抗，採寓兵於農的持久之計，獎勵土地開發，積極招募閩之漳州、泉州和粵之惠州、潮州的客家人來臺墾殖，所以此時移民來臺的客家人為數必不少。明鄭執兵符大將劉國軒為福建省汀州府之客家人，汀州為一純粹客家人府治，故明鄭軍隊當有不少客家人。《重修鳳山縣志》即記載：「臺自鄭代擘內地數萬人來居茲地，半閩之漳泉、粵之惠潮民」，即言明鄭時期客家人來臺移墾人數之多。

清領時期，對客家人而言，可說是夢魘之始，清初頒布「渡臺三禁令」，其中第三條即衝著客家人來的。該條言粵省是海盜窩巢，禁止粵省人渡臺，此粵省人指的幾乎就是客家人。《臺灣府志》載：「臺灣始入版圖，為五方雜處之區，而閩、粵之人尤多。先時，鄭逆竊踞海上，開墾十無二三。迨鄭逆平後，招徠墾田報賦。終將軍施琅之世，嚴禁粵中惠、潮之民，不許渡臺；蓋惡惠潮之地，數為海盜淵藪而積習未忘也」。所以在清朝厲行禁令期間，受害最大者當屬客家人，因其一時未能來臺，使其往後在臺灣的族群之間處於明顯劣勢。

直到康熙中葉，禁令較弛，客家人才又陸續渡海來臺，到康熙末來臺之客家人已遍佈臺灣西部地區，可見其移墾之盛況。但因遭禁令影響，客家人已失先機，臺灣較好地區均為漳泉福佬人所佔，客家人只能在內陸山區等地從事開墾，因比鄰原住民棲息地，常遭原住民「出草」

威脅，故客家人常是冒生命危險來開闢荒地，其艱辛困苦可見一斑。

　　客家人入墾臺灣，雍、乾年間曾出現一個高峰期，嘉、道年間，客家人仍源源不絕的入臺墾殖，唯人數已明顯下降，尤其1826年（道光6年）發生的閩粵大械鬥後，對客家人移墾臺灣的心理顧忌，產生蠻大的影響。基本上，客家人入墾臺灣，在康熙年間以屏東近山平原為主，此外高雄、臺南、嘉義一帶也有零星入墾。雍正年代，大批客家人北上開墾，中部地區的雲林、彰化、臺中都有客家人的足跡，其後的乾隆朝，客家人更北進到桃竹苗甚至臺北地區拓殖，有清一代，客家人的拓墾臺灣，大致與今日臺灣客家族群聚落分布的格局相吻合。

　　綜上所述，我們若從臺灣移民史來看客家人的移墾臺灣，剛開始客家人與福佬人的移民人數應當是不相上下的，只因清初的渡臺三禁令，使得客家人頓時變成少數族群，才造成客家人在政治、經濟等方面的居於劣勢。但客家人憑其團結、勤奮、節儉、不服輸的「硬頸精神」，很快的在經濟上取得與福佬人並駕齊驅的地位，並為臺灣這塊土地的開發，立下不可磨滅的貢獻。

二、客家文化與習俗

　　基本上，客家族群在臺灣生根已近4百年，在臺灣過去歷史中，客家人以其原鄉之文化，融合臺灣本地特殊之地理民情，已重新塑造一種有別於大陸的客家文化，無論在建築、飲食、工藝、音樂、戲曲等方面，都已經是臺灣文化資產不可或缺的一環。茲舉客家文化最具代表性的音樂、習俗與文學，略敘如下：

1. 客家的音樂：山歌是客家音樂的重心，也是客家人精神文化的支柱，客家音樂有三大類別：一為聲樂類，以山歌、兒歌為主，山歌有老山歌、山歌仔、平板；兒歌則有大人唱給嬰兒聽的歌及兒童朗誦詩。另一類是器樂類，客家人稱為「八音」，八音又細分吹場樂和絃索樂。還有一種是戲曲類，客家人稱為「採茶戲」，採茶戲除道白

圖13-1　著名的客家音樂──「客家八音」。

外，所唱之歌均以地方小調爲主，山歌仔、平板爲輔。目前八音和採
茶戲已漸沒落，只有山歌還被保存下來。

　　客家山歌之所以屹立不搖，主要是它能充分反映客家族群的特
性，不僅獨具客家人的特質，客家人亦利用山歌來表達思想、生活與
情感。一般人即使對客家的歷史文化不甚了解，甚至聽不懂客語，但
也能從客家山歌中，體會客家的風土民情及特質，這就是客家山歌特
殊音樂性格之所在。客家山歌趣味在於男女之間的因問作答與即興創
作，因此，一對客家男女因問作答即興對唱的歌唱方式，就成爲客家
山歌的音樂表現特徵。茲舉一首對唱山歌爲證：

　　　女：日頭落山出月光，月光照河又照江；
　　　　　萬丈深潭照到底，月光難照郎心腸。
　　　男：阿妹不必太多心，阿哥一定有真情；
　　　　　天長地久同妹好，絕毛丟妹尋別人。（毛：無）
　　　女：月光一出雲就開，阿哥約妹妹就來；

今夜相會嫌夜短，鈍刀破竹難分開。

男：蓮塘邊上種苦瓜，那有三寸就開花；

百萬家財哥唔想，就想同妹共一家。

此男女因問作答的即興對唱方式，將客家男女的對等性與獨立性
觀念表露無遺，此與漢人社會「男主外、女主內」的社會結構有別。
客家人因所處的環境較差，山多田少生存不易，因此許多女子必須扛
起耕田種地、操持家務的重擔，而也由於客家女子能有機會長期與男
子共同從事耕種、拓殖等工作，自然而然增加男女對唱山歌的機會與
環境，久而久之蔚為風氣，成為客家男女的最愛。由此可知，有客家

圖13-2　男女對唱的客家山歌。

才有山歌，而山歌的音樂表現，也恰如其分的反映客家的族性與民風，這二者是相輔相成的。

　　基本上，音樂對於族群的凝聚力、對情感教化都有絕對的影響力，客家的傳統山歌即顯現如此的特色。目前，山歌仍流傳於客家社會，但已出現每況愈下的危機，客家年輕一代，對傳統山歌的熱愛已不如往昔，且對傳統山歌音樂的表現方式亦亟思改變。殊不知，傳統客家山歌之所以稱為山歌，是因為它不僅代表了延續過去客家人勤奮、純樸、實在的民族性，其特殊的音樂旋律與風格，也代表著客家音樂的文化根源，這並非窮則變變則通，要改就能改的。

　　至於客家音樂的採茶戲，其形成是由民歌配上扮飾，逐漸發展成簡單故事的小戲。據《大中國百科全書》記載：「採茶戲最初為茶農採茶時所唱的採茶歌，後與民間歌舞相結合，形成了載舞的採茶燈。每逢燈節或收茶季節，茶農常以這種形式即興演出以採茶為內容的節目，因以茶籃為道具，亦稱：『採籃燈』。後來，內容、唱腔、表演形式不斷豐富，逐漸發展成活躍於廣大農村的採茶戲。早期採茶戲以演生活小戲為主，只有三個腳色（二旦一丑，後發展成小生、小旦、小丑三行），故又稱『三腳班』」。

　　據歷史記載，於乾隆年間移民臺灣桃竹苗的客家人，大多來自粵省嘉應州，而臺灣客家三腳採茶戲所用的四縣腔，也正是嘉應州一帶客家人所用，可見「三腳戲」是由嘉應州傳到臺灣的，時間可能在道光以後。「採茶戲」傳入臺灣後，逐漸流行，到了清末民初達到鼎盛，戲班相繼成立競爭激烈。當時各戲班以民謠為基礎，倣效「三腳戲」，自編新劇目，有的以山歌自編歌詞，對白演出簡單故事；有的以小調對唱加上對白、表演，這兩種形式都以丑、旦戲謔、調情對唱為主，所以又被稱為「相褒戲」。相褒戲的娛樂性甚合庶民口味，故反映頗為熱烈。

　　傳統的採茶戲有固定戲碼，每個戲碼都有固定唱腔，共有九種

不同的腔，十八種不同的小調，稱之「九腔十八調」。而改良的採茶戲，是以平板爲主要唱腔，山歌仔爲次要唱腔，「九腔十八調」反成了點綴性的唱腔。平板與山歌子曲調，其音符會隨歌詞變化而改變，使得一個固定的平板曲調，能唱出愉快、悲傷、生氣等劇情之表現。臺灣客家採茶戲有其政治、經濟、娛樂、社交、教育等多重功能，惜在大環境快速變遷下，已逐漸凋零十分可惜。

20世紀末的臺灣流行音樂創作，已被公認爲華人地區之最，客家歌的小衆音樂，除「細妹按靚」，或者大選時刻板的客語競選歌外，我們對客家流行音樂了解多少。當臺語歌都隨著潮流轉型之際，客語歌是否該與時俱進，讓自己的母語傳揚，這是所有從事客家音樂工作者，要嚴肅以對的重要客題。

2. 客家的習俗：年俗是客家人最重視之民俗節慶，客家人過年，從12月24日的送神揭開序幕，當天，客家人要煮湯圓以封灶神之口，同時，全家大掃除上街買年貨，以迎接隔天的「入年假」。25日入年假，也叫「落年架」，意指從這天起，家家戶戶要升火，蒸製各種應景的糕粄，自此前後十日，一直到出年假爲止，期間一定要「封壟封碓」，嚴禁罵人打人、說不吉利話等。入了年假，家裡門窗要貼春聯，祖先牌位或神案前要燃香不絕，表示「點長年香」。

除夕拜天公，天亮後，還得分頭到村莊廟裡敬神，名謂「完神」，意指感謝神明過去一年的庇佑。除夕夜吃團圓飯前，要先祭祖、門神、井神等，然後全家到正廳吃「長年酒」，餐後燃放鞭炮慶祝。與閩南人在除夕夜最大的不同是，客家人不守歲，過年亦不興拜年，但喜到附近廟宇上香。年初2媳婦回娘家，初4則是婆婆回娘家，之所以婆媳錯開，是避免家中無婦人，無法接待來訪客人，同時也表現出彼此的倫常關係。

元宵節時，客家人熱衷「新丁粄」競賽，「粄」是客家人用糯米做成糕點的名稱，「新丁」是指家中新添的男丁，「新丁粄」即爲慶

賀新添男丁的糯米糕點。客家人不僅在每年元宵節製作新丁粄，更熱衷「鬥粄」，也就是賽「新丁粄」。新丁粄比賽由來已久，主要是扣謝伯公添丁賜福之意。新丁粄的源起，顯然最初是希望將喜氣與父老鄉親分享，擇定每年元宵為期，則是承襲新春的歡樂氣氛。且元宵是小過年，大家尚在休假，有充裕時間「打粄」。只要在去年元宵前添丁的人家，都可以到土地公（伯公）前表達謝意，並將喜氣與大家分享。後因人們爭相出鋒頭的心理，做紅龜酬神，且紅龜越做越大，遂正式演變為比賽，成為客家人一項特殊的元宵風俗。每年的新丁粄比賽地點，大多選在每里的角頭廟，大家提著燈籠忙著往返各廟，瞧一瞧誰家的粄做得最大，那一座廟的新丁粄多或少，如此熙來攘往的人潮，將歡樂氣氛帶到最高潮。如此生動的新丁粄之夜，一直持續至深夜，各廟主事拿出「福份簿」，開始按照參加福份的名冊，一一點名發給新丁粄。一個福份可以得到各種大小不同的糕餅，大家滿心喜悅的扛回家，充滿甜蜜及滿滿的福份。

　　除新丁粄外，客家人另一項重大節慶為義民節祭典，每年7月20日，新埔義民廟都會舉行盛大的「義民節」祭典，吸引數萬人相約至義民廟觀賞「神豬競賽」，或者受邀至輪值普渡的庄頭打牙祭，熱鬧非凡，堪稱是客家人首要的歲時節俗。義民節登場前，要先「豎燈篙」，燈篙豎過後，另一重頭戲是夜間的「安大士爺」，大士爺也就是普渡公，民間稱為「鬼王」。大士爺安置後，七星燈開始點燃，義民節的普渡活動準備工作即算就緒，只待隔天的放水燈。放水燈是中元普渡前一日最重要的習俗，主要作用是普渡水中的孤魂野鬼，以免他們作祟為害渡江以及在水中討生活的人們。

　　施放水燈後，接著是義民節最高潮的活動神豬比賽，所有普渡的豬隻，必須按名次及廟方繪好的地方擺設，奇數神豬屬陽擺左側；偶數神豬屬陰擺右側，運到現場後，主人忙著架設高大、裝飾華麗甚至掛滿金牌的豬棚，待所有豬棚設好後，義民節的熱鬧氣氛，終於在七

彩的棚架與隨風飄揚的小旗幟飛舞中展開。客家人的義民節熱鬧無比，兼以客家人好客，早在普渡前已廣邀親友，故普渡夜常是燈火通明人山人海，在將神豬肉分給諸親友中結束。另外，其他客家民俗還很多，如六堆的昌黎伯祭、敬字紙與聖蹟，平安戲和2月戲等不一而足，但每樣民俗最重要的意義都能具體反映客家文化的特色。

幾千年來，「處處為客處處家」的客家人，因長久以來的迫於耕地、糧食之不足，以及深居山區、交通不便的生活形態，使客家人在不斷遷徙中，無暇與其他文化交流融合，因此保有許多傳統的語言、文化與風俗。舊時客家人，在念念不忘中原血統與受壓迫流離失所的情結間，養成團結排外的習性，甚至不願意吸納其他族群文化的陋習。羅香林在《客家研究導讀》一書中即不諱言的說：「客人尚自重、喜自尊，無論走到那裡，都不肯捨棄固有的語言和習慣……，往往足跡所至，即有其特別村舍，一切習俗，不肯與外人同化……這確是一種特殊現象」。

客家人最引以自豪的是，族群之間合作無間的精神，舊時農忙之時，客家庄中大家互相幫工，顯然留有昔日顛沛流離，患難與共的精神。而長期的飄泊流浪，有家歸不得，也使得客家人更忘不了中原正朔血脈，這原本是慎終追遠的美德，但在客家人心中長期發酵的結果，反而成了孤臣孽子的悲劇情結，而反映在文化上，最典型的莫過於喪祭禮俗中的「金斗甕」。金斗甕為安置祖先之所，在客家人生活範圍內隨處可見，因早期客家人認為，祖先之骨骸必須奉回中原故土始能安魂，後來遂演變成撿骨的習俗。

在客家人的觀念中，家長擁有絕對權威，父權的尊嚴不容置疑，高度的以父權為中心，使得家族成員非常龐大，一般而言，在同一父系下，若父系仍健在，是不容許分家的。倘房屋不夠住，亦不允許分家，只能在外圍不斷增加護廊使用，故客家建築有許多圍龍屋存在。在高度父權下，婦女的地位當然不高，對子女的教育，也是重男不

重女，而教育的重點，大多以飽讀詩書，考取功名為目標。對子女的婚姻，「門當戶對」是唯一標準，婚嫁儀式必須是古禮的「明媒正娶」，最好還能廣邀親友參加，讓主人風光有面子。由上述文化特徵中，可以很清楚看到客家人的幾個特性：保守、頑固、勤奮、堅毅、互助、權威與好面子，這些特徵各具優缺點，但無論如何，它們都是構築成客家人特有的文化特徵。

3. 客家之文學：眾人皆知，客家族群相當重視教育，讀書識字的人極為普遍，也因此欲造就一批知識份子，或創作力豐富的作家並非難事。但因客家人的讀書觀，是建立在功利主義求取功名之上，因此歷代客籍作家的文學表現，大部分均努力於詩，其他文藝創作並不出色。客籍文學評論家彭瑞金提到：「客家學子或因居地皆屬崇山峻嶺、地方棉薄的邊地，既無經濟之餘裕，也少生活上的閒暇，先天上缺乏文藝滋養的條件，或由於後天的，客家地方每為盜寇所困，學子不能肆情文藝，即有文藝，也『質直而少風趣』」。所以彭瑞金不無遺憾的說，文藝創作應該反映現實生活，反映族群歷史和命運，客家族群空自擁有那麼多知識份子，卻錯過將自己族群的血淚成長史，以及由悲愴歷史造就的民族特質，寫成屬於自己的文學。因此彭瑞金說，所謂客家文學，只不過是客系文人的遊藝作品而已。

　　至於在臺灣的客家文學，從清領到日治初期，並無刻意凸顯客家意識的客籍作家，更遑論具有客家使命自覺的作家或作品。一直要到新文學運動崛起後，文學觀念改變，臺灣客家文學由於客家族群獨特的背景，才大鵬展翅湧現出許多的傑出作家和優秀作品，無論戰前戰後，在臺灣文壇都佔有非常重要的一席之地。

　　茲以戰前作家而言，龍瑛宗、吳濁流、鍾理和可說是客籍作家的三巨頭。龍瑛宗，新竹北埔人，1937年以〈植有木瓜樹的小鎮〉入選《改造》的徵文獎，一躍為著名作家。戰後，龍瑛宗擔任《中華日報》日文版文藝欄主編，對延續臺灣新文學香火貢獻卓著，亦培育不

少優秀新作家。龍之作品充滿時代感，批判不公不義社會不遺餘力，展現了堅韌的文學生命力，著有長篇小說《紅塵》、短篇集《杜甫在長安》，日治時期的小說則集結成《午前的懸崖》一書。

吳濁流，新竹新埔人，太平洋戰爭期間，吳冒著生命危險，起草以探討臺灣人命運及處境爲主題的長篇小說《胡太明》（即《亞細亞的孤兒》），爲臺灣文學在戰爭期間最具份量的鉅著。戰後，吳濁流仍筆耕不輟，繼續以日文從事寫作，作品具有強烈的社會批判意識，並創辦《臺灣文藝》刊物，對臺灣文學影響深遠，著有長篇小說《無花果》、《臺灣連翹》等。鍾理和祖籍屏東，後遷居美濃，曾遠赴中國瀋陽、北平謀生及寫作，曾以長篇小說《笠山農場》獲中華文藝獎，死後作品整理爲《鍾理和全集》八冊。

戰後的臺灣客籍作家，首推鍾肇政，鍾爲桃園龍潭人，是戰後從中文出發寫作的第一代，先後完成《濁流三部曲》、《臺灣人三部曲》、《高山組曲》等，首開臺灣文學「大河小說」創作之先驅。與鍾肇政同時代的作家還有鄭煥、林鍾隆、詹冰、林海音等，稍後於鍾肇政的作家有李喬，李以臺灣歷史爲背景的長篇巨構《寒夜三部曲》，是繼鍾肇政後另一寫大河小說的能手。

另外，鍾鐵民爲鍾理和長子，其小說文字細膩，著有《煙田》、《雨後》、《余忠雄的春天》等。除此之外，優秀客籍作家尙有陌上桑、梁景鋒、謝霜天、劉慕沙、丘秀芷等。戰後新生代有曾貴海、林清玄、彭瑞金、陳雨航、陌上塵、吳錦發、焦桐、鍾延豪、劉還月、吳鳴、藍博洲等。不管老幹新枝，這些優秀的客籍作家，都能將族群的硬頸精神，與特有的文化質素表現於作品中，爲臺灣文學添上亮麗的彩筆。

三、客家人的族群認同

上世紀八〇年代起，隨著臺灣政治氛圍的解凍，長期沈默的客家

族群，也開始思考族群所面臨的諸多課題，由此帶動客家文化運動的興起。基本上，長久以來，擺在客家族群所面對的問題有二：一為語言文化處於危機的焦慮；二為在政治權力結構中，如何爭取更公平合理的待遇，使客家族群與福佬族群享有平等權力和尊嚴。以語言文化論，客家族群與其他本土族群一樣，在國民黨長期以來「國語至上」的大中國意識教育文化政策下，客語遭到壓抑，幾乎沒有發聲的機會。

解嚴後，隨著本土意識的高漲，客家意識的自覺運動亦隨之而起，1988年，客家人發起「還我母語運動」，是對官方國語和「福佬沙文主義」強勢臺語的不平之鳴。客家族群經由民意代表向執政的國民黨施壓，希望爭取包括客家文化在內的本土語言文化上的權益。其具體做法包括在各大專院校設立「客語系」，成立「客家電視臺」，使客家族群的語言和文化能保存下來，不至於流失或滅絕。基本上，客家族群對語言文化的危機意識，可說是一種我族「文化身分認同」之焦慮，這是基於對客家族群本質特殊性的了解或覺醒而產生的心理情結。

至於如何在新的政治權力結構中，爭取自己應有的政治地位與權益，此牽扯到客家族群如何與其他族群相處問題，及客家族群如何改變自我封閉的族群習性，而獲得其他族群的認同與支持，這關係到客家族群的行動策略。畢竟客家族群在臺灣，因其人口較少，所以在國家或社會資源分配上，是無法與外省族群匹敵；在政治經濟方面，是無法和閩南族群抗衡，這是一個不爭的事實。所以在臺灣的客家人，長久以來，始終扮演著勤奮認眞、默默耕耘、冷漠旁觀的「客人」心態，以如此心態，欲求得其他族群的尊敬或奧援，那是不可能的。職是之故，當客家族群在自我認同之際，也要拋棄傳統的旁觀「客人」心態，以臺灣主人一份子的身分，去建構「新的客家人」之族群認同與意識，以積極行動和其他族群共同打拼，創造形塑「新臺灣人」的歷史使命，這才是臺灣各族群自我認同最有意義之事，也是對臺灣最有利之事。

第十四章

豪門巨室的象徵——園邸與宅第

一、臺灣的園邸及其風格

臺灣早期是個以閩粵移民為主的移墾社會，移民在臺落地生根後，也將原鄉的種種習俗帶進臺灣，其中建築風格的移殖，更讓移民有種心靈的歸屬感。因此，臺灣早期的古宅第，很多是以閩南漳泉風格；或粵東的客家風情為主，這些早期豪門巨室的園林宅第，除象徵當年家族興隆與主人的地位聲望外，也建構成臺灣建築史及文化古蹟一道不可或缺的風景線。說到臺灣之宅第，基本上以閩南建築和客家建築為大宗，閩南建築風格講求曲線流暢，愛用紅磚砌牆代表喜氣，牆堵及屋頂裝飾繁多，彩繪、交趾陶鮮艷亮麗，凸顯福佬人愛氣派的豪情。至於客家建築則與閩南建築風格大異其趣，客家建築風格簡單，線條簡約素樸，屋頂喜用青灰瓦，牆面愛用白漆，充分代表客家人簡潔低調的民族性。門楣多懸掛堂號，門兩邊多對聯，明顯傳遞客家人清淡、勤奮、儉樸、尚文的特色。

臺灣的古宅第格局，一般都會包括門樓、門廳、軒亭、正廳、後進、護龍這幾項主要結構。所謂門樓是指宅第的入口處，臺灣的古宅門樓，因防禦械鬥及盜匪需要，往往不在主建物前方，而建在前院的兩側，門樓上常設有銃孔。而門廳則為多院落宅第建築的第一落入口稱門廳，是迎賓之處，有時也是主人停轎或帳房起居的地方。正廳是宅第的主廳，也是祭祀祖先與家庭商議重大事情的地方，至於護龍則為子孫起居的住宅，通常左邊內護龍為長房居所，右側內護龍為二房住處，其次各房再依序左右往外護龍分配居住。古時因為大戶宅第多座北朝南，東邊內護龍為長房，西邊內護龍為二房，因此妯娌常被稱呼為「東西仔」。

臺灣的宅第所有人，大都是社會上的有力之士、高級從政者或殷實的大資本家，但一般家境不錯或獲取科名者，亦照樣興建廣大的宅第，以顯示其大家族聲望及社會地位。宅第建築的藝術裝飾極其考究，有高

度的文化古蹟價值，頗值得一看。基本上，臺灣的建築因受到氣候的影響，庭園是相當受到重視的，尤其在酷熱的臺灣，要享受自然盡情地納涼，就必須要有庭園，所以一些豪門巨室的宅第，房子與庭園所佔的面積，如非各半，就是庭園面積可能更寬廣些，因此臺灣的建築中，以庭園聞名的宅第相當多。

早在鄭氏時期，就有以庭園著稱的園邸，如明朝寧靖王的邸園，位於臺南承天府旁，作為宋人府的朝見所，號稱「一元子園」，它可能是臺灣有正式庭園之濫觴，據說現在的媽祖天后宮，就在其遺址之上。和鄭氏相關的園邸，還有鄭成功的邸宅，建於明永曆年間，1684年（康熙23年）充當為臺南府衛門，今已不存在了。鄭經之母，董園太夫人的「北園」，是鄭成功死後，鄭經為其母所建的，其後身據說就是現在臺南的海會寺。其他重臣邸宅如明末舉人李茂春的「夢蝶園」，李氏避難來臺，於此建茅庵隱樓其中；另有參軍陳永華所興建的別墅「大古巢」，勇衛黃安的宅第等，因年代久遠，今已無法覓其蹤跡了。

清代臺灣的邸宅與庭園，1830年（道光10年）由臺南富紳吳尚新所建的「紫春園」，可能是唯一富有古趣的庭園。邸內庭園，現位於臺南中山堂的東北方，仍保留著長方形池塘，池塘的東北隅與東南隅，有向池塘突出的石壘、池亭、廊廡連接池岸與池亭，北側有假山，據說是仿泉漳的飛來峰，為庭園增添若干詩趣。除紫春園外，新竹的「潛園」與「北郭園」也相當有名。潛園為富商林占梅於1848年（道光28年）所建，惜隨著林家的家運衰敗，昔日的榮景已堙沒於市街之中，只剩幾棟住宅和家廟而已。古書所載之「梅花書屋」及「中有水河，可泛舟，奇石陵立又有三十六宜」的庭院也荒廢不可考了，只有被列為「新竹八景」之一的「爽吟閣」，為二樓式歇山造型，前院磚牆，有設計精美的窗門，仍稍保留舊貌。

新竹的另一名園北郭園，是竹塹富紳鄭用錫於1851年（咸豐元年）所建之別墅，建地甚大，相當氣派，建築物向內部接連排著幾棟，盡頭

圖14-1　清代竹塹著名園邸——鄭用錫的「北郭園」。

處有曲折的迴廊、亭園，側面的庭園既深且長，自創建以來，即以名園聞名遐邇。《淡水廳誌》記載：「中有小樓聽雨，歐亭鳴竹、陌田觀稼諸景」；「北郭煙雨」也列入「新竹八景」之一。北郭園內尚有「北部八景」，所謂北部八景是指「小郭聽雨」、「曉亭春望」、「石橋垂釣」、「小山叢竹」、「深院讀書」、「曲欄看花」、「陌田觀稼」、「蓮池泛舟」。另外園內中心還有一曲折、寬狹不一的池塘，別具況味，而小壺天、北郭園、偏遠堂等匾額、對聯等，在園內亦隨處可見。

二、林家歷史與林家花園

　　當然論及清代臺灣的園邸，最富盛名的當屬板橋的林本源園邸與霧峰林家園邸，堪稱為臺灣園邸的雙璧。林本源園邸為清代臺灣首富，板橋林家所興建的中國式園林建築，原名板橋別墅，通稱林家花園，位於新北市板橋市留侯里。1851年（咸豐元年）林家來臺第三代林國華建三落大厝，1878年（光緒4年）第四代林維源建五落大厝及附屬庭園，為目前臺灣僅存保存完整的清代園林建築。清末時期為政商名流、文人墨客的重要交流場所，亦為臺灣四大漢式名園之一，1985年經內政部指定為國定古蹟。

至於林家發跡的歷史，可追溯至乾隆年間，1778年（乾隆43年），漳州人林應寅來臺從事教職後返回福建，但次子林平侯渡臺尋訪父親，卻沒有隨父返鄉，反而在米商鄭穀的店打工，後來由鄭穀出資助其創業，林平侯從運米起家，後來與竹塹林紹賢共同經營臺灣鹽務，因此累積了許多財富。1818年（嘉慶23年），林平侯遷居大嵙崁（今桃園大溪），築大嵙崁堡開墾田地並建築灌溉水圳，田租收入大增，林家至此成為大富商。板橋林家第二代林平侯以經營鹽、米業致富。五個兒子分別以飲記、水記、思記、源記、本記為家號，其中三子國華、五子國芳為嫡出，咸豐年間一起自大嵙崁（今桃園大溪）遷居板橋，共創「林本源」家號，開始興建三落大厝。第四代林維源擴大基業，躍升全臺首富，並將林本源園邸修建為名聞遐邇的古典園林。

戰後，林本源園邸遭大批難民長期占住，任意破壞，1970年林本源祭祀公業將3000多坪的花園產權捐給臺北縣政府，1978年政府委託臺灣大學土木工程研究所都市計畫研究室（今臺灣大學建築與城鄉研究所）進行修復計畫。1982－1986年發包施工，歷時四年竣工，總經費1億5千萬元，由行政院文化建設委員會、內政部、交通部觀光局、臺灣省政府、臺北縣政府共同負擔。

林本源園邸是指花園和住宅，其中三落大厝以翹脊（燕尾）屋頂為造形，建築比例優美，現為林本源家族祠堂；五落大厝則遭林家後代全數剷平，改建為新式住宅大樓。花園部分含亭、臺、樓、閣、假山、水池、小橋、迴廊，勝景處處且各具功能。有集會儀典之用的「定靜堂」、待客之用的「來青閣」、賞花之用的「香玉簃」、賞月之用的「月波水榭」、觀戲之用的「開軒一笑亭」、藏書讀書之用的「方鑑齋」和「汲古書屋」、划船釣魚之用的榕蔭大地，以及全臺第一座雙層陸橋的「橫虹臥月」等。整體格局奇巧，形態萬千，充分體現清代精緻的園林建築文化。1987年元旦正式對外開放，園內定期舉辦藝術展演及相關活動，讓古蹟增加空間利用的可能性，每個月的第一個周末開放民間夜遊

林園，讓遊客得以體驗林家花園的夜景之美。

三、林家花園主要景點介紹

1. 三落大厝：是三進兩護龍的傳統閩南式建築，三落包括門廳、祖廳及後堂，屋頂是象徵地位的重簷燕尾脊，建築的門窗，樑柱雕刻精美細緻。門廳門楣懸掛光緒年間朝廷頒發的「光祿第」匾額，祖廳則有慈禧太后賜贈的「尚義可風」匾額，後堂門楣懸掛訓勉族人知福惜福的「如是福」匾，院內還有一座光緒皇帝御賜的「樂善好施」聖旨碑，可謂集榮寵與家勢於一身。

2. 觀稼樓：當年從二樓露天平臺可遠眺田園農夫耕種，可以遠望觀音山下整片田園，樓前方有八角形門洞及海棠池，曲線的石欄及拱橋搭配，設計的十分生動，由觀稼樓亦可看出主人家大業大的氣派。

3. 汲古書屋：是藏書及讀書的地方，是一座三開間帶有軒亭的建築，簡潔大方通風良好，屋前之軒亭造型華麗，充分看出主人優雅閒適的文人性格之另一面。

圖14-2　豪華氣派的板橋林家花園。

4. 方鑑齋：是昔日書房，也是文人墨客吟詠的地方，方鑑齋的遊廊壁上有抄寫朱熹白鹿洞書院學規之字跡。前面水院中間設有戲臺，周圍則環繞屋舍、迴廊、曲橋與假山，把庭院之美表現得淋漓盡致。

5. 來青閣：為招待貴賓的客廳及客房，沿著迴廊的牆面，雕有清道光年間周凱題的「朱子讀書樂詩」，閣的兩側有以花牆區隔的庭院，閣前有一戲亭「開軒一笑亭」。

6. 橫虹臥月：為分隔前後花園的弧形陸橋，橋面形狀如虹，下方拱形門洞如半月，營造出層次感並隱蔽後花園的設計，橫虹臥月橋下是珊瑚礁砌成的通道，可以連接回觀稼樓。

7. 月波水榭：是漂浮在海棠形的水池上的雙菱形賞月水榭，有小橋與岸邊相連，形似一艘泊於岸邊的小船。

8. 香玉簃：前面是花圃，是遊憩觀賞花卉的地方。

9. 定靜堂：是林家花園中最大的建築物，也是舉行盛大宴會迎賓的地方。

10. 榕蔭大池：池畔有假山及梅花鄔、釣魚磯、雲錦淙等不同形狀的亭子，巨大的榕樹伴隨寬敞的池面，極富園林庭院的情趣。

四、見證臺灣歷史的霧峰林家

在臺灣知名園邸中，能和板橋林家園邸分庭抗禮的，就屬臺中霧峰林家的「萊園」。霧峰林家祖籍福建漳州，1746年（乾隆11年）初基祖林石渡海來臺，至第三代林甲寅遷居阿罩霧（霧峰），到第四代分成兩房，長子林定邦一系所建的宅第稱為下厝，建於1862年（同治元年）；次子林奠國一系所建的大宅為頂厝，約建於光緒年間。林奠國子林文欽（林獻堂父）於1893年（光緒19年）中舉，為孝順安養其母，在頂厝後側建造「萊園」，至此霧峰林家花園的下厝、頂厝及萊園三大部分全部完成。林家花園其主體結構有：

1. 頂厝：有景薰樓、蓉鏡齋、新厝、頤圃等建築，是屬於文人官宦的建

築風格。

2. 下厝：有草厝、宮保第、大花廳、二房厝及軍營28間，下厝氣派宏偉，是武將的建築風格。

3. 景薰樓：是三落四進護龍不對稱的合院建築，入口有兩層歇山式的門樓，前有軒亭，中央爲穿心廊，可依序進入後方。

4. 蓉鏡齋：爲紅瓦土埆磚造的三落三合院建築，原爲林奠國住宅，光緒年間林文欽改建爲書院，爲教育家族及附近子弟讀書起居之處。

5. 頤圃：原爲頂厝林家穀倉及客房，1906年修建爲宴客場所，庭院中花木扶疏，屋頂採日式黑瓦搭配漢式歇山設計，左右亭廊用日式木造結構，整體呈現中日合璧的建築特色。

6. 新厝：是林文鳳一房的建築，包括有尋芳園、孔雀園、水池、花園等建築物和空間。

7. 大花廳：是面寬五開間的三落宴會廳，後落的兩側護龍，爲觀戲的廂房。

8. 將軍府：是二房林文明家族居所，林文明官拜建威將軍，因此其府第稱爲將軍府，爲一三落五進建築，建於同治年間，已有百餘年歷史。

9. 宮保第：是光緒皇帝爲追念林文察戰功所賜的官式建築，爲面寬十一開間的回字形四合院五落大厝。

10. 萊園：爲全臺四大名園之一，目前爲「明臺家商」校園，萊園爲一依山傍水的自然山水園林，園中建築風格中西合璧，惜目前已毀損甚多。唯從「木棉橋」、「五桂樓」、「飛觴醉月亭」、「櫟社紀念碑」、「荔枝島」、「小習池」、「夕佳亭」、「萊園一家石」及「萊園入口」等景點，仍可遙想當年氣派輝煌之風韻。

五、臺灣其他知名宅第

1. 林安泰古厝：建於1783年（乾隆48年），是棟超過2百年歷史的閩南

式建築，原址位於臺北市四維路，1978年因敦化南路拓寬，乃將其拆除安置於濱江街，以拆除的原材料依原樣重建，勉強保留了原始風貌。清乾隆年間，林家祖先林欽明從福建安溪來臺，以「榮泰行」經商致富，後來家族就在今臺北市四維路建造名為「安泰厝」的大厝，「安泰」二字係紀念福建安溪家鄉及家族榮泰行的成就。

林安泰古厝是臺北市目前保存最完整的閩南式傳統建築，古厝最美之處，在於它道地的閩南建築風格，燕尾脊的硬山屋頂，前廳較低，後廳較高，護龍之間有迴廊及天井，構成有層次感的空間美學。另外，在門廳外有石雕的抱鼓石門礎，大門兩旁石柱有對聯，整座建築以擁有精美石雕為特色之一。

除石雕外，古厝中處處充滿寓意的精緻木雕，例如正門左上方有象徵好學不倦的琴、書、箏木刻；右上方則是代表文武雙全的官印、令旗和盔甲。門廳和正廳兩側門上的團龍圍爐鏤雕窗欞、正廳神龕的木刻故事及門廳束隨的吉祥雕刻，也都是精美絕倫的木雕作品。1999年，臺北市政府將林安泰古厝規劃為「民俗文物館」，展示碾米的土礱、杵臼；製作糯米的石磨、錢櫃、飯桌、傳統碗盤、木製飯桶、櫥櫃，以及廚房的爐灶、煮飯用的器具、古早衣飾、古床、梳妝臺等文物，都是以仿古方式陳列，將早期林家的生活樣貌，維妙維肖的展示於觀光客眼前。

2. 蘆洲李宅：說起蘆洲李宅，大家可能馬上就會想起，五○年代白色恐怖時期遭冤枉殺害的李友邦將軍，不錯，李友邦確實是蘆洲李宅的後人。但是蘆洲李宅除因李友邦而出名外，真正的原因還是在於李宅本身，在臺灣建築史上的地位，它可以說是臺灣傳統民宅的代表之作。蘆洲李氏祖先於乾隆年間從福建同安渡海來臺，在昔日稱為「和尚洲」的蘆洲開墾拓荒，經過多年辛勤努力，以「李長利記」商號建立富裕家業。1857年（咸豐7年），李家在蘆洲蓋了四合院住宅，1895年（光緒21年），因家族人口繁多，舊宅不敷居住，乃仿大陸古

厝興建成今日保留下來的建築群。

　　蘆洲李宅是三落多護龍的四合院建築群，中軸線上的屋頂由外向內步步升高，門廳、正廳與護龍間，以廊道與紅磚拱門相通，排列有序十分整齊美觀。目前整體建築群還保存相當完整，可說是臺灣傳統閩南建築民宅的典型代表。李宅因昔日蘆洲多水患，所以沒有採用傳統的木造結構建築，而是使用了許多紅磚、砂石等石材建材，整座建築群呈現鮮明紅磚牆、紅瓦屋頂的色彩，顯得古樸優雅。

　　李家先祖李樹華於清朝時，曾任主管全臺秀才科考的「儒學督正」，因此蘆洲李宅的中門門楣上，懸有清朝舉人羅秀惠題字的「外翰」匾額，也見證了李宅官宦人家的歷史地位。而讓蘆洲李宅聞名的是來臺第五代的李友邦將軍，李友邦本名李肇基，1921年參加臺灣文化協會，1924年在臺北師範學校讀書時，因反日而遭通緝潛逃中國，入黃埔軍校第二期畢業。在校時成立「臺灣獨立革命黨」，其後又參加「廣東臺灣學生聯合會」、「廣東臺灣革命青年團」等團體。1927年，李友邦潛赴杭州，秘密從事左翼革命活動，1932年被捕入獄，直到抗日前夕才獲得釋放。

　　1937年抗戰爆發後，李友邦組織「臺灣義勇隊」，與日軍周旋，1940年並發行《臺灣先鋒》雜誌，出版「臺灣革命叢書」。抗戰結束後，其臺灣義勇隊於1946年遭政府解散，李友邦返臺擔任「三民主義青年團」臺灣分團主任。1947年「228」事件發生後，遭陳儀以「通匪」與「幕後鼓動暴動」為名逮捕下獄，經陳誠援救始免於難，但1952年仍以「匪諜案」遭國民黨當局處決。近年來，經李友邦夫人嚴秀峰女士的努力，李友邦將軍冤案終獲得平反，李氏家族也將古宅捐出，在原地成立「李友邦將軍紀念館」，展示李友邦各種抗日史料和手稿，極具歷史研究價值。

3. 筱雲山莊：位於臺中市神岡鄉，又稱為呂家新厝，為1866年（同治5年）到日治時代，呂炳南及呂家子孫陸續完成的四合院民宅。筱雲

山莊為中軸對稱的二落三護龍之四合院，主體結構包括門樓、門廳、正堂、庭園、護龍和半月池等建築。門樓開在建築前埕的側面，為兩層式，門楣上題有「筱雲山莊」四字，門樓上設有六角窗、書卷窗，以及防衛用的「銃眼」，相當特殊。筱雲山莊第一進是門廳篤慶堂，是一座紅磚的古老建築，堂前有半月池，大門左右兩側裝飾有交趾陶「魚樵耕讀」、「琴棋書畫」，門廳裡掛滿古老字畫，書香氣息四溢。

筱雲山莊第二進為正廳五常堂，是為紀念早逝的舉人呂汝修，以他中舉人的旗竿石所改建的。筱雲山莊內有一書齋，名為「筱雲軒」，曾以臺灣最多藏書而聞名全臺，藏於此軒之書有21,334卷，有臺灣第一藏書家的雅號。另外，筱雲山莊的迎賓樓建於1933年，是為迎賓之用，玻璃格子門窗具有時代風格，四合院的內部景觀，可以一覽無遺盡收眼底。此外，山莊南面還有仿西式建築的庭園，院內有中、日風格混搭的小型庭園，園內最特別的景點是五級陶塔。

整體而言，筱雲山莊除了是臺灣最著名的藏書之地外，其建築群的木雕工藝和磚雕也甚有名。山莊的員光以及樑下托木的木雕均雕工精緻，而磚雕也技巧高超頗具特色。尤喜以青磚和紅磚交相疊砌，形成凹凸線腳，十分美觀，而在門樓、篤慶堂等處所，也有精美絕倫之雕作。

4. 摘星山莊：又稱潭子林宅，建於1877年（光緒3年），為討伐太平天國有功的昭勇將軍林其中所建，亦是一棟百年以上的歷史建築。摘星山莊為一三進多護龍的四合院建築，使用杉木、花崗石、青鬥石等建材，都是從福建運來的。精緻的木刻、石雕、樑拱、交趾陶，呈現出道地的閩南泉州建築風格。第一進門樓上有「摘星山莊」石匾，門樓內的前埕有半月池。第二進為門廳，門楣上懸有「文魁」匾及陶塑的「樹德堂」，門面石雕精緻，交趾陶裝飾也十分華麗。

摘星山莊之所以在臺灣建築史垂名，在於其無處不雕、無處不畫與無處不文的特色，舉凡交趾陶、彩繪及書法，都是出自於郭友梅、

郭振聲、郭庭柯、吳滄洲等名家手筆和作品。門廳和正廳有許多動植物裝飾，如花卉、螭虎、祥獅等栩栩如生的剪黏及交趾陶作品，而用交趾陶塑成的文字，有別於一般圖案，更屬特別。

5. 金廣福公館：位於新竹縣北埔鄉的金廣福公館，被政府訂爲國定古蹟，它是目前臺灣僅存的墾號公館遺蹟。金廣福公館是清朝閩粵移民合作拓墾的墾號組織，在漢移民拓墾臺灣歷史中，是少見的閩客合作事例。1835年（道光15年），爲防範原住民對漢移民之襲擊，淡水同知李嗣，召集當年閩南及客家族群拓墾首領姜秀鑾、林德修、周邦正等一起合作，組成「金廣福墾號」。其中「廣」字代表廣東的客家族群；「福」字則係象徵福建的福佬閩南人，金廣福墾號成立後，新竹地區的閩粵漢人，即以墾號爲中心，從事防衛墾地和進行土地開墾。

金廣福公館是棟擁有珍貴歷史價值的古樸建築，爲二進一院的四合院格築，屬客家雙堂屋的格局。由於金廣福是爲指揮拓墾的防衛作戰設立的建築，所以在建築上有許多防禦性的設計，如土牆厚度高達50公分以上，大門也是厚重的木造結構，再以連楹加強固定，門樓內側有隱密的銃孔，皆當年爲防禦需求所作的設計。

金廣福公館整體建築，係以白色粉牆搭配黑色板瓦，爲一典型客家建築風格。第一進爲敞廳式的門廳，青石板鋪陳的中埕，左右兩側有石階花臺，大廳內懸掛姜秀鑾畫像。第二進正廳門楣則掛著當年墾號「金廣福」木匾，唯姜氏後人擔心遺失，木匾均已拆下保存，目前木匾都是仿造的。金廣福公館左側爲「天水堂」，北埔人稱爲「姜屋」，它是金廣福公館第一代領袖姜秀鑾及後代子孫的住宅。天水堂是一堂六橫的三合院，有燕尾造型的門樓，門樓內側有防禦用的銃孔。正廳是格扇門搭配黑色爲基調的彩繪木構雕樑，整體建築呈現高雅精緻的特色，目前是金廣福公館國定古蹟的一部份。

6. 永靖餘三館：永靖餘三館是陳義方長子陳有光，於1872年（同治11年）所興建的祖堂。陳義方在1862年（同治元年）協助清兵平定戴潮

春之亂，有功於朝廷。1884年（光緒10年）陳有光再擴建祖堂「餘三館」，歷時七載才完成。所謂「餘三館」，是希望陳家後代能「多福、多壽、多子孫」之意而命名，它是結合粵東客家混合閩南特色的單進多護龍三合院建築。門楣上懸掛「餘三館」匾額，兩側土埆牆壁外覆蓋以竹釘固定的穿瓦衫牆面，牆壁上還有防衛用的銃孔。

正廳大門上懸有陳有光捐納取得的「貢元」牌匾，正廳前方有軒亭，四根龍眼木柱雕刻十分精美，吊筒和刻成鳳凰及鰲魚的雀替，都是難得的木雕精品。餘三館的正廳是七開間建築，左右護龍各為五開間建築，在簷廊兩側牆堵上，有「白髮漁叟」、「執扇仕女」泥塑，別具特色，左右護龍的門楣上方，還懸有「歷山」和「雷澤」匾額，古色古香，顯得非常莊重肅穆。

7. 臺南德聚堂：德聚堂建於17世紀明永曆年間，原為鄭成功麾下大將陳澤的官邸，陳澤無子嗣，過繼侄子陳安為子，其後裔繁衍為今臺南市的陳姓大族，而德聚堂也成了臺南的陳氏家廟。德聚堂為一傳統的四合院建築，前落是門廳，後落為正廳，兩側有內外護龍，中庭有內

圖14-3　彰化永靖著名的陳氏祖宅——「餘三館」。

埤天井。門廳有簡潔的燕尾屋脊，裝飾著紅瓦的斜坡屋頂，左右兩邊的牆面，則鑲著陳字的對襯八角窗，別富韻味。正廳前有軒亭，前方的天井環繞著廊道，形成一寬敞的祭祀空間。正廳裡還陳列多幅古老的匾額，象徵過去的輝煌，牆壁上另有多幅郭子儀、王羲之等歷史人物故事插畫，顯示陳家對禮教的重視。在德聚堂家廟前方，有一3百多年前的旗桿座古蹟，是德聚堂當年作為陳澤統領府的歷史遺跡，非常有意義。

8. 深坑黃宅：深坑黃家開基祖黃世賢因務農致富，至其孫子黃連山一代，已成深坑首富。光緒年間黃家後代在深坑建三合院定居，稱為「連山祖厝」，目前黃家在深坑還有保存良好的七座古厝，其中二房之永安居被政府認定為古蹟，永安居建於日治大正年間，距今屆百年。整座建築背山面溪，前低後高，居高臨下。早期盜匪猖獗，故永安居特別重視防禦功能，以二道圍牆、銃樓及內牆上33個隱密銃眼，作為防禦工事之主體，易守難攻，於一般民房非常罕見，命名永安，亦有「永久平安居住」之願。

　　永安居是五間起的三合院，為福建匠師之傑作，建材採大陸福杉為木料，搭配紅磚及石材建成。外圍牆是以紅磚砌成的亞字型花紋牆，正廳的門楣上方有「永安居」的泥塑匾額。屋身正面為砂岩的牆基上，砌造磚斗子牆身，屋頂有美麗的燕尾脊，水形馬背的山牆，裝飾鵝頭墜、懸魚、雙層鳥踏等石雕，精緻典雅，色彩斑斕。另外，永安居還裝飾有剪黏、石刻、磚雕、彩繪和書法等，這些精美的藝術創作，多以忠孝倫理故事為主題，足見黃家對孝道之重視。

9. 屏東河南堂：位於屏東市中正國中的屏東鄉土藝術館，其前身是1915年的「忠實第」，它是六堆客家大總理邱鳳揚的古宅。甲午戰後，日本於接收臺灣過程中，當時六堆客家在邱鳳揚率領下，與日軍乃木希典的第二師團作戰。其後，邱鳳揚次子邱元壽於大陸考取武秀才，返鄉經商致富，為地方望族，1915年，邱元壽將舊屋改建成「忠

實第」。忠實第爲座北朝南二堂二橫的四合院建築，由中軸線從外進入依序是前庭、前堂、中庭與後堂，兩側以過廊與橫屋相連。忠實第是聘請福建師傅施工建造的，它雖夾雜著閩、客、日的建築風格，但整體仍呈現客家重視文風、淳樸簡約的文化特色。

忠實第的前堂是三開間的門廳，正堂牆壁是日式洗石子風格，門楣有「河南堂」匾額，兩旁頂堵牆飾有交趾陶及窗額書法，身堵、腰堵、裙堵及櫃臺腳都有精美石雕。後堂係祖堂，正門兩側壁堵有精美石雕和木雕窗，牆上木窗圖案十分講究，門聯書法亦殊有特色，祖堂門楣上之「忠實第」古匾，即爲出色的書法作品。

10. 大溪李宅：桃園大溪李家，因李炳生經商有成而嶄露頭角，至李炳生三子李騰芳中舉，更加名聞遐邇。大溪地名亦因李騰芳中舉改爲「大料崁」，眞是一人得道惠及鄉里。李騰芳古宅建於1860年（咸豐10年），至1862年（同治元年）竣工，是李騰芳中舉後擴建的家宅。李騰芳古宅外埕有象徵舉人的「旗桿座」，正廳門楣懸掛「大夫第」匾額，大堂中央亦高掛「文魁」匾額，三個象徵科舉中第的歷史文物，見證昔時李騰芳的光采地位。

李騰芳古宅是座兩進四護龍的建築格局，當年因漳泉械鬥的緣故，所以古宅外圍種植刺竹及濠溝，圍牆四周則有銃櫃。古宅第一進爲門廳，第二進正廳才是供奉祖先牌位的祖廳，整座建築群以正廳最高，門廳及正廳屋頂燕尾脊交錯於天際，層次分明。古宅屋體以紅磚黑瓦爲主，客家的古樸韻味十足，屋頂除象徵官宦之家的燕尾脊外，還有華麗的剪黏裝飾，斗拱木雕精緻非凡，廳室、門楣和屋內，諸多書畫珍品，充分體現主人李騰芳的文化品味。

11. 嚴家淦故居：原爲日治時期臺灣銀行「副頭取」（日文副董事長之意）的住宅，位於臺北城南臺灣銀行宿舍區內。1945年日本投降後，臺灣銀行由政府接收，由臺灣省行政長官公署管理。是年10月，嚴家淦調任長官公署交通處長，隔年4月轉任財政處長，7月30日，嚴又就

任臺灣銀行首任董事長，遂搬入臺灣銀行宿舍居住。1949年，國府遷臺後，嚴家淦官運亨通，歷任經濟部長、財政部長、臺灣省政府主席、行政院長等職。1966年，嚴當選中華民國第4任副總統，1975年4月，蔣中正總統逝世，嚴家淦繼任為第5任總統，當時故居名為「重慶寓所」。1978年，嚴任期屆滿，依〈卸任總統副總統禮遇條例〉，繼續居住於此，迄於1993年逝世止。

嚴家淦故居由三棟建築組成，中央洋館為創建時所建，是一棟兩層樓建築，結合陽臺殖民地樣式與文藝復興樣式的西洋式風格。後來陸續增建左右和館各一棟，使得故居成為「和洋並存」的住宅型態。舊和館為傳統書院，客廳設有讀書寫字的低櫃，兩側以廊道與戶外相連；新和館則以中廊貫穿全棟，屬晚期的和式住宅。由於嚴家淦勤樸儉約的個性，寓所並未作太大變更，至今其故居，與日治時期樣貌相去不遠，現被定為國定古蹟。

12. 士林官邸：為蔣中正與宋美齡在臺北的官邸，原為日治時期總督府園藝支所，戰後由臺灣省政府農林廳農業試驗所接收，並成立「士林園藝試驗分所」。國府播遷來臺前，由當時的省府主席陳誠勘選為總統官邸地點，1950年5月，蔣中正遷居於此。1949年，官邸興建「凱歌堂」為蔣氏夫妻作禮拜之所，1950年又建「新蘭亭」，是每年蔣做壽之地，故又稱「壽亭」。1963年，蔣為紀念其母特別建造「慈雲亭」。1984年蓋「園藝展覽館」，不定期舉辦各種花卉展。

士林官邸分為官邸與花園兩部分，花園屬於臺北市政府園藝管理所負責，官邸即指蔣宋夫妻先前的住所，正房為二層長方形建築，樓下包括客廳、小會客室、餐廳、廚房、客房、傳達室

圖14-4　蔣中正總統在臺官邸——士林官邸。

等；樓上則係蔣宋起居處，有臥室、書房等，現由總統府管理。1996年8月，士林官邸正式對外開放，因遊客日多，1998年乃重新規劃開闢現有之大門廣場，使其使用空間寬敞許多。2000年8月，園藝管理所也開放參觀，2006年在入口處設立一座美觀醒目的士林官邸公園意象指標，是臺北市民假日休憩的好去處。

13. 臺北賓館：位於臺北市博愛特區內，興建於1899年，原名「臺灣總督府官邸」，係提供給臺灣總督居住的官邸，以及宴請賓客、皇室人員的地方，自第四任總督兒玉源太郎起，迄於末代總督安藤利吉止，日治時期共有十六任總督以此爲官邸。戰後，國府來臺，此賓館曾短暫成爲省主席官邸。1950年，將其改名爲「臺北賓館」，由外交部管理，作爲舉行國宴、接待外賓、黨政會議或文化活動之場所。2002年，臺北賓館進行大規模整修，至2006年5月竣工，同年6月起，定期開放社會大眾參觀。

臺北賓館是由日治時代知名建築師福田東吾和野村一郎所設計，外觀採文藝復興時代風格，主體爲凹字型、左右不對稱的形式，屬於磚造與石材混合使用的二層樓建築。屋頂原是木製，後因遭白蟻侵蝕，1911年進行改建，以當時罕見的鋼骨結構爲主，且受明治維新後所引進的西方樣式建築影響，屋頂設計爲馬薩斜頂（Mansard）、希臘山牆、羅馬石柱及華麗的巴洛克（Baroque）風格雕飾。

臺北賓館主體建築坐北朝南，正中央爲入口處，兩翼爲會客廳，接待廳和臥室、書房在二樓，二樓東側凸出一小亭爲瞭望守衛之用。館內並設有十七座雕飾典雅的壁爐，使用來自英國進口的維多利亞瓷磚，圖案作工皆不同，精美異常。磚石主體北面有露臺，一對石獅在兩側，旁邊有一木造傳統和式建築「數寄屋」，係日本在臺第八任總督田健治郎所建，爲其平日居所，內有廊道與主建築相通。另外，露臺北面還有臺灣最早、最具規模的「築山式」日式泉池庭園，庭園內有一大池，小橋橫臥其上，橋之頭尾兩端各有一抱鼓石，館外有一八

角亭，作為戶外演奏之處。

14. 總統府：為日治時期的臺灣總督府，日本統治臺灣後，為建造新的臺灣總督府，分別於1906年及1907年舉辦兩次公開徵選建築設計圖之比賽，最後採第二名長野宇平治的設計作品，唯其中央塔樓的高度設計，僅現今所見的1/3，原設計圖，後在森山松之助修改後定案。總督府於1912年動土興建，1915年舉行上樑典禮，1919年完工。

　　森山松之助修改之總督府建築設計圖，塔樓高60公尺，除象徵日本殖民統治的最高權威外，在施工上亦是一大挑戰。因為中央塔樓高聳而瘦小，對地震頻繁的臺灣，有其潛在的危險，為確保結構安全無虞，在鋼筋水泥結構的塔樓基部，做一井字型深2公尺的樑柱，再將其架設在周邊的磚牆上以鞏固塔身。2次大戰期間，總督府曾遭美軍轟炸受損，戰後修復，至1948年始告完成，當年適逢蔣60大壽，故改稱為「介壽館」。1949年國府遷臺，正式成為中華民國總統府。

　　總統府在整體配置上座西向東，建築外觀莊嚴宏偉，氣勢磅礴，為臺北市空間發展的軸心位置。主體為五層樓建築，中央聳立之高塔，塔高十一層，兩翼延伸，穩重而對稱。正面寬約120公尺，側面寬約60公尺，

圖14-5　日治時期的總督府，現為中華民國總統府。

平面呈「日」字型，外部敷貼紅色面磚，並以洗石子水平飾帶作裝飾，紅白間襯托出華麗尊榮之氣息。建物細部則採用近代西方文藝復興建築樣式中的柱列、山牆、圓拱窗、牛眼窗、托架、羅馬柱、腹柱等配件，充分展現出典雅莊嚴之氣勢。

六、園林美學之鑑賞與意義

　　臺灣過去豪門巨室的園邸，本身即蘊含豐厚的美學鑑賞品味，欣賞園林之趣，有幾個門道是必須注意的。首先要看園邸的整體佈局，建築、水池、假山、花木是組成園林的四大元素，如何將其組織在一起，並配合園址的環境，表達出園林的特性，使遊賞者流連忘返，這便是佈局的學問。其次，要看園林的建築，園林四大元素中，人工意味最強、最醒目，實用性也最高的便是建築了，其類型多樣，功能各異，不管是亭、臺、樓、閣、堂、屋、軒、榭等，都有可觀之處。至於園林中的假山，也是園林佈置中非常重要的一環，假山的觀念與中國山水畫的盛行有很大的關係，要在有限的面積內，營造出山野趣味，做到「片山有致，寸石生情」，必須結合造園家的藝術創造與工匠的巧手才能完成。而水池也是園林造景不可或缺的一部分，所謂「三分水，二分竹，一分屋」，說明了水池在園林造景中的重要性；此外，它還有調節氣候、預防火災等實用性的功能。

　　最後則是花木的植栽，大自然賦予花木曼妙姿態、色彩及香味，增加了園中的生趣，也憑添其幽靜的氣氛，是園中不可少的造景元素。當然建築設計師的造景手法和巧思，也是關係園林成敗的關鍵。中國園林歷史發展久遠，歷代有其一套造景理論，景致的變化就是運用其中一些手法設計出來的，常見的有對景、框景、借景、障景等，這些都是形塑園林的必備工夫。總之，園林建築之美，係其能多面向的反映出中國人的自然與生命觀點，將大自然縮小於方寸之間，與山石水泉、亭榭樓臺俱在，中國人將其視為人生理想的寄託，也是主人以園會友，修身養性之所。從欣賞園林的角度觀之，可充分體會古人寄情山水之生活情趣，此亦園林美學的歷史意義之所在。

第十五章
結論──文化資產的維護

一、我國文化資產維護演進之過程

1960年代，隨著臺灣經濟起飛，在日漸發達的都市現代化中，有不少古建築物群，因都市的快速開發而遭到破壞或拆除的命運。面臨古蹟的拆毀，引起眾多民俗專家、歷史學者以及藝術家的憂心，他們眾口一聲呼籲政府和國人要愛惜維護文化資產，古蹟保存運動的共識也逐漸蘊釀成形中，這當中以板橋林家後代的林衡道及臺大教授陳奇祿的貢獻最大。林衡道曾言：「重視傳統的民族，才有光輝未來」，所以他自己從1970年代起，即風塵僕僕走訪全臺各地，進行田野調查，記錄保存古建築影像與文字資料，人稱其「古蹟仙」，林亦開啟戰後臺灣建築調查風氣之先。

而臺大人類學教授陳奇祿，也延續日治時代的研究，持續關切古建築；席德進、施翠峰、漢寶德等人，亦繼起推動古建築之美活動，希望喚起社會對古建物的重視。期間，席德進以廟口為背景，畫了多幅作品，1966年起更拍攝記錄許多古建築，如陳悅記祖宅、臺北孔廟、臺南孔廟等。在這些有心人士的積極奔走下，1968年，內政部終於開始起草修訂〈古物保存法〉，歷經十四年始完成。保存內容從古蹟、古物，擴及至民族藝術、民俗和自然文化景觀。1977年，政府於十大建設完成後所推動的「十二項建設」中，亦將各縣市設立文化中心的文化建設，列入重要且必需實施的方案。1980年，〈古物保存法〉更名為〈文化資產保存法〉（以下簡稱〈文資法〉）。

該法自1983年5月26日公佈施行至今，恰屆滿三十年，期間因時空環境的變化，文化資產保存觀念亦不斷修正更改，2002年，政府曾對整個文化資產的保存作了一次徹底的大修法，可以說是一次通盤的大檢討。過去文化資產的業務分散於政府各部門，如文建會、內政部、教育部等機關，常導致權責不一及難以釐清之事，不但處理起來曠日廢時且民怨四起，因此將文化資產事權統一，是非常重要之舉。2005年〈文資

法〉經第五次修正通過後，將文化資產類別調整為古蹟、歷史建築、聚落、遺址、文化景觀、傳統藝術、民俗、古物、自然地景等九大類。並賦予文建會為除自然地景外，所有其他文化資產的中央主管機關。文建會對文化資產保存維護之業務為，負責各類文化資產的普查工作、健全法制、教育傳習、資訊系統化、國際交流與啟動緊急災難保全措施、建立風險管理機制等各項作業。

　　而文建會為落實文化資產的保存工作，依〈文資法〉規定，籌設「行政院文化建設委員會文化資產總管理處籌備處」，此籌備處於2007年10月17日正式運作，結合地方政府、學校、民間與社區組織，全力推動自然地景以外的其餘八大類文化資產的保存、傳習與推廣工作。而為配合中央政府的組織改造，該處於2012年5月20日，改制為文化部「文化資產局」（以下簡稱「文資局」），將古蹟、歷史建築、古物、民族藝術、民俗及有關文物予以適度統一，由文化部專責主管，過去多頭馬車的困擾，至此迎刃而解。

二、「文資局」之業務推動

　　「文資局」的工作業務為保存古蹟、歷史建築、遺址、聚落、文化景觀、傳統藝術、民俗及有關文物、古物等文化資產。並將此文化資產加以活化利用，藉以充實國人的精神生活，發揚多元文化之特質。另外，建構文化資產保存之機制，透過保存、維護、教育，真正落實傳承工作，且積極推動與國際社會接軌，也是該局的重點工作。總之，希望能達成文化資產保存多樣化、文化資產活化永續化、文化資產維護社會化、文化資產傳承雲端化、文化資產發展國際化等「五化」的理想目標。

　　而欲完成上述五大目標，「文資局」的具體做法之策略有五：1.落實中央與地方之協力機制。2.健全文化資產研究與專業人員之培訓養成系統。3.推動古蹟調查研究、規劃設計、修復及再利用，和日常管理維

護制度化。 4.透過系統性推動，將文化資產單體保存，普及為區域性的保存經營。 5.以文化保存意念為前提，打造新的文化資產環境，作為臺灣象徵性文化認同之窗。至於實施內容，可以先從古蹟、古物、遺址、國寶、歷史建築或重要聚落的指定、登錄、公告及變更做起，進而規劃相關之調查、研究、獎助及保存事宜，接著擴及至傳統藝術、民俗等之推廣與研習和傳承，最後當然是各項文化資產人才的培養與補助，與國外文化資產保存相關組織或機構的交流合作，成為保存修復人才培育交流中心。另外，輔助全臺各縣市巡迴辦理古蹟等文化資產維護的成果相關展示，出版文化資產相關資料書籍；和典藏及數位化的推廣，也是相當重要之一環。

現階段「文資局」正推動下列各重要工作：

1.深化在地文化資產的保存及活化工作，如文化資產區域環境整合，辦理文化資產再生計劃，輔導各縣市政府成立文化資產專責機構。

2.成立文化資產圖書資訊中心，推動文化資產保存、維護及再利用，如推動古蹟、歷史建築物的修復再利用計劃、遺址園區的興建、防災體系之建置、及原住民文化資產保存工作等。

3.落實文化資產的管理維護，對國定古蹟施行總體檢計劃，賡續辦理古蹟、歷史建築及聚落分區專業服務、和古蹟、歷史建物的評鑑獎勵制度。

4.辦理傳統藝術、民俗及文化資產保存技術登錄、指定工作，強化無形文化資產保存維護及國際交流。

5.辦理文化資產人才之研習與培訓，協助地方政府規劃古蹟等文化資產保存區之設置。

6.發展本土文化資產之保存及基礎研究，並與國內學術單位合作，建立文化資產修復交流平臺。且利用行動實驗室之概念，提供文化資產管理單位保存修護科學檢測、技術支援與諮詢等服務。

7.建立文化資產保存技術及人才培育平臺，與國外建立保存文化資產之

調查研究保存技術、人才培育及教育推廣等合作交流管道。

8. 運用科技方法、儀器設備及專業人力，將文化資產保存修復技術研發及移轉，提升國內保存修復水準。並整合相關研究成果，轉化爲雲端科技，建置數位化教材，建置保存修復資訊網絡。

　　總之，維護文化資產工作，需要全民一起來推動，目前經政府指定的古蹟及歷史建物已超過1700件，其中可規劃再利用者不在少數，政府宜積極輔導地方政府將此文化資產作活化工作，成立文化資產督導會報，由「文資局」負責監督文化資產的維護保存工作。而專業維修技術人員的培養更是當務之急，宜結合主管機關及學術機構加強此一工作，以免造成人才之斷層。而整合目前或未來發展之各類文化資產資訊系統，朝雲端化及文化資產知識普及方向發展，針對國際文化資產保存技術先進國家，進行文化資產保存維護之交流。而建置文化資產圖書資訊中心，全面蒐集各類文化資產調查研究報告、修復及再利用計劃等，亦爲刻不容緩之事。

三、「文資研究中心」之努力

　　平情而言，自〈文資法〉公佈以來，因缺乏保存之專責機構，使古蹟、歷史建築與文物面臨嚴重的保存修護瓶頸。爲此，政府乃積極籌設「國立文化資產保存研究中心」（以下簡稱「文資研究中心」），以符合社會各界期待，並以有效執行國家公權力，保存珍貴文化資產。保存文化資產爲國際社會共同使命，「文資研究中心」不但是我國文化資產保存研究重鎮，也因臺灣長期在國際政治上被孤立，文化資產保存工作在觀念與修護實務上，有待積極與國際接軌，故「文資研究中心」自成立以來，已努力成功爭取加入多個重要國際專業組織，成爲會員，希望藉由保存文化資產帶動觀光，提升臺灣國際文化地位。

　　除此之外，「文資研究中心」也負責支援國內迫切需要的保存科學研究、修護技術研究與移轉、保存規範研訂、保存計劃審查與保存成果

評鑑，以及國際交流、人才培訓、技術認證及教育推廣等業務。而目前正全力推動之工作有：

1. 培育保存維護人才：辦理獎助研究及研習訓練，培育專業人才。在保存有形文化資產同時，也要保存傳統技術與修護人才等「無形文化資產」。

2. 保存修護基礎研究：規劃設置保存科學與修護空間及設備，針對本土保存問題進行研究，將成果提供各界參考應用。

3. 調查研究、資料建立及出版：蒐集保存圖書資訊、成立專屬網站，出版文資保存年鑑等專業書籍。

4. 加入國際重要保存組織：積極加入ICOMOS等重要國際保存組織，交換保存資訊與出席國際會議，打開臺灣國際能見度。

5. 保存教育推廣：舉辦文資講座、研討會及展示等，將研究成果推廣出去，教大家愛護珍惜祖先留下來的文化資產。

6. 保存修護技術諮詢：提供專業諮詢，協助各縣市政府解決文化資產保存修護問題。

7. 成立國家文化資產資料庫：妥善收藏國家的數位文化資產，整合全國的文化資產，提供全民在網路上參與詮釋創造，建立數位典藏交易安全的可信度，建立文化的再生價值。

　　至於推動文化資產及歷史建築的保存、維護、活化與再利用，賦予歷史建築及空間新生命，提倡「閒置空間再利用」，提升全民對文化資產的認知，以國際標準經營我國文化與自然資產，推動「世界遺產」等相關業務，也是下一階段「文資研究中心」努力欲達成的目標。

四、「文建會」對文化資產維護的成果

　　自2005年〈文資法〉第五次修正通過後，文建會即成為除自然地景外，所有其他文化資產的中央主管機關。在有了專責全權後，文建會乃大刀闊斧的全面推動臺灣的文化資產保存維護工作事宜。除支援授權

上述「文資局」、「文資研究中心」所推動的業務外，文建會本身也積極從事各項文化資產的維護保存工作。如修訂不合時宜的〈文資法〉法規，推動歷史建築、產業資產之保存活化，以及辦理「歷史建築普查、建檔、管理」，和大規模的記錄臺灣現有之歷史建築。而與世界文化資產保存之觀念接軌，推動「臺灣世界遺產潛力點」評估，更是文建會過去努力推展之工作重點。

2002年，文建會曾邀請國外學者專家來臺評估潛力點，並評選出十一處臺灣世界遺產潛力點，包括有棲蘭山檜木林、太魯閣國家公園、卑南遺址與都蘭山、蘭嶼聚落與自然景觀、金瓜石聚落、大屯火山群、淡水紅毛城及周遭歷史建築群、臺灣舊山線、阿里山森林鐵路、澎湖玄武岩自然保留區、金門島與列嶼。2003年又增加玉山國家公園；2009年復增加樂生療養院、桃園臺地埤塘、烏山頭水庫與嘉南大圳、屏東排灣族石板屋聚落、澎湖石滬群等五處，目前正爭取聯合國教科文組織列入世界遺產名錄。為使國人認識臺灣世界遺產潛力點，還陸續舉辦世界遺

圖15-1　古蹟維護不易，全民一起來建立維護古蹟之共識。

產系列講座，期能提升臺灣文化資產保存觀念，並推動臺糖、臺鐵、臺電、臺鹽等國營事業遺產之保存。

　　近些年來，文建會真正最具體的成績是，加入各重要國際文化資產保存組織，目前已陸續加入ICOMOS（國際文化紀念物與歷史場所委員會）、AAM（美國博物館協會）、IIC（國際保存維護研究學會）、ICOM（國際博物館委員會）、AIC（美國保存維護研究學會）及日本文化財保存修復學會等六個重要國際保存組織。此外，還有計畫的推動「文化資產年」、「文化環境年」、「文化產業年」等相關活動，並在國內推動「世界古蹟日」，每年與全球多國共同推動宣導古蹟保存。例如：

(一)2001年定位為「文化資產年」，在法規面推動修改〈文化資產保存法〉，並藉由各種推廣文化資產保存的活動，與世界的資產保存觀念接軌，為我國的文化資產留住生命力。

(二)2002年設定是「文化環境年」，推動「人文」、「自然」、「心靈」環境的結合，創造新的「文化環境」。推動「地方文化館」計畫，希望在全國各角落的每個鄉鎮，都能扶植出一些小型博物館、表演館，一方面建立鄉鎮文化據點；再方面也可以成為外地觀光客的資訊中心，以縮短城鄉差距，讓藝術生活化。

(三)2003年則係「文化產業年」，除了持續對純藝術創作的支持，也希望擴大文化與經濟的結合，為我國的文化產業帶來更多生機，奠定未來紮實的基礎。

(四)2004年強調「文化人才年」，人才是國家的棟樑，也是我們在世界上與其他國家競爭的根本，唯有培養優秀人才，才能厚植國家競爭力。

　　而文建會也綜合過去文化資產執行之經驗，檢討實做上之困難，修正不合時宜的規定，包括公權力強制性過大，對民間私有權缺乏相對尊重及獎勵措施，而加入世界文化資產保存新觀念，俾使文化資產保存能更符合國情及社會實際需求，並能真正落實文化資產保存之目的。鼓勵

文化資產活化再利用，降低私有財產權之使用限制，強調對私有文化資產所有權及關係人之尊重，減少文化資產保存之阻力，擴大文化資產保存之獎勵範圍，以激勵民眾之保存意願。

五、文化資產維護運動──全民一起來

　　臺灣過去在現代化的進程中，因都市快速的發展，經常使一些古老的城鎮失去特色，同時因經費有限，使得文化資產的保存，往往只限定在某些精選的據點，對維護及參訪殊感不便。為了增強文化資產的功能，以及確實能吸引人民參與，最佳途徑即為使文化資產的保存與都市發展同時並進，使文化資產保存成為城市建設的一部分，嚴格講來，文化資產之保存，必須是從日常生活中所凝聚出的常民文化，如此才能長長久久。文化資產保存必須是能夠吸引群眾的興趣以及參與，它必須是群眾共同的認同與感覺，文化資產保存的最終目的，是給予地方一個獨特的時間與空間的意象，以這樣的目標所發展出來的文化資產保存，是遠比只對幾個據點的保存，有更深遠的意義及影響。基本上，文化資產對於一個國家所能發揮的功效甚大，它使國人因傳統文化而造成對現在與未來國家認同感的一種媒介，給予國家在物質與精神建設上的平衡與協調，對考古及歷史學者是研究題材；對兒童及現在未來社會是文化教育之題材，對觀光客而言，更是最佳之遊覽去處，為國家重要財源之一。

　　但話說回來，文化資產要完整保護也不容易，往往波折橫生，像1976年臺北市政府為拓寬敦化南路，決定拆除林安泰古厝時，即引發很大的爭議。幸拆解後的建材，經記錄、編號及妥善保存，日後於大佳河濱公園重建復原。又如1980年興建南迴鐵路臺東新站及調車廠，發現許多石板棺及棺內精美陪葬品，此一重要的史前時期卑南遺址被民眾爭相盜掘，後經臺大考古人類學系宋文薰教授組成卑南考古隊，進行搶救發掘，其後並在遺址附近，興建臺灣史前文化博物館，事情方告落幕。不

僅如此，要維護保存文化資產更非易事，過去許多開發中國家，由於科技落後及缺乏專門人才，往往在修復舊古蹟時反而破壞古蹟，且將古老的古蹟開放，也常因過多的參觀人潮，而對古蹟的維護帶來嚴重傷害。臺灣過去對於文化資產之保護和維修工作，常遭遇到相關技術與材料之難題。我們宜有一個技術研究之機構，作為累積實地經驗以及技術突破之基地，像過去臺大土木研究所都市計畫研究室所從事的板橋林本源園邸與澎湖馬公天后宮之修復工作，即為很好的古蹟維修經驗，可以將此技術傳承下去。

　　此外，因為古蹟修復需要特定建材、專業匠師及龐大經費，其中經費的短絀，常是維護文化資產最大的致命傷。是以，政府宜鼓勵國內的一些財團，大家來共襄盛舉，一起為維護文化資產而努力。過去曾有成功案例，出身鹿港的寶成集團總裁蔡其瑞、董事長蔡其建兄弟，與政府合作參與鹿港龍山寺的修復工作事宜，除全額捐助主體工程修復經費新臺幣兩億元外，並全程親自參與監督。2008年鹿港龍山寺重創於「921」的毀損部分，終於竣工修復完畢，創下國內企業集團參與文化資產修復的先例，蔡氏昆仲也因此獲得國家文化資產保存貢獻獎之殊榮。而曾經擔任國家文化藝術基金會執行長的陳國慈，2003年更首創以個人身分認養古蹟之先例，將「圓山別莊」轉型為具有展覽、餐廳、藝術工作坊等多元功能之「臺北故事館」，將這棟建於1914年英國都鐸式建築，活化經營重新賦予生機。陳國慈一再強調「古蹟的再生不是再利用而已，而是把古蹟的歷史帶回現代人的生活中」。「921」地震後，她也以律師專業，協助臺積電釐清維護古蹟的相關法規，認養桃園龍潭聖蹟亭、捐款修復「臺北之家」。

　　總之，因著文化資產的重要性，吾人該如何來維護自己的文化資產呢？首先政府宜賦予文化部更大的權限，俾能整合調動各部會及地方政府的全力配合，並給予充分的經費來推動實施。其次國人和民間團體也要培養正確的維護文化資產的觀念，如舉辦相關文物研習、調查、研究

等活動，參訪古蹟不要隨意亂題字，列級的古建築不要因有利可圖而任意改建或整修。最後則為維護文物古蹟人才的培育與養成，透過教育或媒體的宣導，建立全民文化資產維護的共識，如此文化資產才有可能代代的傳承下去。

　　文化資產是歲月的遺跡，但它不應該是凝固靜止的化石，它既已穿越漫長歲月的洗鍊來到今日，就該與我們的現代生活發生互動。在文化資產這一領域的活動上，可分兩個面向，一是歷史的專業研究，一是對一般民眾的推廣普及。文化資產展示的不僅是靜態的歲月痕跡，更展示了人與歷史、人與土地的關係。在推廣普及的部分，當民眾能意識到自身所處環境的歷史脈絡時，人與土地的關係也就更親密了。臺灣從史前時期原住民渡海來臺，荷西、明鄭、清領、日治、國民政府、乃至20世紀後全球化的衝擊，與這塊土地、人民、社會相融的都是臺灣的文化資產。而中國文化在臺灣生根轉化，也已成為現代臺灣文化的內涵之一，枝繁葉茂氣象萬千了。我們應該要萃取各種優秀的文化，讓它生根茁壯；要培育自己的人才，也要吸收國際最秀異的人才，在不斷的承繼創新後，我們的文化競爭力，才可大幅躍進而與國際並駕齊驅。

參考書目

一、專書（按筆劃順序排列）

1. 王一婷編著，《臺灣的古道》（臺北縣：遠足文化，民國91年）。
2. 王甫昌，《當代臺灣社會的族群想像》（臺北：群學出版有限公司，2004年）。
3. 王御風，《圖解臺灣史》（臺中：好讀出版發行，2010年）。
4. 王嵩山，《臺灣原住民的社會與文化》（臺北：聯經版，2001年）。
5. 《臺灣地理全記錄》，（臺北縣：遠足文化，2005年）。
6. 《臺灣歷史全記錄》，（臺北縣：遠足文化，2005年）。
7. 片岡巖著、陳金田譯，《臺灣風俗誌》（臺北：眾文版，民國79年）。
8. 江運貴著、徐漢彬譯，《客家與臺灣》（臺北：常民文化出版，1996年）。
9. 江燦騰、陳正茂著，《新臺灣史讀本》（臺北：東大版，2008年）。
10. 行政院文化建設委員會策劃，《文化臺灣——新世紀、新容顏》（臺北：遠流版，2004年）。
11. 百年風華編輯委員會主編，《百年風華——100年的中華民國》（臺北：行政院新聞局出版，民國100年）。
12. 沈文臺，《臺灣老街圖鑑》（臺北：貓頭鷹出版，2002年）。
13. 邱坤良，《舊劇與新劇：日治時期臺灣戲劇之研究》，（臺北：自立版，1992年）。
14. 邱彥貴、吳中杰著，《臺灣客家地圖》，（臺北：貓頭鷹出版，2001年）。
15. 祁臺穎、林品儀、紀岱昀、廖祿禎著，《尋百工——四個年輕孩子與一百種市井職人相遇的故事》（臺北：遠流版，2010年）。
16. 李天祿口述、曾郁雯筆記，《戲夢人生——李天祿回憶錄》（臺北：遠流版，1991年）。
17. 李壬癸，《臺灣平埔族的歷史與互動》（臺北：常民文化出版，1997年）。

18. 李筱峰，《快讀臺灣史》（臺北：玉山社，2002年）。

19. 李乾朗、俞怡萍合著，《古蹟入門》（臺北：遠流版，1999年）。

20. 李乾朗，《臺灣古建築圖解事典》（臺北：遠流版，2003年）。

21. 李鎮岩，《臺灣的書院》（臺北縣：遠足文化，2008年）。

22. 吳昆財，《一九五〇年代的臺灣》，（臺北縣：博揚文化，2006年）。

23. 周婉窈，《臺灣歷史圖說（史前至一九四五年）》，（臺北：聯經版，2004年）。

24. 林茂賢編撰，《福爾摩沙之美──臺灣傳統戲劇風華》（行政院文化建設委員會中部辦公室，2001年）。

25. 林芬郁、沈佳姍、蔡蕙頻合著，《沒有電視的年代──阿公阿嬤的生活娛樂史》（臺北：貓頭鷹出版，2012年）。

26. 林會承，《臺灣傳統建築手冊》（臺北：藝術家出版社，1997年）。

27. 洪英聖，《情歸故鄉──臺灣地名探索》（臺北：時報版，1995年）。

28. 倪進誠，《臺灣的離島》（臺北縣：遠足文化，民國92年）。

29. 徐正光主編，《徘徊於族群和現實之間──客家社會與文化》（臺北：正中版，民國80年）。

30. 徐宗懋，《20世紀臺灣──光復篇》（臺北：臺灣古籍出版有限公司，2007年）。

31. 徐宗懋，《20世紀臺灣──民主篇》（臺北：臺灣古籍出版有限公司，2007年）。

32. 徐惠隆，《蘭陽的歷史與風土》（臺北：臺原出版社，1992年）。

33. 財團法人公共電視文化事業基金會策劃，《打拼──臺灣人民的歷史》（臺北：玉山社，2007年）。

34. 孫大川，《夾縫中的族群建構──臺灣原住民的語言、文化與政治》，（臺北：聯合文學，2000年）。

35. 許祐凱、吳雅娟總編纂，《臺灣國定古蹟》（臺北：柯建銘國會辦公室出版，民國99年）。

36. 許雪姬總策畫，《臺灣歷史辭典》（臺北：遠流版，2004年）。

37. 許極燉，《尋找臺灣新座標》（臺北：自立版，1993年）。

38. 許麗芩，《百年迪化風華》（新北市：策馬入林文化事業有限公司出版，2011年）。

39. 黃金財，《臺灣鄉土之旅──百年臺灣風土民情小百科》（臺北：時報版，2000年）。

40. 黃炫星，《臺灣的古道》（南投：臺灣省政府新聞處，1991年）。

41. 黃沼元，《臺灣的老街》（臺北縣：遠足文化，2007年）。

42. 黃富三、曹永和主編，《臺灣史論叢》第一輯（臺北：眾文版，民國69年）。

43. 黃榮洛，《渡臺悲歌》（臺北：臺原出版社，1990年）。

44. 黃淑鈴、高永謀主編，《臺灣通史》（臺北縣：漢宇國際文化有限公司，2006年）。

45. 國立歷史博物館編輯委員會編輯，《1949──新臺灣的誕生》（臺北：國立歷史博物館出版，民國98年）。

46. 國分直一著、邱夢蕾譯，《臺灣的歷史與民俗》（臺北：武陵版，1991年）。

47. 《悠遊臺北》（臺北：臺北市政府教育局編印，民國85年）。

48. 莊展鵬主編，《臺北歷史散步》（臺北：遠流版，1990年）。

49. 莊展鵬主編，《臺北古城之旅》（臺北：遠流版，1990年）。

50. 莊展鵬主編，《臺南歷史散步》（臺北：遠流版，1990年）。

51. 陳柔森總編纂，《臺灣的古道》（臺北縣：遠足文化，2002年）。

52. 陳柔森主編，陳若雲、葉婉奇翻譯，《走過土地認識人民》（臺北：原民文化，1999年）。

53. 陳柔縉，《臺灣西方文明初體驗》（臺北：麥田版，2005年）。

54. 陳柔縉，《舊日時光》（臺北：大塊文化出版，2012年）。

55. 陳郁秀，《音樂臺灣》（臺北：時報版，1996年）。

56. 陳郁秀編著，《百年臺灣音樂圖像巡禮》（臺北：時報版，1998年）。

57. 陳運棟，《臺灣的客家人》（臺北：臺原出版社，民國78年）。

58. 陳龍廷，《臺灣布袋戲發展史》（臺北：前衛版，2007年）。

59. 梶原通好著、李文祺譯，《臺灣農民的生活節俗》（臺北：臺原出版社，民國78年）。

60. 盛清沂等著，《臺灣史》（臺北：眾文版，1977年）。

61. 莊永明，《臺灣第一》（臺北：時報版，1995年）。

62. 莊永明，《臺北老街》（臺北：時報版，2012年）。

63.郭明亮、葉俊麟，《一九三〇年代的臺灣》（臺北縣：博揚文化，2004年）。

64.張炎憲主編，《歷史文化與臺灣》（1-4冊）（臺北：臺灣風物雜誌社，1996年）。

65.張志遠，《臺灣的古城》（臺北縣：遠足文化，2009年）。

66.張志遠，《臺灣的工藝》（臺北縣：遠足文化，民國93年）。

67.張運宗，《臺灣的園林宅第》（臺北縣：遠足文化，2008年）。

68.曾永義，《臺灣歌仔戲的發展與變遷》（臺北：聯經版，1988年）。

69.焦桐，《臺灣戰後初期的戲劇》（臺北：臺原出版社，1990年）。

70.溫振華等編，《臺灣文化事典》（臺北：國立臺灣師範大學人文教育研究中心，2004年）。

71.楊玉姿，《高雄市史蹟探源》（高雄市：高雄市文獻會，2001年）。

72.楊孟哲編著，《臺灣歷史影像》（臺北：藝術家出版社，1996年）。

73.楊秋興發行，《發現古蹟之美》（高雄縣：高雄縣政府，2004年）。

74.楊蓮福編著，《圖說臺灣ㄟ代誌》（臺北縣：博揚文化，2003年）。

75.楊蓮福編著，《圖說臺灣歷史》（臺北縣：博揚文化，2001年）。

76.楊蓮福、褚填正編著，《圖說臺灣名人》（臺北縣：博揚文化，2008年）。

77.楊馥菱，《臺灣歌仔戲史》（臺中：星晨版，2002年）。

78.《新北市文史百科全書》（臺北：遠流版，民國99年）。

79.葉倫會編著，《臺北城的故事》（臺北：溫送珍發行，民國94年）。

80.葉振輝，《臺灣開發史》（臺北：臺原出版社，1995年）。

81.董芳苑，《臺灣民間信仰之認識》（臺北：永望出版社，1983年）。

82.遠足地理百科編輯組編著，《一看就懂古蹟建築》（新北市：遠足文化，民國100年）。

83.遠足地理百科編輯組編著，《一看就懂臺灣文化》（新北市：遠足文化，民國99年）。

84.遠足地理百科編輯組編著，《一看就懂臺灣博覽》（新北市：遠足文化，民國100年）。

85.遠流臺灣館，《基隆深度旅遊》（臺北：遠流版，2001年）。

86.遠流臺灣館，《臺北古城深度旅遊》（臺北：遠流版，2000年）。

87. 遠流臺灣館，《臺北歷史深度旅遊》（臺北：遠流版，2000年）。

88. 劉還月，《臺灣土地傳》（臺北：臺原出版社，民國78年）。

89. 劉還月，《回首看臺灣》（臺北：漢光版，民國76年）。

90. 劉還月，《尋訪臺灣平埔族》（臺北：常民文化出版，1995年）。

91. 劉還月，《臺灣的歲時與節俗》（臺北：常民文化出版，2000年）。

92. 趙莒玲，《臺北城的故事》（臺北：臺北市政府新聞處發行，民國82年）。

93. 《臺灣客家風情——移墾‧產業‧文化》（臺北：臺北市政府客家事務委員會出版，2004年）。

94. 蔡相煇，《臺灣社會文化史》（臺北：國立空中大學印行，民國88年）。

95. 薛雲峰，《快讀臺灣客家》（臺北：南天版，2008年）。

96. 戴振宇，《臺灣的城門與砲臺》（臺北縣：遠足文化，2001年）。

97. 戴寶村，《簡明臺灣史》（南投：國史館臺灣文獻館出版，2007年）。

98. 顏綠芬、徐玫玲，《臺灣的音樂》（群策會李登輝學校，2006年）。

99. 藤島亥治郎著、詹慧玲編校，《臺灣的建築》（臺北：臺原出版社，1993年）。

100. 《觀見紀錄‧臺北第一》（臺北：臺北市文獻委員會出版，民國101年）。

二、論文（按筆劃順序排列）

1. 宋光宇，〈試論四十年來臺灣宗教的發展〉，見宋光宇編，《臺灣經驗〈二〉——社會文化篇》（臺北：東大版，民國83年）。

2. 〈封面主題：臺灣的性格與歷史發展〉，《歷史月刊》第201期（民國93年10月）。

3. 徐正光，〈臺灣的族群關係：以客家人為主體的探討〉，見張炎憲、陳美蓉、黎中光編，《臺灣史與臺灣史料》（二）（臺北：財團法人吳三連臺灣史料基金會，1995年）。

4. 孫大川，〈夾縫中的族群建構——泛原住民意識與臺灣族群問題的互動〉，見張炎憲等編，《臺灣近百年史論文集》（臺北：財團法人吳三

連臺灣史料基金會，1996年）。

5. 孫大川，〈一個新的族群空間的建構：臺灣泛原住民意識的形成與發展〉，游盈隆編，《民主鞏固或崩潰——臺灣二十一世紀的挑戰》（臺北：月旦出版社，1997年）。

6. 鄭志明，〈臺灣民間宗教的文化意識〉，《歷史月刊》第86期（民國84年3月）。

Note

Note

Note

國家圖書館出版品預行編目資料

文化觀光：臺灣文化資產／陳正茂、陳善珮
著. －－初版.－－臺北市：五南，2013.12
　　面；　公分
ISBN 978-957-11-7434-1 (平裝)
1.文化資產　2.文化觀光　3.臺灣
541.27　　　　　　　　　　102023797

1L86　觀光書系

文化觀光：臺灣文化資產

作　　者－ 陳正茂　陳善珮

發 行 人－ 楊榮川

總 編 輯－ 王翠華

主　　編－ 黃惠娟

責任編輯－ 盧羿珊

封面設計－ 童安安

出 版 者－ 五南圖書出版股份有限公司

地　　址：106台北市大安區和平東路二段339號4樓

電　　話：(02)2705-5066　　傳　　真：(02)2706-6100

網　　址：http://www.wunan.com.tw

電子郵件：wunan@wunan.com.tw

劃撥帳號：01068953

戶　　名：五南圖書出版股份有限公司

台中市駐區辦公室/台中市中區中山路6號

電　　話：(04)2223-0891　　傳　　真：(04)2223-3549

高雄市駐區辦公室/高雄市新興區中山一路290號

電　　話：(07)2358-702　　傳　　真：(07)2350-236

法律顧問　林勝安律師事務所　林勝安律師

出版日期　2013年12月初版一刷

定　　價　新臺幣380元